LES CHAMPIGNONS DU DÉTROIT DE BEHRING

ŒUVRES D'ALEXANDRE VIALATTE
DANS PRESSES POCKET

Dernières nouvelles de l'homme
Et c'est ainsi qu'Allah est grand
L'éléphant est irréfutable
Antiquité du grand chosier
L'éloge du homard et autres insectes utiles

ALEXANDRE VIALATTE

LES CHAMPIGNONS DU DÉTROIT DE BEHRING

Textes choisis par
Ferny BESSON

Préface de
Charles DANTZIG

JULLIARD

ISBN 2-266-03791-9

LE TAPISSIER DES TEMPS NOUVEAUX

Alexandre Vialatte n'est pas un *humoriste*. Certaines personnes ont une manière de citer « l'homme est un animal qui attend l'autobus 27 au coin de la rue » (en se tapant les cuisses, en éludant la profondeur de la boutade) qui laisse penser qu'il était un attardé de la rigolade 1910, une espèce de Willy, d'Allais, de Capus. Nous savons qu'ils ont tort : Vialatte avait du génie, un génie qui se manifeste d'une façon très singulière dans ses chroniques.

Les *Chroniques* prennent chaque année plus de place dans nos rayonnages et dans la littérature française : quand dix-huit ou vingt recueils auront été édités, nous verrons que c'est non seulement son style, mais aussi la quantité qui assoira la gloire de Vialatte. Imaginez que nous n'ayons que *Dernières Nouvelles de l'Homme*, le premier paru. Ce serait très beau ; mais nous regretterions qu'il n'y en ait pas d'autre. A moins que, par snobisme, nous n'en fissions un auteur secret, une curiosité littéraire. C'est impossible : nos neuf volumes démontrent déjà que les *Chroniques complètes* seront quelque chose d'abondant et d'immense comme les *Mémoires* de Saint-Simon, la tapisserie de Bayeux.

Vialatte a écrit toutes ces chroniques sans intention déterminée, pressé de remettre sa copie, traitant de mille sujets, point par point. Malgré quoi, la tapisserie qu'elles forment n'est pas un fouillis : la philosophie de Vialatte fait le liant. Cette philosophie est toute dans le style. Voyez la chronique de *La fête des Mères*. Il dit : « Que seraient devenus les hommes s'ils n'avaient pas eu de mères ? L'humanité se composerait d'orphelins. » Un *humoriste* s'arrêterait là. Vialatte continue. Il tire le fil jusqu'au bout : « Recueillis par l'Assistance Publique, ils se promèneraient par deux, le jeudi, en longues files, sur des routes mouillées, sous la surveillance tatillonne d'une vieille sœur un peu moustachue. Avec interdiction de fumer. Honteux de leur barbe, de leur ventre, de leurs cinquante ans, de leur calvitie. Coiffés d'un béret basque et vêtus d'une capote de couleur bleu marine, avec des boutons d'or. » A partir d'une blague, Vialatte a tissé un portrait qui est la vérité même. A sa manière, bien entendu, qui consiste à ne pas dire la moralité, mais à l'inclure dans le portrait. Il n'y a pas de légende sur sa tapisserie ; c'est un moraliste sans moralités. La morale reste, qui réside dans sa façon d'éclairer les choses (l'humour). C'est pourquoi, si variés que soient ses sujets, de quoi qu'il nous entretienne (très peu de lui-même, en fait ; ni beaucoup de *moi*, ni beaucoup de *je* ; il ne se montre que dans des coins égarés de sa tapisserie), c'est pourquoi, toutes ces pages lues, on se rend compte que s'en dégage le portrait d'un homme.

Sujets variés, et très nombreux. Chacun a pourtant quelque chose à voir avec une époque. Trois époques apparaissent dans les *Chroniques*. Dans *Contes du Vieux Temps*, il en mentionne deux : le « vieux vieux temps » et le « vieux temps ». Le « vieux vieux temps », c'est celui de l'Antiquité. Celui des Grecs, par exemple, qui « vivaient nus au bord des piscines bleues bien avant le principe d'Archimède, au pied d'une colonnade en marbre couronnée d'un fronton en vrai style du pays ». Vialatte décrit plus souvent le « vieux temps », qui est à peu près celui de la IIIe République : ce sont des jeunes filles qui rêvent à leur cousin marin, de vieilles femmes barbues, des messes de minuit, des curés, des sacristains, des bedeaux (et des paroissiens), des bonnets de nuit, des statues d'inventeurs, des bancs à pieds de fonte, des messieurs très importants avec du ventre et un lorgnon, des colonies et des doigts de porto. « C'est un temps où l'histoire se mêle à la légende. » Il paraît aussi étrange, aussi antique que le précédent. C'est qu'il est mort. Il finit de mourir en même temps que Vialatte commence à écrire ses chroniques: l'almanach Vermot change de présentation, il ne reste plus d'affiches de la machine à coudre Singer que dans les campagnes éloignées. Cette époque s'est effondrée pendant la Grande Guerre, après quoi elle a mis une cinquantaine d'années à disparaître. Vialatte le prouve par le dernier cuirassier de Reischshoffen: il se trouvait dans tous les journaux avant 1914, est devenu « improbable » en 1940, « invraisemblable » en 1950, « impossible » en 1965. Remarquez que chaque fois que Vialatte parle de cette époque, c'est avec mélancolie; que la plupart du temps, il poursuit par: ce n'est plus comme cela aujourd'hui. La IIIe République, et les temps antiques, lui servent à contraster ses chroniques. Car leur vrai sujet, celui sur quoi il revient sans cesse, c'est la nouvelle époque qui est en train de naître et de croître. (Quand celui des romans, c'est principalement le vieux temps, celui de l'adolescence et des rêveries. D'ailleurs, il a entrepris ses chroniques une fois qu'il a cessé d'écrire des romans.) Voici l'originalité des *Chroniques*: elles constituent la première grande représentation des temps nouveaux.

La nouvelle société, ou peut-être la nouvelle civilisation, la nôtre, se trouve naissante dans les *Chroniques*. Vialatte la découvre, la tourne dans tous les sens, examine les pousses, y compris celles qui semblent les plus futiles, les décrit. Plusieurs fois, si besoin: il ne faut rien négliger des prémices. Très activement (comme tous les paresseux), il brode tous les détails nouveaux, qui sont devenus si l'on peut dire les idiosyncrasies de l'époque. La passion de la science et de ses applications pratiques: les statistiques, les *tests* de *psychologie*, les robots, l'*électroménager*, la météo. La croyance en une nouvelle forme de progrès, qui est le progrès matériel. Les *cosmétiques*, la *couture*. L'automobile. Le culturel, les visites des célébrités à la Chine, les épluchures qu'on expose dans les galeries d'art. La télévision et ses *multiplex*, les *interviews* partout, la vie des actrices de cinéma racontée par les magazines. Le chic cochon. Les sectes qui abrutissent les États-Unis, les velléités de l'ONU, l'Union Soviétique qui n'est pas très aimable. De cette infinité de détails naît un tableau général de l'époque.

« C'est le présent. Est-ce vraiment l'avenir ? », demande Vialatte. Cette tapisserie est une espèce de pamphlet. On ne voit pas Vialatte exploser en imprécations, rugissements et tonnerres : disons une satire. Sa bonté naturelle rend cette satire paisible, donc féroce. L'air distrait d'un chasseur de papillons, il lance des piques contre nos premières manies : les « idoles », la « non-violence », la « sexologie », les « cousins les plus riches devenus progressistes », la jeune fille qui a vécu une *affaire* et « a su toucher le public » par son récit *Ce que j'ai fait de plus immonde*. Ces cousins et cette jeune fille ne sont-ils pas nos pères fondateurs ? Un des traits qui caractérisent le mieux une société, c'est son langage. On ne peut pas dire que la nôtre parle avec une élégance excessive. Le langage est l'outil de l'artiste, Vialatte se moque de ce qu'il devient. Au milieu de sa tapisserie, il y a une dame qui enfile son *bas-slip quinze deniers*, à côté du jeune homme qui débouche un tube de dentifrice *Kiféluire*. C'est sans doute l'*Opération Qualité*. Près d'eux, un *adulte responsable témoigne. Dans le cadre de* (c'est le *pour ce qui concerne* de 1963) la politique, évidemment. En haut, un couple entre dans sa maison de *standing*, tandis qu'à gauche un intellectuel s'interroge au sujet de l'*audiovisuel*. Il se rend ensuite au *Pascal's Bar* de Clermont-Ferrand. (S'il n'existe pas, Vialatte ne s'est pas trompé en l'inventant.) Vialatte commençait souvent ses chroniques avec l'intention de chanter les « mille merveilles ». On voit l'ironie. Il en trouve, des merveilles : de ridicule. C'est ce ton de satire qui fait sa drôlerie et sa profondeur. S'il avait gobé toutes les nouveautés de l'époque naissante, s'il en avait écrit un catalogue, une chronique, pour ainsi dire, sa tapisserie n'aurait pas conservé cette vie et ces couleurs. La dernière chronique des *Champignons du détroit de Behring* finit par quelques mots sur Proust et Kafka : ce sont des « scaphandriers de l'encre noire » qui moururent en écrivant, plutôt méconnus. On peut ajouter le nom de Vialatte aux leurs. Proust et, d'une certaine façon, Kafka, ont décrit la fin de leur époque. Vialatte, qui en avait la nostalgie, nous a montré pendant vingt ans l'apparition et le développement de celle qui lui succédait. Il a confectionné en souriant la tapisserie des temps nouveaux.

Charles DANTZIG.

I

DIVERSITÉ DES TEMPS

CHRONIQUE DU TEMPS QU'ON DIT PERDU

Altitude de l'entonnoir blanc, de l'homme nu et du Temps Perdu. – Homme nu devant l'entonnoir blanc. – Mystère du bec-croisé. – Du jaseur de Bohême. – Du syrrhapte paradoxal. – Le Temps Perdu se retrouve toujours. – Preuve par Thomas Mann. – Par Newton. – Par Cervantès. – Par Filomena Capelli. – Immense difficulté inverse de perdre le temps déjà gagné. – Tentative nonobstante de l'homme par le chameau café-au-lait. – Soleil levant. – Dromadaire à jupon. – Grandeur consécutive d'Allah.

Il est une altitude à partir de laquelle les magasins ne sont plus qu'énigme. Point d'enseigne ; une étroite vitrine. En bas, quatre géraniums. Au-dessous, un rayon vide. Au-dessus, une boîte en carton, un entonnoir blanc en plastique. Au-dessus, rien ou un flacon de parfum. Ce n'est plus du commerce classable, c'est de la poésie de magasin.

La spécialité s'abolit. A partir de cette altitude les jugements de l'esprit se décantent, la poussière des villes retombe, l'homme, dépouillé de sa jaquette, de ses lunettes et de son chapeau mou, redevient lui-même, l'homme tout court ; l'homme nu derrière une vitre noire, à côté d'un entonnoir blanc.

Non loin de là il y a le lac de cratère : des ténèbres au

fond d'un trou. Le résineux obscur alterne sur la rive avec le sombre conifère. Ils se mirent dans l'eau comme la houille dans l'anthracite. Des rideaux de feuillages constellés de fleurettes blanches se prolongent sur le lac par des îles d'autres fleurs ; il n'y a plus de rive, mais une eau de plomb au fond d'un grand songe végétal. Des iris d'eau raides comme des sabres. Une nuit sans lune. Et parfois on entend mugir dans une étable le petit oiseau qui s'appelle bœuf.

Mais tout à coup le soleil embrase ces solitudes et fait surgir une Côte d'Azur. Nul bruit, sauf, dans le bois, celui d'un cône qui tombe. C'est le travail du bec-croisé. Il mange les cônes des conifères. Après quoi il boit comme un trou, le gosier desséché de résine. Il mange la forêt, il boit le lac. Il en est le roi. Il y a transporté son mystère. C'est le même que celui du lemming, du jaseur de Bohême, de l'homme et du syrrhapte paradoxal, dont rien n'explique les incroyables migrations. Le lemming, une espèce de rat venu de la steppe orientale, s'est rué sur l'Ouest par vagues et par marées. Il a disparu on ne sait où. Peut-être est-il allé se noyer dans l'Atlantique. Quant à l'homme, il suffit de rappeler Gengis Khan, Attila et Tino Rossi.

Bref, il n'y a plus sur ces hauteurs que le mystère du bec-croisé parmi les songes de la nature, reflétés dans l'eau d'un lac noir. J'y ai tourné longtemps, en barque ou à la nage avec les ombles chevaliers, autour de la « roche éruptive » qu'on voit sur les cartes postales. Dieu, depuis des éternités, y tourne un film pour une salle vide. C'est la patrie du Temps Perdu.

*
**

Le Temps Perdu se retrouve toujours. On dit qu'il ne se rattrape jamais, c'est bien possible. En tout cas il se retrouve toujours. Ici le bec-croisé en profite. Il y a installé le décor de son mystère. Le temps perdu n'est jamais gaspillé : les Auvergnats ne le souffriraient pas. J'y songe en lisant Thomas Mann[1]. Quand il fut reçu

1. *Déception*, suivi d'autres nouvelles, par Thomas Mann (Editions Albin Michel). Traduction de Louise Servicen.

docteur « honoris causa » de je ne sais plus quelle grande université allemande, il prononça un discours charmant où il expliquait qu'on l'honorait ainsi pour célébrer les résultats non point du temps qu'il avait employé à étudier dans les universités allemandes, mais de celui qu'il y avait perdu. Car c'était celui-là qui lui avait tout appris. Un grand professeur de Normale disait à ses élèves : « Lisez, mais lisez au hasard, lisez sans nul programme. C'est le seul moyen de féconder l'esprit. » On ne peut savoir qu'après coup si le temps est perdu ou gagné. Sans le temps perdu, qu'est-ce qui existerait ? La pomme de Newton est fille du temps perdu. C'est le temps perdu qui invente, qui crée. Et il y a deux littératures : celle du temps perdu, qui a donné Don Quichotte, celle du temps utilisé, qui a donné Ponson du Terrail. Celle du temps perdu est la bonne. Le temps perdu se retrouve toujours cent ans après.

On croit que l'intérêt mène les hommes. Ce n'est pas vrai : ce sont les passions ; et la passion c'est le rêve. Et le rêve c'est le temps perdu. Le temps perdu mène le monde.

***

Le Temps Perdu se retrouve tout seul. Il ne faut pas chercher à le brusquer. A vouloir le rattraper de force on s'expose à des catastrophes. C'est ainsi que Vincenzo Nappo, né le 14 août 1853, vient de se faire arrêter à Naples, le 25 juin, à cent quatre ans, parce qu'il avait battu sa femme, Filomena, née Capelli, quarante-cinq ans, avec laquelle il vivait dans une grotte. C'est ce qui prouve qu'il ne faut pas vivre dans des grottes avec des hommes de cent quatre ans. (On ne trouve dans les grottes que les mœurs des cavernes.)

Il y a une saison pour chaque chose. Chaque chose doit être faite en son temps. Si Vincenzo Nappo avait battu sa femme quand il était dans la force de l'âge, il n'aurait pas eu à chercher à rattraper par la violence le temps perdu à ne pas la frapper. N'ayant pas battu Philomène dans la saison vraiment utile, il eût dû laisser le temps se rattraper tout seul. « Assieds-toi au bord de la rivière, explique le proverbe arabe, et tu verras passer le cadavre de ton ennemi. »

⁂

La morale de cette aventure est que l'homme doit s'asseoir au bord de la rivière (surtout au mois de juillet, avec les grosses chaleurs) et aussi qu'il faut battre sa femme quand on est jeune et bien portant. C'est ce que conseillait un saint prêtre des environs de Cunlhat, autour de 1905. La femme est en effet un instrument de péché. De plus, le christianisme a libéré la femme, il l'a tirée de son esclavage ; il a enseigné à l'aimer ; qui aime bien, châtie sévèrement. « Tannez-les, mes frères, tannez-les », s'écriait ce sage curé du haut de sa chaire en levant les bras. C'était son prône.

⁂

On voit par là combien il était de bon conseil et connaissait profondément la nature vipérine de la femme légitime. Je n'ai quitté qu'à regret de si savantes altitudes, le lac noir, les magasins vides, les résineux du Temps Perdu. Je suis parti, comme un syrrhapte paradoxal ou comme un jaseur de Bohême, ayant plié dans une serviette-éponge rouge cerise ma brosse à dents, mon caleçon de bain et une vue en couleurs de la roche éruptive. A force de marcher tout seul sur des routes où il n'y a personne je suis arrivé à un endroit où il n'y a rien. C'est là qu'on attend l'autobus. Et j'y ai vu ce que fait l'homme, l'homme nu, l'homme de Pascal, de Platon et de l'entonnoir blanc, à mille mètres d'altitude, à sept heures moins cinq du matin, en présence du seul soleil et d'un chevreau attaché par une patte à la roue d'une petite Citroën. Que fait donc l'homme de Pascal au sommet des montagnes, au moment où le soleil se lève ? Il tourne sur un dromadaire, un dromadaire café-au-lait qui est carrossé en baignoire à deux places avec des dossiers de cuivre et des complications. Un dromadaire qui a un jupon d'azur brodé de mains de Fathma qui descend jusqu'aux genoux. Le dromadaire même du Manège Gasparini. Pendant ce temps M. Gasparini apporte par la queue, parfois par les oreilles, de blancs chevaux de bois qu'il sort de l'auto comme des lapins d'un gibus et plante sur des tiges de cuivre autour du dromadaire en jupon à croissants. C'est ainsi que l'homme de Pascal se lève avec le soleil pour chercher au sommet des monts le temps qu'il a gaspillé en tournant sur un dromadaire. Le dromadaire du Temps Perdu.

Le Temps Perdu se rattrape toujours. Mais peut-on rattraper celui qu'on n'a pas perdu ? Même en tournant avec les ombles chevaliers, autour d'une roche éruptive ? ou sur un dromadaire carrossé en baignoire ? C'est là le problème. Il est métaphysique.

J'ajoute, pour être très exact, que le dromadaire du Temps Perdu porte des croissants d'or autour de son jupon. Ils alternent avec des ronds de verre.

Et c'est ainsi qu'Allah est grand.

LE TEMPS QU'IL FAIT

Evénements prodigieux. – Lévitation de châssis. – Serres volantes. – Le colonel était la mère de ses enfants. – Extravagance générale des hommes. – Nécessité de lire « Le Temps qu'il fait ». – Sagesse du jardinier. – Raphia. – Chapeau de gendarme. – Poésie de la sagesse. – Grandeur consécutive d'Allah.

La semaine a été signalée par des événements prodigieux. Dans le Nord, à Marcq-en-Barœul, des châssis de maraîchers d'un poids de quinze kilos se sont élevés soudain à dix mètres de haut pour revenir s'écraser au sol dans un fracas de verre pilé, après avoir décrit des huit et des figures incohérentes. Il n'y avait aucun vent. On se perd en conjectures. Les maraîchers, surpris, en gardent les yeux ronds. En Angleterre, à Kessingland, l'état civil a découvert, en l'enterrant, que le vieux colonel Barker était la mère, et non le père, de ses enfants. Il avait épousé en 1919 un lieutenant australien qui lui donna deux fils, puis, par la suite, s'étant fait capitaine, une fille de pharmacien qui le laissa sans descendance. Cette histoire prouve que les filles des pharmaciens feraient mieux d'épouser des hommes quand elles veulent avoir des petits-fils.

⁂

Mais l'extravagance mène le monde. George Ier exaspérait toute l'Angleterre « par son insatiable appétit de femmes maigres, avares et allemandes ». On voit par là jusqu'où va la folie. C'est que les hommes lisent trop peu *le Temps qu'il fait*[1]. Ils y apprendraient la sagesse. Elle est enfant du jardinier.

J'aime beaucoup le jardinier. C'est l'ami de la salade. Il a mis du raphia dans sa poche kangourou, et pour se protéger du soleil il se fait un chapeau de gendarme ; avec un vieux numéro de *La Montagne*. Après quoi il lie la laitue. Et alors, écoutez Pourrat : « Le vrai jardinier n'est pas celui qui a besoin de ses chicorées, c'est celui qui sent que sa chicorée a besoin de lui. » Voilà l'affaire ; et tout est là. Le jardinier a épousé la terre, ce qui vaut beaucoup mieux que d'épouser une femme maigre, avare et allemande ; il sent qu'elle a besoin de lui autant qu'il a besoin d'elle. C'est de cette entente avec le sol et les saisons que naît l'accord de l'homme avec sa destinée. Il a fait alliance avec la Création. Il comprend mieux le bien, le mal, la mort, la vie. S'il ne les comprend pas, du moins il les accepte, il sent leurs liens, il n'a envie de rien refuser dans un ordre de choses où tout s'entre-commande, il nage dans le même sens que le courant. « La nature des choses a fait de lui un homme qui touche le vrai. Sa dépendance lui a donné l'indépendance. » Il ne lui reste plus qu'à s'entourer de proverbes qui sonnent les heures de la nature et les traduisent en conseils horticoles, il a trouvé une règle de vie, une règle de mort, un style, et, consciente ou inexprimée, une poésie. Elle sent à la fois le grand vent et le fagotier.

*
**

Elle ressuscite l'Eden, premier décor de l'homme. Car l'homme est né dans un jardin dont il garde la nostalgie. Avec du raphia dans sa poche et un chapeau de gendarme en papier de *La Montagne*. C'est l'uni-

1. Aux Editions Albin Michel. Illustré de bois anciens (ceux du *Calendrier des Bergers*).

forme de la sagesse. Depuis ce jour-là son premier souci est de connaître le temps qu'il fait.

Et c'est ainsi qu'Allah est grand.

CHRONIQUE DU TEMPS QU'IL FERA

On vient d'apprendre que le « Pamir » a succombé à un « ouragan asymétrique ». Le commandant du bord, qui le croyait symétrique, l'attaqua sur le côté gauche au lieu de le prendre par le côté droit. Cette histoire prouve à l'évidence qu'il ne faut jamais s'attaquer aux tigres et aux ouragans avant de s'être assuré qu'ils sont bien symétriques.

Comment prévoir les ouragans asymétriques ? Il y faut des prophètes très sûrs.

On sait au prix de quelles difficultés l'homme parvient à prédire le temps. Une masse effrayante de bulletins de dernière heure, une grande pratique des humeurs de la Lune ; le goût de la chose, la passion de la science, une longue habitude de la règle à calcul, des syzygies, des logarithmes, des marées, de la table de Pythagore sont nécessaires à ces prophètes du temps qui ne signent jamais dans la presse et qui règlent le sort du monde. Le soleil se lève à l'heure qu'ils disent, le printemps arrive à leur quatrième « top ». Grâce à eux le bateau marche droit, l'avion déjoue l'anticyclone ; le piégeur de blaireaux, le marchand de chapeaux de paille vont au-devant de lendemains connus. Le baromètre n'y suffit pas ! Ni le doigt mouillé qu'on tend au vent ! Il y faut encore de l'audace. « De l'audace ! Toujours de l'audace ! » C'était la devise de Danton. C'est celle des prophètes du temps.

Ils doivent assimiler, s'ils veulent être parfaits, toutes

les langues étrangères, surtout celles des îlots où se forment les typhons, chapelets de corail et de soleil où naissent les volcans et les terres, mais où périssent aussi la chèvre et le missionnaire, et dont les idiomes surchargés de formes agglutinatives rebutent l'esprit européen par une abondance excessive de proverbes intraduisibles. Les longs séjours dans les greniers torrides et dans les sous-sols détrempés où ils se tiennent en sentinelle, le va-et-vient sur les échelles hygrométriques dont l'extrémité trempe dans l'eau, les longues courses épuisantes pour relier à bicyclette les observatoires importants, usent la santé de ces hommes intrépides. Ajoutons-y les servitudes qui ne s'exigent pas, mais se recommandent d'autant plus impérieusement : la barbe en pointe très effilée qui favorise, par la « propriété des pointes » (que l'on étudie en physique), la sensibilité de l'homme aux influences électromagnétiques ; les cheveux en brosse, qui captent mieux les rayons cosmiques ; et une propreté minutieuse. La poussière s'agglomérant avec les matières sébacées forme en effet sur le corps humain une pellicule isolante qui diminue la réceptivité. Les pieds sont les plus exposés. Il faut changer fréquemment de chaussettes. J'ai connu un informateur qui avait contracté l'habitude de se laver les pieds tous les jours.

Deux dangers menacent la profession : la boisson et le lecteur déçu.

Contre le lecteur déçu, il y a peu de recours, à moins qu'il ne s'agisse de quelque dame âgée au parapluie vraiment fragile. L'armateur est un cas plus grave, surtout quand il est représenté par un docker dans la force de l'âge. Tout dépend de la taille du bateau qu'il attendait par la mer d'huile que vous lui aviez, hélas ! promise. Que conseiller ? Le sort de l'homme est incertain, notamment devant le docker dans la force de l'âge. Mais ne nous perdons pas dans le détail. Il y a des jours qu'il faut marquer d'une pierre noire... Où serait le mérite ? Où serait le plaisir ?...

Quant à la boisson, elle vous traque. L'information météorologique est un métier qui oblige l'homme à boire beaucoup, comme tous les métiers d'enquête. Car on ne saurait recueillir trop de renseignements. C'est au café que les âmes s'ouvrent bien. Suivre un nuage, localiser un épicentre, entre Bercy et Bougival, sur compte rendu oral des témoins visuels peut vous promener dans des quartiers de Paris où l'homme a une soif incroyable. Deux remèdes: la « canne dégustation » (n° 542 du *Catalogue de la Manufacture d'Armes et Cycles de Saint-Etienne*[1]) dans laquelle on crache le liquide en se donnant l'air naturel d'un monsieur qui désire simplement dévorer la poignée de sa canne (elle se fait en corne jaspée) ; et la « canne qui boit » en « façon macassar, poignée corne et collier métal » (n° 545), avec laquelle un levier vous permet de siphonner le verre que l'amitié vous tend et que vous interdit l'hygiène. Les deux se vident « par l'embout, qui se dévisse, dans une fente du plancher ».

On voit par là combien la prédiction du temps s'entoure de difficultés, de périls et de servitudes. On n'y échappe au *delirium tremens* qu'en se donnant la réputation d'un mangeur de corne jaspée ou d'un monsieur qui fait pipi sous son fauteuil.

C'est pourquoi tous les observatoires français ont salué de cris de joie la méthode si simple et si définitive que Michel Chrestien nous apporte à la page 237 de l'ouvrage *Esprit, es-tu là*[2]? Deux fantassins l'ont inventée pendant la guerre. Elle fait de la prophétie météorologique une carrière de tout repos. Quelques mots lui suffisent: *Il fera demain,* dit-elle, *le temps qu'il a fait aujourd'hui*. On voit par là qu'elle est parfaite puisque le temps ne change jamais d'un jour à l'autre. Sauf, évidemment, si le vent tourne. Mais quelle âme un peu bien placée accepterait de tourner à tout vent? L'opinion d'un informateur ne saurait être celle d'une girouette. D'ailleurs, un seul risque: l'erreur. Elle est humaine et n'irrite que les tatillons. Remarquons qu'elle est moins fréquente qu'avec les méthodes officielles. Ajoutons

1. Edition de 1910 (les prix sont encore de 13 fr., 24 fr. pour le 545). Pages roses: *Equipement du Sportman.* Voyez à la page 776 la partie: *Cannes professionnelles, cannes pour voyageurs en liquides.*
2. Editions Gallimard.

qu'elle est impossible. Reconnue dans les vingt-quatre heures elle est aussitôt corrigée. Elle ne peut donc gêner que l'impatient. Faut-il faire un bulletin spécial pour impatient ? Pourquoi pas pour avaricieux, pour luxurieux, pour buveur d'eau gazeuse ? Fait-on un *Don Quichotte* spécial pour marchand de bas, un autre pour marchand de chaussettes ?... Billevesées !...

Et cependant telle est la routine scientifique que le temps continue à se prédire dans la grande presse, dans ces caves qui rappellent l'enfer et ces greniers qui évoquent la *Science-fiction* ; ces souterrains où des hommes nus grouillent dans la vapeur des étuves en caressant leur barbe en pointe, grimpent à l'échelle hygrométrique et sautent d'en haut dans le bassin glacé comme de monstrueuses grenouilles blanches.

Voici le grenier où des verrières les exposent aux rayons cosmiques ; des étincelles bleu-mauve leur crépitent dans la barbe. Et certains se roulent sur le sol, obligés de s'exposer à des états de *transe* qui ruinent complètement leur santé. Rares en effet sont les rédactions qui possèdent l'œuf « barométrique », cet appareil julevernien de verre et d'acier, dans lequel les savants soumettent l'informateur non plus aux conditions du jour mais à celles du temps qu'il fera le jour pour lequel on lui demande la prédiction. C'est pourtant le seul d'où l'on sorte avec une prophétie correcte.

Prédire, d'ailleurs, m'a-t-on dit en haut lieu, n'est plus un problème insoluble. Prédire n'est rien. Les moyens de la radio permettent d'atteindre des publics considérables avec des orateurs parfaits. Et même avec de très faibles moyens, sur une petite scène, en famille, dans une auberge de village, on trouve toujours un public à atteindre et des gens doués naturellement ou par l'étude pour faire entendre une prédiction. Mon oncle Gustave, par exemple, prédisait de façon prodigieuse. Avec aisance et même avec autorité. Avec fureur et préférence. Je dirai même avec impunité. C'est la condition essentielle. Mais, même sans elle s'il faut pousser les choses au pire, la seule difficulté demeure : que la prédiction soit exacte. Autrement dit, pour mieux cerner le problème et le ramener à ses justes limites : connaître, *avant* de prédire, le temps qu'il fera demain. Pure affaire d'*antériorité,* de chronologie, de temps à rattraper. Nous sommes au siècle de la vitesse, nous le rattraperons, nous finirons par le dépasser : le prophète *se souviendra* du temps qu'il a fait demain. D'ailleurs, qu'elle soit exacte ou non, une prédiction demeure une prédiction. Et ce n'est pas toujours elle qui se trompe. « Il ne pleut pas, me disait un confrère ; vous me le dites, je veux bien vous croire, d'autant plus qu'il n'y a pas de nuages ; mais je vous dis qu'il devrait pleuvoir ; *si c'était moi, il y aurait de la pluie.* » Nous sommes donc outillés pour prédire jusqu'aux obligations du temps.

Et même pour vendre la prédiction. A l'acheteur de réunir la somme. Nous ne pouvons pas tout faire pour lui. Nous lui en faisons connaître le chiffre. Notre organisation modèle ne lui permet jamais de l'ignorer. Que veut-on de plus ? L'homme n'est pas prophète !

Mahomet seul.

Et c'est ainsi qu'Allah est grand.

LE PRÉSENT, LE PASSÉ, L'AVENIR ET L'ALMANACH VERMOT

Début de l'année. — Fromage de tête. — Papier d'Arménie. — Nettoyage de la dentelle noire. — Eloge de la sobriété. — Trigones et sesquiquadratures. — Enfants du mois. — Aspect cosmique des enfants du mois. — Le chagrin est comme le riz. — L'homme sage est comme une tour. — Caractère sanglant de la non-violence. — Innovations regrettables de l'Almanach Vermot. — Vitesse comparée du pou de thorax et du motocycliste. — Utilité des choses passées. — Imminence du caractère passé des choses futures. Grandeur consécutive d'Allah.

Le début de l'année a été marqué par la routine des indigestions habituelles. L'homme, en effet, au début du solstice, fête l'hiver en ruinant son foie. L'oie traîne le sien comme un fardeau. Le financier aisé le déguste avec des truffes dans une porcelaine de grand prix. Le financier moins aisé, comme le facteur rural, le marchand de singes ou le poète lyrique, le mange avec des « pommes salade » dans une assiette d'un moindre prix. Sous une forme atténuée, telle que le fromage de tête. Ces excès épaississent le sang et figent la bile dans le canal cholédoque. On prendra des bouillons légers et des pharmacies décapantes pour écouvillonner les coudes de l'intestin. Un jeûne léger, des musiques douces et des rêves optimistes chasseront petit à petit le plus gros du délire.

Les urines deviendront plus claires. L'épouse se promènera dans tout l'appartement en agitant du papier d'Arménie. Les amis auront le droit d'apporter des oranges, des proverbes, des mandarines. Le médecin présentera sa note. On fêtera la convalescence en chantant des chansons à boire autour d'un homard Thermidor suivi d'une choucroute mitonnée couronnée de saucissons de Morteau. Le gigot sera tendre et les fromages intéressants. On reprendra des soissons. De 23 heures à 5 heures on mettra une sourdine pour ne pas réveiller les voisins. Le lendemain on tirera les Rois. Une maîtresse de maison pratique utilisera les bouteilles vides qu'elle découvrira sous les tables, dans le couloir et la salle de bains, pour nettoyer la dentelle noire : enroulez la dentelle autour de la bouteille et baignez-la dans la bière tiède.

Ainsi débute l'année en enseignant à l'homme le danger des excès de boisson et le lavage de la dentelle noire. Les étoiles brillent d'un éclat de diamant dans le ciel glacé. Ce ne sont que trigones et sesquiquadratures, maléfices de Vénus, oppositions de Neptune. Des malheurs sont en marche au nord de la Vézère et des cataclysmes au sud. Plusieurs mariages de stars se préparent à Hollywood.

Nul n'est plus lié à l'univers que les enfants du Capricorne. Ils tournent chaque jour vingt-quatre heures autour du centre de la Terre et font en une année le tour complet du Soleil.

Conseillons-leur de ne pas s'embarquer sans proverbes pour traverser 1962. Qu'est-ce qu'un homme démuni de proverbes ? Un cheval sans plumes, une grenouille sans ruisseau. Il est d'ailleurs des maximes excellentes. Que dit le Malgache ? « Le chagrin de l'homme est comme le riz dans le grenier : chaque jour il diminue un peu. » Et le Targui ? « Bois de l'eau si tu veux être beau, bois le soleil si tu veux être fort, regarde le ciel si tu veux devenir grand. » L'Oriental résume toutes ces choses : « L'homme sage est comme une tour qui est gardée par les lions. »

J'ajouterai que l'homme sage devra dresser ces lions à lutter contre la non-violence. Elle est dangereuse dans les presqu'îles. La non-violence a toujours été plus sanguinaire que la violence. La colombe est une bête féroce (lisez bien la zoologie).

⁂

On luttera contre l'ennui par l'Almanach Vermot. Malheureusement, il dégénère, il oublie la grande tradition, il va jusqu'à se servir comme n'importe quelle feuille de procédés aussi communs, aussi modernes, aussi vulgaires que la photo. Il ose utiliser cette invention récente. Qu'en aurait pensé M. Vermot ? Il était en gibus, on l'a mis en casquette. On l'a commis avec les progrès de la science et de l'industrie. Résumons-nous, l'Almanach Vermot s'est oublié pour cette année, espérons qu'il se retrouvera. Sa mise en pages, devenue pareille à celle de tout autre magazine des environs de 1910, ne satisfait plus ce besoin inné de calendrier éphéméride qui courbait autour de la lampe, dans la chaumière enfumée d'autrefois, les têtes hirsutes du laboureur et de ses enfants sur les phases de la Lune et les curiosités que le vaste monde propose à l'homme suivant les jours. Qui nous montrera désormais le ver de terre monstrueux de Sumatra, qui a dix mètres de longueur, bobiné par l'adroit chasseur sur des roues d'un mètre de diamètre ? Qui nous dira qui va plus vite de la mouche ou de la Citroën, du pou de thorax ou du motocycliste ? Que de curiosités resteront sur leur faim ! Que de science demeurera perdue ! Et comment saurons-nous encore ce que pouvait être une mise en pages en 1883 ? (On aurait dit un tiroir de mercière avec la case pour les bobines, la case pour les lacets, le coin pour les aiguilles, à côté d'un placard pour les objets en long, sous le rayon où on ne prend les choses qu'avec l'échelle.) J'en ai gardé la nostalgie.

Car l'homme a besoin des choses passées.

L'année qui vient aura vite fait d'en devenir une.

Et c'est ainsi qu'Allah est grand.

L'HEURE D'ASTÉRIX

Il vient des Gaulois. Tous les livres d'Histoire le prouvent, et le monde entier l'a récité : le Sénégalais, le Malgache, l'Auvergnat. « Nos aïeux, les Gaulois, étaient blonds », disaient-ils. Je l'appris moi-même à l'école, de M. Sénèque, un noir enfant de la Martinique (il blâmait vivement Louis XV d'avoir lâché nos colonies du Canada). C'était une époque enthousiaste ; nous avions tout mis en commun, nos rois, nos guerres et nos aïeux. On a les aïeux qu'on mérite, on a les aïeux qu'on choisit, on a les aïeux qu'on préfère. M. Sénèque préférait descendre des Gaulois. Il a payé ça en 14. C'était une époque fraternelle. On y mourait la main dans la main, pour les Gaulois.

Car les Gaulois ne sont pas peu de chose. Les Gaulois datent de la plus haute Antiquité, ils existaient déjà à l'époque de César. Ce n'étaient qu'Arvernes et Bituriges, Bellovaques, Eduens, Mandubiens, que sais-je, Allobroges, Atrébates, Eburons, Voconces et Pictones. Il y avait la Gaule chauve, et la Gaule chevelue, où les guerriers étaient nattés comme des écolières. La Gaule moustachue était partout. César vainquit par la ruse et le coup bas ces guerriers qui s'entendaient mal, et les courba sur la grammaire latine. Il leur apprit le plus gros des verbes déponents.

C'est depuis cette époque que le collégien français est nourri, dès l'enfance, des lois de l'ablatif absolu et de grands gros plats de haricots bien farineux.

Les Gaulois, nous assure Michelet, avaient de longs corps mous et blancs. Ils s'en servaient pour faire des prodiges d'héroïsme. Se liant l'un à l'autre avec des chaînes de fer, ils chargeaient la mer en furie au moment de la marée montante. Leurs druides cueillaient le gui sur les arbres en chantant la chanson de Roland. Du moins en gros. Ils enfermaient leurs prisonniers dans de grandes cages d'osier, comme des oiseaux chanteurs, et les rôtissaient sur le feu. Ils vivaient de saucisson et de cuissot de marcassin, de pâté du chef et de fromage de tête, fabriquaient du vin résiné et buvaient de l'hydromel aux grandes cérémonies. Dans des crânes de Germains sommairement dégrossis.

Ils menaient, en un mot, une vie si pittoresque, que Goscinny et Uderzo en remplissent des albums entiers, dans lesquels la jeunesse française découvre avec stupéfaction qu'elle ne descend pas des Peaux-Rouges, du sheriff et de Davy Crockett, mais d'Astérix, d'Avoranfix, de Vercingétorix et d'Assurancetourix, qu'on vend aussi sous forme de poupées, de statuettes, de gadgets, dans tous les magasins. On y voit ces guerriers avec des cheveux de beatniks, une longue lance et un casque armé de cornes de vache. Pour tenir plus aisément leur lance, ils passent les bras à travers leurs cheveux, qui les couvrent comme un manteau. On dirait des pucerons hirsutes nés de Zazie et du hérisson.

Tels furent nos grands-parents. C'est pourquoi Goscinny, leur père, préfaça l'an dernier un « Vercingétorix » plein de mouvement, de neige, d'hiver, de ciels noirs, de patrouilles, d'incendies, de cavaliers aux cils verglacés, et de gros mercantis égorgés comme des porcs.

Mais qui était Vercingétorix? Un petit garçon l'a raconté dans une « composition française »: « Vercingétorix, y dit-il, avait une ceinture de cuir où il attachait toutes ses affaires, des bracelets d'or et une culotte qui lui tapait sur les souliers. Une lance qu'il tenait droite en l'air. Fièrement. Le jour qu'il est venu se rendre, César, le menton dans la main, le regardait de travers. Personne ne faisait de bruit après que les armes furent jetées ; rien que le cheval blanc qui tirait sur sa bride. Vercingétorix a dit : « J'ai pris les armes pour la liberté de tous », et s'est mis sur sa statue de la place de Jaude. C'était un Auvergnat : Il voulait être libre. »

Quel Auvergnat ne voudrait être libre ? Et quel homme libre ne rêverait d'être auvergnat ?

C'est pourquoi le lancement de l'ouvrage fut fêté chez *Le Bougnat* lui-même, 15 rue Séguier, en pleine Lutèce, dans un décor irréprochablement arverne. Un vrai Gaulois servait les truites au bout de sa lance, et le sanglier au creux de son immense bouclier. Ses moustaches trempaient dans la sauce, ses nattes balayaient les hors-d'œuvre, et l'hydromel laissait à peine regretter le cognac. Faute de crânes d'ennemis morts, on le buvait dans des verres, qui sont encore bien plus pratiques. Il y avait là Rochard, Uderzo, Goscinny, les plus belles poétesses des Gaules, les critiques les plus impartiaux, deux Mandubiens, trois Nitrobroges ; l'éditeur s'appelait M. Triomphe. Huit jours après, l'établissement flamba.

Quinze jours après il était reconstitué.

Tous les Arvernes s'y étaient mis. Ils arrivaient des quartiers lointains. Ils sortaient de leurs trous comme des rats. Il paraît qu'ils sont six cent mille. Rien qu'à Paris. Sans compter les femmes et les enfants. Ou alors peut-être qu'on les compte, mais, dans ce cas, il faudrait dire plus.

Pourquoi donc ne les voit-on pas ? C'est qu'ils habitent dans des sous-sols. Dallés de tommettes hexagonales de couleur brique. Il faut descendre par deux marches. Ils se tiennent là derrière un comptoir, un litre dans une main et un torchon dans l'autre. Le torchon sert à faire briller, et le litre à verser à boire. Ils ont de grandes grosses moustaches et un tablier bleu. Du moins les choses étaient-elles ainsi à la grande époque. Ils s'exprimaient par épiphonèmes et par raclements du gosier. Ou alors par de longs silences. On les voyait penser quand même : quand ils pensaient, ça leur plissait le front. Il y avait, épinglée au mur, une carte postale illustrée qui représentait le viaduc des Fades, le plus haut viaduc de l'Europe. Et on voyait dans la cuisine leur femme portant un enfant sur le bras. De la main gauche, elle le serrait contre son sein ; de la main droite, avec une longue cuillère, elle imprimait un mouvement de rotation à des choses molles qui étaient dans une marmite : du lard, des choux, qui formaient un fond de teint. Elle y ajoutait ce qui tombait sous la main : des bouillies, de la purée, des poireaux vinaigrette, un squelette de sardine, une tête de hareng saur. Des yeux dorés s'ouvraient alors sur le bouillon jaune. Il en naissait une soupe extrêmement consistante qui tenait bien chaud à l'estomac. On serait étonné si je disais tout ce qui sortait de cette marmite miraculeuse, tous les lapins qu'engendrait ce gibier : des hôtels entiers, des palaces, dont on dotait chacun des fils pour son mariage ; avec des plantes vertes partout, de la moquette rouge et des portiers galonnés d'or ; et des palmiers dans les vestibules. Voilà pourtant ce qui naissait de ces marmites.

Aussi, au bout de cinquante-cinq ans, le patron sortait de sa taupinière. Il émergeait la tête la première de son trou sombre, étonné du ciel de Paris qu'il n'avait pas encore pu voir. S'il était extrêmement curieux, il s'accordait quarante-huit heures pour découvrir la tour Eiffel, ou alors le génie de la Bastille. Ensuite, il rentrait au pays. Il devenait maire de sa commune. On lui donnait la croix d'honneur, il se faisait faire une salle de bains avec des parements de céramique, et après il ne cessait d'enfler, à cause de sa maladie de foie. Ensuite il désenflait, il devenait squelettique et on ne voyait plus que ses moustaches. Ensuite, on l'enterrait sous un monument de marbre. Ou alors il fondait Deauville ou quelque autre cité illustre. Ou alors il était ministre (parce que nous ne sommes qu'en république : à l'époque des Romains, on le faisait empereur !). Tel était le temps des grandes mœurs auvergnates.

J'ai été pris de la tentation, dans ma jeunesse, d'aller voir le pays de ces hommes noirs ; la patrie de ces hommes laconiques, velus, patients et souterrains, dont les dents blanches et les yeux charbonneux brillent dans les caves de la nuit parisienne.

Le train hésite au pied de leurs montagnes. Il y monte des femmes vêtues de sombre et des hommes à grand chapeau noir qui vivent dans la terreur de perdre leur parapluie et qui le serrent, une fois assis, entre leurs cuisses, pour être bien sûrs qu'il ne s'échappera pas.

Les volcans se dressaient dans un ciel ténébreux que tourmentaient les vents de la semaine sainte. Des muezzins, juchés au sommet des églises, chantaient des psaumes dans des trompes de trois mètres, en se tournant successivement vers les quatre points cardinaux. A l'horizon, sur une route plate, un vicaire à vélo luttait contre le vent.

Les Auvergnats habitent, au sommet de ces montagnes, de petits villages couleur de bure et de fumée. Ils y ont bâti un « Economat » rouge, et, en face, un « Casino » vert. Ils ont décoré les murailles d'affiches de la machine Singer, avec une couturière qui sonne de la trompette. Et, au milieu, ils ont planté une vieille église, gracieuse, trapue, blanche comme un os de seiche, tant elle a été décapée par les vents, la neige et la pluie. C'est de là qu'ils descendent souvent, en file indienne, à travers la fougère, porter leurs sous aux Caisses d'Epargne du pays. Ces monuments sont des espèces de temples grecs, qu'ils ont bâtis et ornés de coupoles en l'honneur de l'Economie. Ils y déposent tout leur argent, et un homme grave, très généralement chauve, écrit alors des choses dans leur petit livret vert. Ils mettent le livret dans l'armoire, en haut, à droite, sous les chemises de la grand-mère, et le dimanche, après les Vêpres, ils vont le regarder tous ensemble ; ils le couvent des yeux, ils le palpent des doigts, et toute la semaine en reste illuminée. Ensuite, ils le remettent sous les chemises. Leurs enfants sont gras et timides ; ils se cachent dans les buissons ; on les en fait sortir en leur montrant du lard, ou alors un petit livret vert. Leurs vieillards sont beaux et sévères, comme de vrais vieillards auvergnats.

Au *Pascal's Bar*, à Clermont-Ferrand, on m'a appris

que ces hommes étonnants avaient inventé le caoutchouc, le papier d'Ambert, le chapelet d'améthystes ou de poires de Jérusalem, l'eau minérale, la pierre d'Auvergne, le haquet des vinaigriers, le vin de Chanturgue, et les *Pensées* de Pascal. Sans compter le saint-nectaire, la fourme du Cantal, le chèvreton et la musique de Chabrier, la dentelle à la main et la truite de torrent ; que sais-je, la cabrette et la vielle. Les mœurs locales, pour tout dire en un mot. Ils aiment beaucoup les mœurs locales. Aussi, dans les grandes occasions, se réunissent-ils volontiers au théâtre pour voir danser les Parisiens, qui viennent leur apprendre la bourrée, le costume du pays, les chansons régionales, bref, la vraie façon d'être auvergnat.

Le reste du temps, ils mènent quotidiennement leur vie grandiose et folklorique. Le jour, ils tournent, chez Michelin, le noir caoutchouc dans des marmites fumantes, avec de grandes cuillères en bois, et la nuit ils déplacent les bornes du voisin.

Tels furent du moins les farouches Auvergnats. Le temps a passé sur toutes ces choses, et on ne peut plus distinguer aujourd'hui l'Auvergnat d'un autre étranger. Aussi le trouve-t-on un peu partout sans s'en douter : à Paris, à Londres, à Belleville, à Suez, et même à Aurillac. D'où vient-il ? Du Puy-de-Dôme. Où va-t-il ? On ne sait pas. Probablement à l'Economie. C'est un renseignement que je tiens d'un hôtelier de la Tour-d'Auvergne. Que cherche l'homme ? me disait-il : l'Economie. C'est le bon sens même. Encore faut-il, de son grand-père, avoir appris les raccourcis.

Dans mon enfance, c'était plus simple ; on savait où allait l'Auvergnat. Il venait de permission de détente et il allait à Is-sur-Tille. Parce que c'était la « régulatrice ». Et que, de là, on montait au front. L'Auvergnat était francophile. Je partageais avec lui le tabac et le quart de vin. Et le sommeil dans les salles d'attente. Il était jeune ; il avait l'œil noir, de grandes joues plates, un béret bleu orné d'un cor jaune, et il riait avec les copains. Où est-il passé ?

Un jour, en Alsace, au bord d'une route, je vis une espèce de grande pierre grise. Un cor de chasse y était gravé. De l'autre côté de la route, et dévalant la pente aussi loin que l'œil pouvait voir, on n'apercevait que des tombes. J'étais au Linge, le cimetière des Chasseurs. Les sapins noirs sentaient la frontière germanique. Le vent poussait devant lui le brouillard, qui s'en allait en hautes colonnes, pareil à un troupeau de fantômes dont la tête se perdait dans le ciel. En s'en allant, il révélait encore des tombes. Tant et tant de tombes. On se demandait comment la France avait pu produire tant de chasseurs. Voilà donc où allait l'Auvergnat. Il allait au cimetière du Linge...

Auvergne, Auvergne, prodigue Auvergne, que n'allais-tu à l'Economie !

MISÈRE DES TEMPS

Jadis, il y avait les jeunes filles. Elles étaient grandes et distinguées. Rien n'était plus beau que leur sourire. Elles mangeaient des lentilles et disaient leurs prières. Leur grand-père était général. Elles riaient sans qu'on sache pourquoi ; et, d'autres fois, elles pleuraient en cachette. Elles conservaient une fleur séchée dans un keepsake et rêvaient d'un cousin qui croisait aux Antilles. Elles avaient toutes de faux airs de Jeanne d'Arc ; on eût dit qu'elles allaient entrer dans Orléans en brandissant les oriflammes et sauver la France de l'Anglais. Tout le proclamait : leur bicyclette, leur tante bretonne et leurs oreilles qui sentaient l'eau de lavande, disaient le courage, le folklore, la vertu. Un jour, hélas ! les cannibales mangeaient le cousin des Iles. Le général laissait des dettes. Elles se retrouvaient soudain ruinées dans un salon orné de plantes vertes et du portrait d'un magistrat. La plante verte valait peu de chose, le magistrat n'était pas à vendre, le portrait ne valait rien du tout. Elles enseignaient alors l'aquarelle ou le piano avec plus de cœur que de compétence, et une langue que la directrice du pensionnat de leur enfance appelait courageusement l'anglais. Sur le coup de la quarantaine, leur profil busqué s'accentuant au-dessus d'une légère moustache, elles prenaient l'air de jeunes lieutenants de dragons. A cinquante ans, la moustache était déjà d'un capitaine. A soixante, avec leur tricorne et leur manteau battu des vents, elles discutaient dans la neige comme de vieux généraux de l'époque Louis XV. A soixante-dix, elles ressemblaient à Frédéric ; à quatre-vingts, à des polichinelles informes, monstrueux ou attendrissants. A ce moment-là, il leur venait des bosses aux pieds. Elles mettaient des souliers de tennis en toile blanche qui ridiculisaient la majesté de leur âge, et marchaient dans la neige en levant très haut les genoux et en écartant les orteils, comme les poules de basse-cour et les jouets mécaniques. C'était un spectacle effrayant. Elles vivaient d'un oignon qu'elles tourmentaient dans l'eau. Elles séchaient comme le champignon. Il ne restait plus d'elles qu'un parfum botanique, le poids d'une plume ou d'un squelette d'oiseau, cinq ou six os poreux qu'on mettait dans une boîte, enveloppés de grands jupons noirs, quelques images de piété dans le paroissien de leurs arrière-neveux, et une prière à un saint saugrenu en avance sur la liturgie dont la jeunesse moquait le nom bizarre et les miracles désuets ; de ces vieux prêtres tout usés qui ont du poil dans les oreilles et ressemblent à des lapins blancs. Ensuite, il ne restait plus rien. Ensuite, vingt ans plus tard, elles ressuscitaient dans un portrait du grand salon. Elles tenaient une rose, elles avaient seize ans, elles faisaient l'orgueil de cette pièce et les petits garçons admiraient leur robe blanche. Ils portaient le nom du saint bizarre. Il était devenu à la mode, il baptisait les paquets de chocolat. Elles trônaient sur un parterre de nièces qui se faisaient des politesses de biscuits secs et de malaga.

Où sont-elles ? Il n'y a plus de jeunes filles. Les jeunes filles se sont lassées d'un sort glorieux mais fatigant, du malaga, du biscuit sec et de la célébrité posthume. Elles ne veulent plus ressembler aux dragons et aux rois. Elles ne veulent plus de bosses aux pieds. Elles n'ont plus de grand-père général. Elles ont renoncé à l'aquarelle, elles ont peint des tableaux cubistes, elles ont acheté des pâtes épilatoires, elles portent le menton nu. Je ne sais ce qu'elles ont fait de la plante verte, elles ont dû la manger avec le magistrat. Elles se sont faites députés et ministres, agents de ville, sculpteurs, femmes-canons, notaires ou sergents de coloniale. Elles écrivent des livres savants. Elles enseignent l'algèbre, elles luttent contre le taudis, elles sillonnent le monde en avion, elles mènent de ville en ville une vie aventureuse pour prêcher « la femme au foyer », elles défendent le veuf et l'orphelin, elles écrivent sur leur mari mort des livres de souvenirs ornés de photographies.

Depuis des siècles et des siècles que l'homme pratiquait les métiers, il n'y apportait plus qu'une main molle. Elles le supplantent en tout domaine. Nous ne sommes plus que des rois détrônés. C'est à des femmes qu'on confie le soin de conserver le testament de Napoléon.

*
**

Partout, c'est le même découragement. Lisez la presse. A New York, une petite danseuse, une spécialiste du strip-tease, qui montrait vaillamment son derrière tous les soirs à une salle de milliers de personnes, s'est suicidée au gardénal. On l'a trouvée sur sa fenêtre, en pyjama de soie rose et le front contre la vitre. « Devenue enceinte et impropre au strip-tease, disait en substance une lettre épinglée sur son pyjama, je ne puis plus gagner ma vie. Les hommes me demanderaient des actions indécentes. » En Allemagne (ou en Autriche ?), c'est un pasteur dont les mains tremblent tout à coup et laissent échapper sa Bible ; elle tombe dans la fosse du mort. Il avait tué son enterré deux jours avant avec l'aide de la future veuve et ne se sentait plus la force de mener la chose jusqu'au bout.

*
**

Que conclure ? Les *Amis des Bêtes* nous apprennent qu'en Angleterre, dans les cités industrielles, il n'y a plus que des papillons noirs. Le Dr Kettlewell, d'Oxford, a rendu compte du phénomène. Tous les papillons de couleur claire, trop visibles dans la fumée, ont été la proie des oiseaux.

Un monde où les jeunes filles ne ressemblent plus aux rois, où les pasteurs laissent tomber la Bible et où les assassins se découragent ne peut produire que des papillons noirs.

LE TEMPS DES OTAGES

« J'aime mieux une injustice qu'un désordre. » Ainsi parlait Napoléon.

On en est révolté. Surtout quand on est jeune. Rien ne révolte autant un enfant qu'une punition qui lui paraît injuste (il peut en être marqué pour la vie). Par la suite, on s'indigne moins, l'indignation s'émousse. (« Elle ne saurait en aucun cas, suivant l'opinion de Talleyrand, être une attitude politique. ») On a tellement pris l'habitude d'être puni injustement, par la famille, la société, les enfants, la justice, les événements, la guerre, le fisc, les grèves, les maladies, la nature, le guichet de la poste, qu'on n'y fait même plus attention. « Il faut que le cœur se brise ou se bronze. » Très généralement, il se bronze. Et chacun apprend à survivre. Comme les microbes aux nouveaux remèdes, comme le doryphore au sulfate (ou à la nicotine, peu importe, on me comprend). On échappe au sort du puni : par la tricherie, par la violence, par des injustices compensatrices, par l'indifférence, par l'oubli. Par le marché noir. Par la richesse. Certains par ruse, avec une certaine indulgence pour ce qu'ils ont fini par admettre comme la loi naturelle du monde. Avec cynisme ou frivolité. Par fatalisme ou avec le sourire. Beaucoup même pour le plaisir du jeu. Avec brio. Ils s'y délectent. Ce sont des acrobates du parfait resquillage. D'autres par vertueuse indignation : ils se sentent en état de légitime défense : on se sent en état de légitime défense quand on doit payer à l'Etat une « vignette automobile » qu'il vous impose au profit des vieillards et quand il en emploie le produit à des gaspillages personnels : c'est un scandale et une escroquerie. A-t-on le devoir de s'y prêter ? En a-t-on même le droit ? N'est-ce pas s'en faire complice ?

Et puis il y a des injustices dont on bénéficie soi-même. S'il est des erreurs judiciaires au détriment du justicié, n'en est-il pas, peut-être plus encore, à son profit ? « Pendez toujours », comme disait le vieux juge, « s'il n'est pas coupable cette fois il a dû l'être à quelque autre occasion. » Le proverbe arabe est du même avis : « Bats ta femme le matin, bats-la à midi et bats-la le soir. Si tu ne sais pas pourquoi, elle le sait. » Tout le monde, pourtant, reste indigné du cynisme de Napoléon.

Gœthe le partageait. Il disait lui aussi : « J'aime mieux l'injustice que le désordre. » Il parlait en homme politique, étant ministre de son ami le duc de Weimar (ce qui devait être quelque chose comme sous-préfet du Gard). Et c'était cependant ce même Gœthe qui avait écrit le fameux *Gœtz* qui exaltait la révolte du peuple contre l'injustice du duc d'Albe. Quand avait-il raison ? Nous avons abattu l'injustice impériale qui maintenait la cohésion de l'Autriche-Hongrie par l'oppression de quatorze minorités soumises aux tracasseries de la plus basse police. Qu'en est-il résulté ? Des choses plus monstrueuses, une oppression bien pire, des bains de sang, l'écrasement du droit, la torture et des condamnés qui attendent deux ans dans des prisons d'en avoir dix-huit accomplis pour être exécutés « légalement » par le bourreau.

Quoi qu'il en soit, le mot de Napoléon indigne. « L'injustice vaut mieux que le désordre ? » Mais l'injustice, répond le cœur, c'est le pire désordre ! Un désordre moral bien pire que celui qu'on veut éviter.

Bon. Considérons maintenant une juste guerre. Car il y a des guerres justes. Il existe des causes sacrées. Empêcher, par exemple, une nation minuscule d'être absorbée par un tyran. On s'insurge, on s'étripe. Le monde entier prend flamme. Résultat : soixante millions de morts. La même morale publique qui s'indignait du mot de Napoléon n'a plus assez de mots pour flétrir l'horreur, la vanité, la futilité, l'inconscience et le scandale d'un tel massacre. Il eût été *sage*, nous dit-on, d'éviter une pareille boucherie. C'est évident. Et tellement évident qu'à force de penser que c'eût été plus sage on finit par penser que c'eût été plus juste. On pense que c'eût été *moral*. Les « pacifistes » se déchaînent. Et on juge immoral le triomphe d'une cause juste. On pense qu'une injustice valait mieux qu'un désordre. Qui : on ? Les gens qui pensaient le contraire en face du mot de Napoléon. Il faudrait pourtant savoir ce qu'on veut : si c'est la justice ou la « sagesse ». Je crois comprendre qu'au bout du compte ce qu'on voudrait ce serait le « moindre mal », une justice limitée, une justice sans dégâts. (Est-elle possible ? c'est autre chose.)

Ce « moindre mal », c'est précisément le titre d'un roman de Jean Laborde, le grand chroniqueur judiciaire. Un excellent roman, parce que l'auteur du livre connaît à fond le fonctionnement et le personnel de la justice, les jurys, l'influence de l'opinion publique, de la télévision, des circonstances locales et tout ce qui fait un procès d'assises (le dossier n'y compte plus, ce n'est plus qu'un jeu de poker). Quoi qu'il en soit, il s'agit là d'un industriel qui a tué sa femme. Bien qu'au minimum, à vrai dire. Car elle lui avait d'abord assené sur le crâne un grand coup d'une Sainte Vierge en bronze. Mais il fait vivre tout le pays. Et on ne pourrait pas le remplacer. De plus sa femme était mal vue par la population locale. Et la télévision s'en mêle pour souligner l'utilité de l'industriel pour la région. En le condamnant, on condamnerait la population au chômage. A Paris, il serait condamné. Dans le pays les jurés l'acquittent. Je crois même qu'on le porte en triomphe. Le jury a choisi le « moindre mal ». Le bien-être de mille familles.

L'étrange est que Laborde constate que « le crime n'est plus un scandale » (...on est blasé, il s'en commet tellement) et qu'il ait l'air pourtant de s'en accommoder sans autre scrupule de conscience, car il n'est rien dans son roman qui ne rende le criminel extrêmement sympathique. Approuverait-il ce qu'il désigne ailleurs comme un retour à l'âge des cavernes? De toute façon, son ouvrage laisse pensif.

Son criminel est en somme acquitté parce qu'il détient mille familles en otage. Et c'est bien le problème d'aujourd'hui. Tout sert d'otage: un paquebot, un enfant, un avion, des professeurs, des passagers, une usine, des représentants diplomatiques, un fils qu'on menace de tuer si l'on est arrêté. Nous en sommes au *Temps des otages*. C'est un chantage universel. Pratiqué par n'importe qui, un fou, un déserteur, des terroristes, des potaches, un père, que sais-je? Et sur n'importe qui: généralement des innocents. C'est ce qu'a bien vu Pierre Lantenac en écrivant *le Temps des otages*. Il a compris son siècle. Son roman pourrait être un reportage de demain. Théâtre: un petit Etat de l'Amérique centrale. Maîtres chanteurs: un groupe de terroristes. Ils menacent de faire sauter un avion dérouté, y compris tous les passagers, s'ils n'obtiennent pas la grâce de cinquante détenus. Le dictateur refuse. Dégâts; mais limités: il n'y a qu'un mort. L'opinion mondiale est indignée. Contre les pirates de l'avion. Opération ratée. Ils jouent à quitte ou double. Cette fois ils réclameront le dictateur lui-même. Le dictateur refuse (au nom des mêmes principes). Mais cette fois il y a plus de dégâts et l'opinion mondiale s'indigne contre lui. Les Etats-Unis interviennent. C'est encore une application de la morale du « moindre mal »: la justice mesurée non point par le principe, mais par le nombre des victimes. Est-ce une nouvelle morale qui naît? La morale de l'âge des cavernes, devenue celle du « moindre mal » (à condition de considérer que la justice vaut bien moins que la vie). Car on ne peut prévoir de limite à l'escalade du chantage politique. C'est à lui qu'appartient l'avenir. Il peut même épargner des guerres; un peu de chantage, des otages, quelques grèves opérées sur les points sensibles avec beaucoup de cinquième colonne. (La Russie compte gagner sans guerre.)

Ce sont des choses qui donnent beaucoup à réfléchir. Et qui obligent à constater d'abord que la vie humaine n'a plus de valeur. Ensuite que le plus humain perdra.

Enfin à se demander où se trouve le « moindre mal ». L'escalade ne pourrait cesser que du jour où des otages se mettraient à comprendre que leur sacrifice profiterait plus à l'honneur de l'humanité et à la survie de la civilisation que le sacrifice du principe. Mais qui aurait la cruauté de leur demander une chose pareille ? Un père, une fois, l'a fait : le défenseur de l'*Alcazar*. C'était pendant la guerre d'Espagne. On lui dit qu'on tuerait son fils s'il ne rendait la forteresse. Il refusa. On fit téléphoner le petit, qui avait cinq ans si je me souviens bien. Il répondit : « Fais ta prière. » Et le sacrifia pour sa cause (qui n'était pas meilleure que l'autre dans un monde où tout le monde a tort ; mais ceci est une autre histoire). Une mère aussi eut le même courage, une concierge de la rue Broca. Elle était dans la Résistance. Son fils aussi. On la menaça de tuer son enfant sous ses yeux si elle ne voulait pas parler. Il y allait de la vie de dix-neuf hommes. « Tais-toi, maman », lui dit son fils. Qu'on exécuta d'une rafale. Car elle se tut. Elle ne racontait pas l'histoire sans porter son bras devant ses yeux. Et combien d'autres résistants, pris en otages, ont ainsi sacrifié leur vie ! Mais là le principe du « moindre mal » coïncidait directement avec leur cause. Aujourd'hui, les otages qu'on prend n'ont pas la même raison directe de se sacrifier pour un principe bien plus lointain.

En attendant, le prix de la vie humaine a baissé de façon effrayante.

Et c'est ainsi qu'Allah est grand.

LE VRAI DE JANVIER

(Conseils pour la conduite de l'homme)

*Pas de subjonctif après « après que ». — Surveillez les bonds de la vache pleine. — Faites respirer le goujon. — Zéro pour l'oranger. — Incompétence risible de l'*Almanach du Bon Jardinier. *— Noël russe et premier de l'An russe. — Cuillers en or et nuit sans lune. — Cours des fleuves. — Faire confiance au cheval. — Manger le wzwar. — Le koulibiak et l'âme russe. — Secrets de l'âme russe. — Chansons plaintives et temps des tsars. — Calvaire de M. Gras et de M. Gassolat. — Bagnards de l'heure. — Nécessité de fluidifier l'obstacle. — La colique du pigeon est mère de l'heure exacte. — Grandeur consécutive d'Allah.*

Et d'abord, après « après que » ne mettez jamais le subjonctif. Voici janvier, la première chose à faire est de ne pas employer ce coupable subjonctif. Il faut aussi réparer vos digues et empêcher les vaches de sauter les fossés, dans l'intérêt de leur prochaine progéniture. Ce n'est pas la peine de perdre un veau. Cassez la glace de vos viviers et enfoncez des fagots de paille dans l'ouverture : l'air passera par les tuyaux de chaume, le poisson en respirera mieux. Le goujon, déjà fort du thorax, en aura une plus belle poitrine. On peut aussi creuser des fosses de dix-huit pouces de profondeur pour les asperges si on veut les forcer sur place, et faire faire les grands nivellements tant que la main-d'œuvre est abordable. *En dehors des heures de bureau,* bien entendu. A quoi bon s'efforcer d'une main, si de l'autre on abandonne l'ouvrage? Mais surtout, je voudrais mettre en garde les débutants ou les mal informés contre le danger de surchauffer leur orangerie. Elle doit être maintenue à zéro, pour qu'il n'y ait pas végétation. Sinon la plante donnerait des rameaux étiolés qui dépériraient au printemps et entraîneraient la ruine de l'arbre. Voilà ce qu'il faut prévoir. C'est le vrai sérieux de la chose. Et le conseil n'est pas inutile. Car il est peut-être des malheureux qui se règlent sur les avis de l'*Almanach du Bon Jardinier* dont l'édition de 1828 conseille textuellement, page 110, de maintenir « à 4 ou 10 degrés » la température de l'orangerie « *comme celle de la serre tempérée* ». Comme si l'orangerie et la serre tempérée étaient faites pour les mêmes usages! Rions-nous de cette incompétence et préservons nos orangers.

⁂

Voilà la civilisation. Elle est faite de cent mille recettes et ne se bâtit pas en un mois. Elle peut, en revanche, disparaître en deux semaines. Chaque jour, depuis vingt ans, elle s'en va un peu plus.

Comme la Lune: samedi soir elle avait disparu. C'étaient les Rois et la Noël russe. Le khan du Nakhitchevan, le prince Nikita, avait invité au *Gasnight* (le prince Nikita est président du *Gasnight-Club*). On y mangeait le caviar dans des cuillers en or, on y buvait la vodka au goulot. Les noctambules, pour rentrer chez eux, durent se régler sur le cours des fleuves ou se confier à l'instinct de leurs chevaux. Et le 13, ce sera le premier de l'an. Le premier de l'An russe, qui est fixé par le calendrier julien. Cinquante mille Russes fêteront ce jour à Paris en mangeant le *bortsch*, les *zakouski*, l'*azou*, le *wzwar* et le *koulibiak*, et en chantant d'une voix caverneuse. Des chants plaintifs. Par pure gaieté. « Je suis gai, disait Raspoutine, chante-moi quelque chose de bien triste. » Tel est le mystère de l'âme slave.

Sa grande plaine lui donne le vertige. Le Russe aime le mêler à tout. Et en même temps il mange de petits oignons craquants avec le riz arrosé de citron et la longue brochette de mouton que le garçon brandit comme une épée. Dans un décor, autant que possible, de colonnes bariolées comme un manège forain. Ces choses lui rappellent son pays. J'ai demandé à un vieux chauffeur s'il s'en souvenait ; c'était si loin ; dans l'espace et dans le temps.

— Ah ! oui, monsieur, me dit-il, c'est vieux, c'était l'époque des tsars. En ce temps-là on avait le droit de grève...

*
**

Ce qui fait voir combien le temps passe vite. Tout au moins en Russie. A Paris, au contraire, il est retardé par les pigeons. Ils se posent sur l'aiguille des horloges et ils l'empêchent de remonter normalement. M. Gras et M. Gassolat, qui sont chargés de remonter les horloges (elles ont parfois des poids de quatre cents kilos), y perdent complètement leurs sueurs et leur latin. Ils tombent la veste, ils tournent une heure la manivelle, ils s'exténuent ; et l'horloge retarde quand même. Bientôt d'ailleurs ils seront à la retraite et l'heure deviendra éternelle. Il sera toujours minuit. Ou six heures du matin. En attendant ils combattent le pigeon. Qui est encore plus perfide qu'on ne pense. Car il se pose parfois sur l'aiguille qui descend : et on passe du quart à la demie sans avoir eu le temps de respirer. Ce qui devrait compenser les retards si les pigeons se posaient aussi souvent sur l'aiguille qui descend que sur l'aiguille qui remonte. Mais, non contents de travailler les aiguilles, ils font caca dans le mécanisme. Les engrenages se grippent, l'aiguille tourne lentement. M. Gras et M. Gassolat sont obligés de laver les dents de l'horloge avec des brosses et des dissolvants. En montant sur de grandes échelles. La Préfecture songe à faire distribuer des graines laxatives aux pigeons. L'engrenage n'aurait plus que des obstacles fluides.

La S.P.A. s'en est émue.

Et c'est ainsi qu'Allah est grand.

PLAISIRS ET MERVEILLES DU PRINTEMPS

Devoirs d'avril. – Devoirs de l'homme. – Devoirs de la femme. – Souliers en peau de grenouille. – Robe à taille basculée. – Exercices du Carême. – Records de pénitence. – Vacances de pluie. – Fantastique des caves. – Roi des Mille et Une Nuits. – L'argent ne fait pas le malheur. – Il multiplie les fleurs en pot. – Tailleur robot. – Prunes du Cap. – Saveur d'antipode. – Belle médaille de M. Macmillan. – Il fera mieux la fois prochaine. – Grandeur consécutive d'Allah.

Avril est là. Avec ses devoirs urgents. L'homme sérieux visite ses melons et sème le concombre en couche sourde. Il rame les pois, il pince la fève, il taille les marronniers en flûte, il met en terre le cyprès chauve et le tupélo. La mode exige, affreux détail, que « le dos se décolle » et que la femme sacrifie son « buste » pour porter le faux deux-pièces à la « taille basculée ». Elle met des raisins dans ses cheveux ; ses souliers se font en peau de grenouille, en peau de saumon, en peau de vipère, ses bretelles en serpent doré. Le « manteau-sarrau » a des « manches d'emballeur » ; le couturier, paraît-il, les « monte en obélisque ». Comment l'homme résistera-t-il à tant de raisin dans la chevelure, de grenouille, d'obélisque et de serpent doré ?

***

Par le Carême. Qui purge l'âme et nettoie le corps. L'homme a toujours attaché en effet la plus grande importance à sa santé physique. Il a toujours considéré la vie comme un de ses biens les plus précieux ; mille témoignages en font foi dans le passé ; Léonidas, aux Thermopyles, défendit la sienne par les armes. Et le Chinois, jusqu'à son décès, paie chaque mois son médecin pour qu'il le garde en vie. C'est pourquoi l'homme passe le Carême à boire de l'eau et manger des bouillons d'herbage où trempent des pâtes alimentaires en forme de lettres de l'alphabet. En même temps, pour l'hygiène de l'âme, il lutte contre les tentations. Même quand la femme agite devant ses yeux des cheveux tout ornés de raisins secs et des souliers en peau de grenouille. Il s'assied dans une petite cabane, tout chauve et tout cassé, il s'installe au désert, il vit de sauterelles et de poussière fine, et parfois même, pour se sentir plus seul encore, il monte sur une haute colonne et il y vit sur une seule jambe ; comme le héron ; du moins de profil. Ainsi faisaient les hommes d'autrefois ; ainsi vécut Siméon le Stylite.

Si on l'imite, le 15, on verra de plus loin le coucou qui arrive d'Afrique du Sud, ayant survolé la savane. Le merle et le corbeau couvent leurs œufs verts. Le lièvre de Pâques couve les œufs de Pâques. Les étangs ne demandent plus que peu de soin. On pourra partir en vacances.

*
**

La mode, au mois d'avril, est aux vacances de pluie, comme en hiver aux vacances de soleil, en été aux vacances de neige. On choisira un gîte en harmonie avec le charme monotone des longues averses, cher à la comtesse de Noailles. Par exemple une cave de banlieue. Avec vue sur un terrain vague, par un soupirail grillagé. Près d'une usine. On y goûtera une paix profonde. On fera des lectures apaisantes, telles que celle des horaires de la S.N.C.F. On jouira du fantastique et de la température des caves. Peut-être même, avec un peu de chance, un homme se pendra-t-il au-dessus du soupirail. On pourra voir ses jambes balancées par le vent avec un pantalon pied-de-poule sur ses bottes noires. On sera pris de grandes exaltations, peut-être même de ces crises nerveuses que les médecins appellent « mal des spéléologues », car il arrive qu'un long séjour dans les cavernes intoxique comme le chanvre indien. On reviendra affamé de la vie.

Que demander de plus à de modestes vacances ?

***

Elles permettent à l'homme, à son retour, de jouir comme d'un conte de fées de l'existence la plus banale, à condition qu'elle se déroule au-dessus du sol. D'ailleurs, si j'en crois les journaux, nous vivons dans un conte de fées. Le roi Ibn Séoud est parmi nous ; il a 2,05 m de hauteur, deux cents fils, trente frères, trois cents femmes. L'*Aramco* lui verse chaque semaine dix millions de francs 1963. Son palais de huit cents pièces est relié à El Riad, sa capitale, par dix kilomètres d'autoroute jalonnés de quinze mille pots de fleurs. De plus, on vient d'enseigner à Londres le métier de tailleur à un robot : il suffit de lui fournir deux kilos de laine ou de soie, il fait une robe en cinquante minutes. Celui qui l'achète peut se faire confectionner cinquante mille costumes tous les ans. A Paris, autre merveille, on mange des prunes du Cap : pas plus chères qu'autre chose ; quatre nouveaux francs le kilo. Elles ont, assure Alain Bosquet, « un goût de vertige et d'antipode ». Enfin M. Macmillan a été décoré par le gouvernement tunisien de la Médaille de la Chasteté.

De troisième classe.

Mais il fera mieux la prochaine fois. Il l'a déclaré aux Communes.

Et c'est ainsi qu'Allah est grand.

CHRONIQUE DU GRAND ROTOZAZA

(DU BONHEUR DE JUILLET, DES MACHINES INUTILES ET DES GRANDS-PÈRES QUI LE SONT ENCORE PLUS)

Châteaux de verdure. – Silence et bonheur de juillet. – Statue sous-marine de Miró. – Mœurs effrayantes du Grand Rotozaza. – Inutilité affichée. – Mais inutilité plus grande du grand-père d'Isaac Babel. – Inventions de cet homme pittoresque. – Il apparaît catastrophiquement au soupirail. – La vie aussi. – Babel la chante. – Chevaux pareils à des lions. – Portemanteaux en bois de cerf. – Génie de Babel. – Il est fusillé. – On le ressuscite. – Grandeur consécutive d'Allah.

Le mois de juillet s'étale et frissonne. Les arbres bâtissent des châteaux de verdure, des citadelles, des tours, que le soleil, çà et là, traverse d'un doigt d'or. Une grande paix règne au pied, sur l'herbe des pelouses. On ne sait quel bonheur s'y attarde, quel rêve y reste suspendu, entre l'herbe et les lourds feuillages. Il ne bouge plus. Une guêpe bourdonne. Le silence en devient plus profond.

On dirait qu'on peut l'attraper. Comme on attrape un papillon. Mais le moindre geste l'effarouche et il irait se poser ailleurs. Rayé d'ombre et d'or, comme la guêpe. Il ne reste que si l'on ne bouge pas.

C'est le bonheur de juillet. Il se cache sous les arbres. Il est baigné d'une lumière verte. Il s'en ira avec la pluie.

Les maisonnettes, au bord de la forêt, sont assaillies par la végétation. Elle les cerne et ne cesse d'avancer. Avec l'hiver et les branches nues, elle semble reculer comme la mer. Un jour pourtant, elle aura tout recouvert. C'est toujours le végétal qui gagne. C'est toujours l'herbe qui a le dernier mot.

L'homme va chercher la fraîcheur dans la mer ; au fond de la mer ; avec des pieds de grenouille. En caoutchouc vert pomme. Et un tube dans la bouche. Il y rencontre de gros poissons. Il y trouvera bientôt une « déesse de la mer ». Faite par Miró. En céramique. Elle sera immergée au lieu-dit « La Fourmigue », au milieu de la baie de Juan-les-Pins.

En attendant, il va voir chez Iolas (c'est une galerie du boulevard Saint-Germain) le monstrueux « Rotozaza », de Jean Tinguely, la fameuse « machine qui ne sert à rien ». Elle tient du crabe et du réveille-matin, du cul-de-jatte en état d'ivresse et de la pieuvre musicienne, en un mot du monstre marin. Elle est noire et bâtie en fer : ténébreuse et inexorable. Elle fait un vacarme d'enfer. Elle remue des bras noirs, noueux, tronqués, difformes. Elle veut manger. Elle se nourrit de petits ballons peints d'un damier noir, rouge et blanc, qu'elle attrape, digère et recrache, rattrape, redigère et expulse. Bref, on ne saurait servir à rien de façon plus ostentatoire. Elle représente, paraît-il, l'Helvétie, gavée de confort, active sans autre but qu'elle-même, crevant de sécurité parmi ses digestions. C'est du moins l'idée du sculpteur, d'après ce que dit Agatha Athins. Mais ce n'est pas la première machine bâtie par l'homme afin d'être inutile. Il y en a eu déjà plusieurs, dont j'ai toujours informé l'opinion, ainsi que de l'âge du premier homme et du dernier état de la science en ce qui concerne l'éléphant. Mais je remarque qu'on ne parle plus de machines *qui ne peuvent* servir à rien. On a constaté, en effet, que même les machines qui ne peuvent servir à rien, peuvent toujours faire des presse-papiers ou des armes de jet dans les scènes de ménage.

C'est par là qu'elles relèvent du domaine de l'utile, ce qui les situe à l'opposé du grand-père d'Isaac Babel[1], qui était non seulement inutile, mais encore inutilisable, même en usant des plus grandes précautions. Voyons-le comme il l'a dépeint : coiffé d'un haut-de-forme avarié ; il a des pieds chaussés de pansements éléphantesques et la bouche *bleue*. Il a été rabbin dans un pays lointain. On l'en a chassé pour blasphème et parce qu'il imitait trop bien, particulièrement sur les traites, la signature du comte local. Depuis, pendant quarante années, il a mené une vie « pauvre et bruyante », fabriqué un cirage et un réveille-matin qui allume une lampe à toutes heures et aux demies, et appris les « langues étrangères ». On le dissimule parce qu'il fait honte, on le respecte parce qu'il sait tout : ce qu'est un Gobelins, comment un chirurgien doit pratiquer une césarienne, et pourquoi le grand Robespierre a été trahi par ses amis. Quand on a des visites décentes, on le remise chez les Apelkhot. Lorsqu'un camarade riche vient voir, dans son sous-sol, le jeune Isaac qui lui a fait de sa famille cent contes flatteurs et même glorieux, il s'échappe de chez les Apelkhot et apparaît dans le soupirail, en montrant son unique dent verte. Le camarade s'enfuit en hurlant.

La vie aussi a dû apparaître à Babel, comme son grand-père, par l'ouverture du soupirail. Inaccessible et fantastique. C'est pourquoi elle l'a fasciné. Il semble, en effet, que son enfance se soit passée à Odessa, dans une sorte de noir sous-sol où tout sentait « l'oignon et la destinée juive ». Il y vivait dans le mal de tête et l'hystérie. Quand il voulait essayer de nager, plusieurs générations de « rabbins hydrophobes » l'empêchaient, explique-t-il, de flotter comme tout le monde. Il enfonçait par hérédité. Pourtant, dans le noir sous-sol, le grandiose fleurissait comme une rose dans une cour humide. Il y avait là soixante-six talmuds et des gram-

1. *Contes d'Odessa,* suivis de *Nouvelles*, par Isaac Babel, traduit du russe par A. Bloch et M. Minoustchine (aux Editions Gallimard, collection *Du monde entier*).

maires dans toutes les langues. On y trouvait aussi un ouvrage du grand-père, intitulé *la Femme sans tête*, en manuscrit, qui était une liste de ses voisins depuis cinquante ans avec leur description complète. Sur de grandes pages en carton jaune. Le grand-père écrivait des lettres de chantage « au profit de femmes abandonnées ». L'oncle Simon-Wolff, qui était fou, achetait, pour le plaisir de la chose, des malles ornées de gueules de lion et des portemanteaux en bois de cerf, parce que ce sont des objets magnifiques qui font honneur à l'homme dans une salle à manger. Des cousins scandaleux couraient en Amérique pour échapper au service militaire après avoir enlevé la fille du colonel. La police renvoyait leurs malles quand ils mouraient. On y trouvait des poids et des haltères, des cheveux de femme, un châle de prière, une cravache à pomme d'or et du thé au jasmin.

Bref, cette famille « n'était pas comme les autres ». Mais était-ce bien celle de Babel ? Tout fait si vrai chez lui que tout paraît souvenirs. Tout ce qu'il écrit semble autobiographique. Et c'est trop beau pour qu'on n'y croie pas.

C'est tellement beau qu'Isaac Babel est l'un des plus grands écrivains, non seulement de Russie, mais d'Europe.

On l'a fusillé, bien à tort, pour manque de ferveur politique. On le réhabilite aujourd'hui.

Son œuvre a l'air d'un tapis oriental brodé de laines de toutes les couleurs. Elles chantent l'amour, la mort, la vie et tous les sentiments des hommes ; le roi des bandits d'Odessa, et l'enterrement de Joseph Mouguinstein dont le corbillard était tiré par six chevaux « pareils à des lions », tandis que les « laitières honoraires tapaient du pied comme des gendarmes à la parade ».

Et c'est ainsi qu'Allah est grand.

CHRONIQUE DU SOLSTICE D'HIVER

Solstice d'hiver. – Mœurs du Peau-Rouge. – Coutumes du païen ethnique. – Festins du même. – Messe de Noël. – Dépouillement du vieil homme. – Confessionnal. – Noirceur de l'eau. – Travail du sacristain. – Rhume de cerveau. – Boudin aux pommes. – Edredon rouge. – Force du vent. – Dégâts des avalanches. – Huile de tortue. – Grandeur consécutive d'Allah.

Le ciel est gris, l'air a un goût de neige, nous allons entrer dans le solstice ; le Peau-Rouge a peur que le soleil ne se lève plus ; il pend un chien à un séquoia, il le charge de ses péchés, il le brûle, il s'enduit de ses cendres, il tape sur une casserole en fer, ou un poêlon, ou quelque autre ustensile, à condition qu'il soit bien métallique ; ou alors il secoue des clous dans une boîte de café Legal ; ou des boulons ; le seul but est de faire beaucoup de bruit ; pour réveiller le soleil ; pour qu'il ne s'endorme pas ; qu'il revienne ; qu'on en soit bien sûr. Jusqu'à présent, le soleil est toujours revenu. C'est une grande chance. Elle rassure le Peau-Rouge. Il mange le chien et il va se coucher.

***

Il y a vingt ans, il y avait aussi le « païen ethnique » ;

c'était une invention d'Hitler ; il était pour Odin, pour le culte de Wotan, le dieu de la guerre ; comme dans les opéras de Wagner. Tous les S.S. étaient « païens ethniques », et même beaucoup de soldats allemands. On recommandait par circulaire aux commandants des unités de leur inspirer un peu d'héliolâtrie entre deux corvées d'épluchage, de vibrer un peu pour la géodésie, le culte du feu, que sais-je, le retour des saisons ; de s'enthousiasmer un bref instant pour la rotation des planètes. Moyennant quoi, pour fêter la Nature, ils touchaient de la saucisse de foie et vingt grammes de sardine en tube. C'était le moment des restrictions ; en 44. Aujourd'hui ils doivent toucher plus. Mais il n'y a plus de païen ethnique. Quoi qu'il en soit le soleil est toujours très bien vu.

***

En un mot c'est Noël. Les anges, sur les images, parcourent le ciel armés de longues trompettes en or ; l'Etoile guide les bergers ; l'homme vient en file indienne, des plus lointains villages, portant une lanterne de corne, pour assister à la messe de minuit. Il n'y a plus de place. Il reste près du bénitier, écrasé entre deux vieilles dames, et écoute le prédicateur. Le prédicateur est contre le péché, il fait honte au pécheur de la noirceur de son âme. L'homme se rappelle alors avec gêne comment il assomma son vieux père impotent avec une bûche, dans l'escalier de la cave, pour lui voler son pantalon de velours ; et ce jambon qu'il fit quatorze fois son prix à l'époque du marché noir ; et comment il vendit le cimetière à un Américain de passage en n'en montrant que l'emplacement sur le cadastre et en le donnant pour un terrain d'un grand avenir où l'on pourrait monter toutes sortes d'usines, d'immeubles de rapport et d'appareils à sous. Il entre dans le confessionnal où le curé lave les âmes de tous les paroissiens. A tour de bras. Il en sort une eau noire. Le sacristain l'éponge. Le bedeau vide les seaux. Les paroissiens sortent tout blancs. Les cloches sonnent, des cantiques s'élèvent, les orgues retentissent au loin. L'air est glacé, les étoiles brillent, l'homme se répand dans la campagne, il contracte un rhume de cerveau, il rentre chez lui, il enlève son cache-nez, il mange du boudin chaud, il met sa chemise de nuit, il se coiffe d'un bonnet de coton, il dort sous un édredon rouge. Deux colonnes de vapeur lui sortent par le nez.

*
**

Tel est du moins le schéma normal de l'aventure. Mais qui sait ce qui pourra se passer? La neige tombe en Grande Kabylie comme elle n'était jamais tombée, les avalanches roulent en montagne, le vent souffle à Paris à plus de deux cents à l'heure, à Nice il abat comme des quilles les palmiers du bord de la mer ; devant l'Elysée, il a déraciné un arbre, il arrache les échafaudages ; il a arrêté un gendarme sur la descente du mont Ventoux et l'a fait remonter à reculons. A bicyclette. Malgré tous ses efforts.

La femme a adopté le « pantalon cigarette », et pour le soir une crème antirides, autour des yeux, à base d'huile de tortue.

Les tortues n'en sont pas contentes.

Et c'est ainsi qu'Allah est grand.

CHRONIQUE DU CIMENT QUI S'EFFRITE ET DU PERSIL QUI SE RARÉFIE

Rectification nécessaire : la civilisation s'effrite sous un ciel bleu. – Lézardes. – Crevasses. – Eboulis. – Le concierge est dans l'escalier. – Manuels professoraux de guérilla scolaire. – Conseils du docteur suédois. – Sous-développement (momentané ?) des races latines. – Pérennité de l'Almanach Vermot. – Rareté de la fleur et du légume. – Eclipse littéraire du poireau. – La nature n'est plus que dans Colette. – Elle a écrit avec son nez. – C'est une chatte dans la valériane. – Grandeur consécutive d'Allah.

Le ciel est bleu. Le « fond de l'air » est frais. La surface aussi. J'écrivais récemment, dans ces colonnes, je crois : la civilisation se lézarde sous un ciel gris. C'est une phrase qu'il faut modifier, car les situations évoluent. Il faut savoir reconnaître ses torts. J'écrirai donc cette fois, pour ne pas faire d'entorse à la vérité historique : la civilisation s'effrite sous un ciel bleu. Que dis-je ? Elle s'effrite ? Elle se lézarde, elle se crevasse. Elle tombe par pans, par blocs énormes qui écrabouillent les gens au passage. La civilisation n'existe qu'où il y a une règle du jeu et un minimum de « fair play ». Or il n'y a plus de règle du jeu en nul domaine. Le crime fait la loi, le kidnapping politique, l'envahissement des ambassades, la sauvagerie payante, le mépris des traités, le sacrifice des otages, le massacre des innocents, la délation, les camps de la mort, le satanisme élevé à la hauteur d'un culte, un enthousiasme général pour la barbarie triomphante, la danse rituelle autour de l'incendie, et l'incendie considéré comme un feu de joie. Dans les quelques îlots qui restent préservés, le feu couve à l'abri des regards. Et ces choses ne peuvent y finir que par des régimes de corruption bientôt suivis de dictatures effroyables. La civilisation n'a plus de chances de survie qu'en se défendant par des coups bas. Qui la suppriment. J'exagère ? Lisez les journaux.

Et les journaux ne nous disent pas tout. En France, où l'on échappe encore à l'écroulement et où les murs n'en sont encore qu'à la lézarde, ce qu'on apprend dépasse les journaux. La consigne est de fermer les yeux. Dans l'enseignement, par exemple. C'est par un ami, fortuitement, un professeur, que j'apprends que dans tel lycée on a trouvé le concierge à moitié assommé, au petit matin, dans l'escalier. Des professeurs font la grève en attendant le moment où il leur deviendra possible de distribuer l'enseignement dans des conditions qui le permettent. Ce fameux enseignement, qui est dit obligatoire, n'est pas nécessairement possible en tous les cas. D'autres traduisent à l'usage des enfants des manuels de guérilla scolaire où l'on prêche le « mariage de groupe ». Il y a eu, boulevard Saint-Germain, une conférence d'un docteur suédois pour expliquer, avec un sérieux scandinave, que l'Etat, se devant au bien-être de tous, devait mettre au service des maniaques les enfants des écoles après les heures de classe. Une assistante d'hygiène sociale les y mènerait après le goûter. Ou même pendant. Tartine en main. Comme de telles choses provoquent encore le rire en France (je dis « encore »), il nous a traités d'arriérés en déplorant le « sous-développement » des races latines.

Tel est le tableau. Il serait décourageant si la culture ne continuait à forte dose : l'Almanach Vermot vient de paraître. Que dis-je ? Il est déjà épuisé. Les civilisations périssent, l'Almanach Vermot leur survit. Il se dresse au-dessus de leur éboulis comme ces hautes cheminées de l'*Anilin-Fabrik* restées debout au milieu des ruines après tous les bombardements. Il ne cesse d'enseigner aux foules la vitesse comparée de la mouche et de la gazelle, du teckel et de la Citroën, le traitement du lumbago et des fractures crâniennes, les secrets de la cuisine à l'huile, sans compter la meilleure façon de capturer le ver géant de Sumatra en l'enroulant sur des bobines pareilles aux grands rouleaux de papier d'imprimerie pour les journaux à fort tirage. Et les bienfaits de la « pierre florale » qui permet de raffermir les seins. Malheureusement, il manque de plus en plus de détails sur la lune rousse, la sélection des haricots, la date des fenaisons et l'époque des vendanges, toute cette agriculture qui parfumait ses pages d'une odeur de carotte et de cerfeuil et constituait le dernier lien de l'homme du jour, des villes, du ciment, avec la nature naturelle. Il a supprimé la nature puisque aussi bien elle n'est plus qu'en asphalte. Nous avons bitumé les champs. Il n'y a plus de raison d'en parler. Il la remplace par des oracles, par « la timidité vaincue en trois séances », l'étoile magnétique du bonheur et toutes ces choses dont l'homme aura encore tant besoin après la mort de la planète, quand l'invincible Almanach Vermot continuera à se dresser comme un phare au-dessus de l'écrabouillis mondial.

*
**

En attendant, si l'on veut retrouver quelque lien avec la nature, quelque parfum de rose thé, quelque plumage d'arbuste, quelque chevelure de dahlia, il faut feuilleter ces catalogues d'horticulteur dont la Hollande nous inonde en ce moment, et où les fleurs ont des noms de chevaux de course (Tartan, Procyon, Eusebio, Tink Champagne, Morning Kiss, Gold Crown, Gruppenblau), ou de « proverbes intraduisibles en français » (car il y en a qui prennent deux lignes).

Ou alors il faut lire Colette. Flammarion la réédite toute. Il y a des écrivains qui écrivent avec leurs mains, et certains avec leurs pieds, beaucoup avec leurs yeux, leur tête (ils ont des têtes grosses comme des montgolfières). Colette écrit avec son nez. C'est une chatte dans la valériane. Grisée d'odeurs et de sensations. Il n'est pas une odeur dont elle ne sache rendre compte avec une plume et avec des mots. Et c'est un joli tour de force (essayez de *raconter* l'odeur de la violette). Tout ce qui se hume, se sent, se renifle, se goûte, elle y est chez elle, c'est son domaine, et même sa création. Et aussi tout ce qui se touche, se palpe ou se caresse. Tout ce qui se tripote. Tout son génie est dans son nez, dans ses doigts et dans ses muqueuses. C'est par elles que, parfois, elle arrive jusqu'à l'âme, et toujours à la poésie. La poésie est faite de précision. C'est une des hautes leçons qu'elle donne.

Et c'est ainsi qu'Allah est grand.

CHRONIQUE DU TEMPS ET DES ÉCREVISSES

Vacances de pluie. – Défense d'une recette discutée. – Evasion de l'homme. – Courte évasion par la Polynésie. – Longue évasion par les vacances de cave. – Peste de l'écrevisse. – Mort bien abominable d'un avaleur de sabres, en 1367. – Abdomen mou. – Pattes qui s'arrachent – Couleur moutarde. – Grandeur consécutive d'Allah.

Cette chronique sera brève, mais d'un très grand profit. Je parlerai en effet du temps et de l'écrevisse.

Le temps qu'il fait est toujours actuel, surtout pendant les grandes vacances. Il se compose en gros de tempêtes et d'orages, bientôt suivis du mauvais temps ; de grêle, de pluies, de tremblements de terre, de grenouilles qui tombent des nuages, de grêlons de sept cent cinquante grammes, et parfois même, dans des pays particulièrement élus, à vocation météorologique, comme la Haute-Loire, de neige bleu pâle ; ou bleu foncé ; disons bleu roi ; quelquefois bleu nattier. Il y faut ajouter la peste de l'écrevisse. Ce n'est pas ma faute, mais je l'avais dit. J'avais même, dans un grand mensuel, donné la recette pour les vacances de pluie. On me l'a reproché : un gros courrier m'en fait grief. Injustement. Ce n'est pas moi qui provoque l'orage. Je le prédis, c'est tout autre chose. Mais une vieille coutume veut qu'on tue le messager des mauvaises nouvelles. C'est un abus. D'autant plus fort que la recette était excellente. Je n'hésite pas à la répéter. Il faut passer les vacances de pluie dans des endroits humides et noirs, au bord d'un canal latéral (les canaux latéraux ont leur vertu magique), par exemple dans quelque cave d'un faubourg de banlieue minière, en inventant des jeux simples et monotones qui puissent se jouer avec la houille ou l'anthracite, et sur le soir (je parle pour les dames) tricoter, comme font les Bretonnes, sous un parapluie, sur le seuil, quelque pull-over de laine noire pour les orphelins d'un homme-tronc. Rien n'empêche non plus, entre-temps, de regarder, par le soupirail, tomber l'averse ou passer à pas lents le cheval du corbillard dont l'écurie est proche, entre l'écluse où se suicident les comptables, et le terrain vague où l'usine voisine empile ses autos écrasées.

Et pourquoi ne peut-on donner une recette plus belle et plus simple ? D'abord parce qu'elle est peu coûteuse : on trouve généralement dans les banlieues minières des caves à très bas prix ; ou alors des celliers ; voire des cages à lapins de peu de valeur commerciale ; mais ensuite et surtout parce qu'elle répond au vœu le plus profond de la nature humaine. De quoi l'homme rêve-t-il ? D'évasion. Le bureau lui pèse et l'usine le tourmente, le H.L.M. le rend neurasthénique, le va-et-vient dans le métro lui donne le mal de mer. Il veut changer, il désire autre chose, il aspire à des horizons ; des cocotiers, des plages, que sais-je, des archipels polynésiens. Des femmes sauvages qui nagent avec des colliers de fleurs. Il ne les a pas depuis un mois, parfois quinze jours, qu'il doit rentrer. Il retrouve son usine, son bureau, ses dossiers, son porte-parapluie bleu ciel, sa plante verte, ses charentaises, il est complètement écœuré. Les vacances furent un rêve, le travail lui est une prison. C'est un évadé *rattrapé*. Au lieu que le sage qui a pris sagement des vacances de pluie dans les conditions que je conseille, sort de sa cave avec une frénésie de travail, il ne pense qu'à retrouver le décor de sa vie, il rêve de la réalité comme d'une espèce de conte de fées, l'usine lui semble un paradis, il prend le concierge pour saint Pierre et le chef de bureau pour le bon Dieu. Ce n'est pas, comme l'autre, un évadé de quelques semaines, c'est un évadé *perpétuel*. Il vit dans la vie comme en songe.

On voit par là combien il importe de savoir où il fera beau. Et quand. Pour pouvoir aller ailleurs. Je donnerai quelques règles simples : le temps des vacances est toujours pluvieux ; le temps des moissons est affreusement pénible ; le temps des vendanges est automnal ; le temps qu'il faut est toujours trop court ; le temps perdu ne se rattrape jamais ; le temps gagné pas davantage.

L'hiver, lui, est toujours neigeux. A cause du loup et de l'Auvergnat (qui est très important dans le Puy-de-Dôme). Le loup et l'Auvergnat ne sauraient se passer de neige. On ne voit pas le loup dévorer une bergère, à plus forte raison manger un sous-préfet, au milieu d'une plaine verdoyante, sous un soleil qui dessèche la vipère ; il lui faut un espace immense couvert de neige, où le bruit des os s'entende au loin, sous un ciel noir. C'est pourquoi il opère de préférence en Pologne. C'est une question de prestige. Il a besoin des grands froids. Quant à l'Auvergnat de race très pure, la zoologie nous fait voir que, sous un gilet de laine marron, qui se boutonne et qui a quatre poches, il porte un pull-over de couleur aubergine sous lequel il a mis un chandail qui dissimule quelques menus lainages superposés sur l'épaisse chemise qui recouvre son tricot de peau. Ce qui est pratique pour les ménagères. Les ménagères du Haut-Cantal se servent couramment du grand-père, qui est assis à côté du feu, comme d'une pelote à épingles. Il est immobile et pure laine. Comment se passerait-il d'un hiver rigoureux ? L'été l'éprouve déjà beaucoup, l'hiver le repose un peu de ses nombreux lainages.

***

Quant à la peste de l'écrevisse, c'est une nouvelle qui nous vient de la Côte-d'Or. Les écrevisses de Pontarlier ont pris la peste. Leur corps devient mou, leurs pattes s'arrachent. M. Gros, garde fédéral, en a apporté plusieurs à Paris pour les montrer. C'est un spectacle abominable. Mais il ne faut pas s'en alarmer. La peste de l'écrevisse ne contamine pas l'homme. On n'a observé qu'un seul cas de pestiféré par l'écrevisse. Au Moyen Age. En 1367. Il s'agissait d'un avaleur de sabres et de couteaux à découper. Il était devenu mou et ses pattes s'arrachaient. Son corps avait pris une teinte bronze, tirant sur le vert et le violet, disons moutarde ; mais foncée. D'ailleurs la peste de l'écrevisse a fait l'objet d'un grand nombre d'études : citons Dubois (Raphaël Dubois) pour 1893 et 1901 ; Mercier et Drouin de Bouville qui publièrent en 1911 un traité de *la Lépidorthose sur les gardons du lac de Nantua* ; et Grobben (C. Grobben) qui fait autorité depuis 1878 sur « le sexe mâle des décapodes » ; Schikora, en 1903 ; et quelques remarques fort justes, mais malheureusement trop brèves, de M. de Confevron, l'aîné (si je ne m'abuse), qui publia en 1894 dans le tome VI du *Bulletin de la Société Centrale d'Agriculture* sa très belle *Note sur les écrevisses ne rougissant pas à la cuisson.*

*
**

D'ailleurs on ne rougit plus de rien, ni les écrevisses ni personne.

Et c'est ainsi qu'Allah est grand.

FICTIONS ET RÉALITÉS

Que devient le Français ? D'où vient-il ? Où va-t-il ? Qu'aimerait-il ? Des grenouilles géantes, et des centaures qui lui vendraient du cheval.

C'est du moins ce que pense Ronald Searle[1], qui l'a vu d'un œil britannique.

Que devient le Français dans cette vision ? Il mange les chevaux et se cache au coin des rues, dans des tourelles copiées sur les châteaux de la Loire et protégées par des remparts de fer (on en trouve sur tous les trottoirs). « Plus que le marbre dur, lui plaît l'ardoise fine. » Il partage donc sa vie entre ces monuments et des basiliques ouvragées où un homme gras lui vend des morceaux de cheval mort. Ces sanctuaires de l'aliment fondamental lui paraissent si précieux qu'il les dore à la feuille ; il les fleurit ; il les surmonte de têtes de cheval étincelantes, pareilles à celles des coursiers d'Apollon ; il les complique de niches gothiques, qui ne le cèdent qu'à ses vespasiennes pour l'arabesque et l'ornement.

Pudibond et hippophagique, il va et vient de la boucherie chevaline à la vespasienne ajourée, en portant son pain sous son bras. C'est là, sur ce trajet, coiffé d'un béret basque, qu'il vit sa vie ardente, frivole, gastronomique, affectueuse au premier chef, toute consacrée à l'amour des jeunes filles, et qu'il achète ses escargots. Le souvenir de Napoléon lui a laissé aussi la passion du bicorne. Il n'est pas rare de voir de vieux messieurs

1. *Pardong M'sieur*, album de Ronald Searle (Editions Denoël).

voûtés, armés d'une immense barbe blanche et flanqués d'une épée guerrière, rentrer chez eux coiffés d'un de ces grands chapeaux. On les appelle des académiciens. Ils tiennent en laisse un caniche compliqué, sculpté en lion comme un buis de presbytère. Obsédés, comme tous les Français, par le transport du pain et du vin, ils serrent sous leur bras droit une flûte de deux mètres, et portent un panier de six bouteilles de gros rouge. Après le bifteck de cheval, ils mangent des têtes de veau. On voit souvent, à la terrasse des restaurants, un monsieur d'une grande importance, assis tout seul en face d'une immense tête de veau ; elle est posée sur son assiette. Il la regarde et elle baisse les yeux. Il la travaille de sa fourchette.

Ensuite, il va graver des cœurs sur des platanes. Des cuisiniers bouffis et méprisants viennent mettre du sel dans sa soupe, comme le sorcier ajoute une herbe à un breuvage ésotérique, ou le grand peintre une touche à une Annonciation. Le chef avance, le ventre d'abord, à la façon d'un cardinal ; les marmitons portent sa traîne.

Aussi les gens viennent-ils de loin, en rangs pressés, vêtus de kilts et armés de kodaks, photographier cette vie grandiose et théâtrale, dans son décor de boucheries chevalines et de vespasiennes en gothique flamboyant.

Les nécropoles font leur admiration. On y voit l'hippophage en buste, en haut de quelque colonne de marbre érigée au-dessus de son tombeau. Sa belle tête de conférencier, sa calvitie, son lorgnon, en imposent. Des dames de marbre pleurent sa mort avec des gestes pathétiques, qui font valoir leur belle poitrine. Elles se roulent aux pieds du grand homme. Elles se voilent les yeux de l'avant-bras, elles se tiennent le front dans la main, elles embrassent la colonne à genoux, le regard au ciel.

Des chats noirs passent dans les allées.

Ainsi se prolonge, dans un ballet posthume de désespoirs en marbre blanc, la vie de cet homme frivole et solennel, qui aima les dames, les escargots et le pain trop long. Les dames avec espièglerie, les escargots avec piété, le pain trop long avec fétichisme. Sa vie s'est déroulée dans un décor de fêtes, au rythme des saisons, sur les bords d'un vieux fleuve, dans des bars louches, des restaurants pompeux, parmi des maisons démodées, des concierges à califourchon, et des garçons de café parfaitement dégoûtés, posés sur les terrasses, à côté des fusains, comme des statues de l'indifférence la plus complète.

Tel est le décor de la vie parisienne. Ronald Searle en a fait un portrait ravissant. Il n'a pas oublié la majesté de la Seine, ni l'arabesque des vieux arbres. Il peut être tendre, féroce, cocasse, fantastique, poétique. Il fait des farces. Il est humain. Il dessine comme un dieu. Il sait mettre de l'âme jusque dans un pied de chaise, et de l'éloquence dans un portemanteau. Son âme anglaise a dû souffrir horriblement de tant d'hommes adipeux qui dévorent leurs chevaux, ne comprennent pas leur propre langue, même quand on crie, et « ne peuvent faire le thé sans ficelle ».

Il en a fait un délire poétique. Sa France, c'est l'île d'Hippophagie. Elle correspond à quelque oubli de Marco Polo. Pour le réparer, il l'a garnie de centaures qui tiennent des boucheries chevalines. Il y a là un effort folklorique important. Peut-être sait-il que le Bassin parisien était peuplé autrefois de géophages. Les géophages mangent de la terre, comme les anthropophages de l'homme, et les lotophages du lotus. Comme Ugolin mangeait ses fils, et le cosmonaute son compagnon de voyage. Comme l'autophage se mange lui-même, soit par maladie, comme le chien, soit par définition, comme le catoblépas, soit par distraction, par paresse, ou par manque d'imagination. Soit par manie. Cette mauvaise habitude causait aux géophages de graves maladies d'intestin. Le dégoût de l'argile leur fit inventer le limaçon. Ils en avaient de grands élevages, que Ronald Searle a découverts dans de vieux domaines ornés de portes ouvragées: il a vu leurs propriétaires, obèses et coiffés de bérets basques, jeter du son aux escargots, comme à des poules ; leurs énormes épouses, assises sur le pas des portes, en remplissaient placidement des bassines. Des paysans, au pied d'un château fort, engraissaient une grenouille géante, une bête de concours agricole, pareille à eux, ventrue, l'œil rond, qu'ils caressaient comme un bœuf de labour, dans de hautes herbes féodales, au bord d'une douve où l'eau croupie reflétait distraitement la tour de Louis le Névrosé.

Quand pourrons-nous, à notre tour, magnifiés par l'histoire de France, caresser des grenouilles géantes dans de hautes herbes féodales, acheter notre viande chez des centaures, et manger des petits pains de deux mètres de long ?

DU TEMPS, DE LA MORT, DE LA VIEILLESSE ET DU CHAPEAU DU PRÉSIDENT KRÜGER

L'homme meurt en faisant « couic » sous le couteau. Ou alors en hurlant. Il meugle comme un bœuf. Par désespoir, par nostalgie. Il lui semble qu'il est *frustré*. Tout allait commencer, tout cessa. Ecoutez le bœuf : on dirait, quand il meugle, qu'on vient de lui voler sa prairie. On ne sait s'il s'appelle, s'il regrette (les deux sans doute) ; ni quoi : sa maman, son étable. On dirait qu'il appelle « au secours » ; qu'on est en train de lui voler son herbage. Ainsi l'homme au dernier moment : comme si on lui *volait* sa vie ; il lui semble qu'il ne l'a pas eue ; ou qu'il est passé à côté ; qu'on la lui enlève *au bon moment* ; et non pas qu'il se désagrège (à moins qu'il ne soit extrêmement faible au bout d'une très longue maladie ; et encore... l'expérience me manque. A moins, aussi, qu'il ne s'agisse d'une mort prévue, qu'il a vécue, pour ainsi dire, longtemps d'avance ; auquel cas il y arrive avec des petits soucis ; ceux du moment ; le gros de la chose est déjà réglé ; elle s'est passée il y a quinze jours, ou huit, ou dix ; elle ne peut pas durer tout le temps : on ne peut pas être *en train* de mourir pendant deux semaines ; ça va, ça vient ; ça s'efface complètement).

Ce qu'il y a de curieux, c'est que la vieillesse n'affaiblisse pas cette impression. Quand on est jeune, on s'imagine que la vieillesse va donner l'impression à l'homme de se désagréger dans un monde qui survit ; elle lui donne au contraire l'impression qu'il survit au sein d'un monde qui se désagrège.

Le vieux Paris n'est plus. La forme d'une ville
Change plus vite, hélas! que le cœur d'un mortel.

Ainsi parlait déjà Baudelaire, voyant Paris qui se transformait. Que dirait-il aujourd'hui, où il y reste à peine deux vespasiennes? Et encore: sans ces tourelles et ces remparts qui les faisaient ressembler à des châteaux de la Loire. Comment l'homme n'éprouverait-il pas l'impression d'être indestructible quand il survit à de telles institutions? A son décor, à tous ses décors successifs, à des villes de ciment armé, à des empires, à Berlin, à Stuttgart, à tous les êtres qui l'entourent? Quand il sort comme un rat de sa maison bombardée, par un trou, au niveau du sol, en jaquette, à quatre pattes, seul jusqu'à l'horizon (entre la tête d'une statue décapitée et un restant de boîte à sardines) sur le cadavre de sa ville et de trente-huit mille congénères.

Moralement, au contraire, c'est de toutes ces morts qu'il meurt. Il ne sait plus à quoi se comparer (il a égaré ses références), ni où se situer: il a perdu ses coordonnées. On s'était imaginé que l'homme était un point défini par des axes, qu'il s'effaçait avec des axes qui subsistent; mais c'est le contraire: le point subsiste, et ce sont les axes qui changent. Alors que sa personnalité ne fait que s'accuser, s'accentuer, se figer, ou même se scléroser, alors qu'il ne cesse, avec le temps, de devenir de plus en plus lui-même, il cesse de pouvoir se nommer. Il ne reste plus de lui que lui-même; un monsieur qu'il ne connaissait pas; il s'aperçoit qu'il était fait surtout des autres, de sa relation avec les autres. Il se voit tout petit, à l'horizon. Il s'aperçoit au loin comme un bateau qui flotte après vingt-quatre heures de tempête: hier soir encore il voyait la côte corse, il s'orientait sur le phare de Calvi, il avait telle étoile à gauche. L'étoile n'est plus à gauche, il ne voit plus la côte corse, il a perdu le phare de Calvi.

***

Nous n'existons que par la mémoire, par la référence au passé. Et le passé, c'est surtout les autres. Nous n'existons que par la côte corse et par le phare de Calvi. Cette sensation du temps qui passe, des coordonnées qui s'effacent, de l'étoile qui a changé de côté, rien n'en saurait, aux gens de mon âge, donner plus vivement l'impression que l'article de Raymond Cartier dans le dernier numéro de *Match*. Il y raconte la guerre des Boers. Dans mon enfance, elle remplissait encore de ses thèmes les images qu'on trouvait dans les paquets de chocolat. Les noms étranges de Magersfontein et de Mafeking nous étaient familiers ; la silhouette du général Botha ; le chapeau boer, à l'aile relevée. Il n'y a pas soixante ans que le président Krüger est mort ; que cet homme croyait que la terre est plate : il interdit sur ses Etats la conférence d'un navigateur solitaire parce qu'elle risquait de prouver le contraire. Il se gouvernait par la Bible, le seul livre qu'il avait lu : les sauterelles avaient le droit de dévorer ses récoltes, parce que la Bible le permet. A neuf ans il fuyait, dans un pays de mirages, parmi des lacs imaginaires, poussant devant lui trente mille moutons ; à quatorze ans il avait tué son premier lion et son premier nègre : un pillard cafre. Il n'avait plus de pouce gauche, l'éclatement d'un fusil le lui avait fait sauter, il s'était opéré lui-même d'un coup de couteau, il avait guéri l'infection en se plongeant le bras dans les entrailles encore fumantes d'une gazelle, suivant la méthode des Bantous. Sa femme, Jessica du Plessis, trayait ses vaches ; ils avaient quinze enfants ; il dînait sur le pas de sa porte en causant avec les passants. Avec son Etat de cinq cent mille hommes il tint en échec pendant deux ans l'Angleterre qui comptait, avec ses dominions, quelque cinq cents millions de sujets. Ses cavaliers n'avaient pas de sabre, ses généraux se battaient en gibus ; c'est une coiffure de patriarche ; ils le retenaient pour la charge (« Messieurs les maîtres, assurez vos chapeaux ») avec une ficelle usagée. Krüger était petit, surmonté d'un haut-de-forme profondément enfoncé sur le crâne, avec des yeux de crapaud, des bottines à boutons, et la redingote de M. Thiers. La redingote fait plus respectable. Même au désert. Elle sent l'homme de la Bible. Il avait l'air d'un baba au rhum aplati par un grand coup de pelle. Tel, il fit trembler l'Angleterre. Il incendiait le pays pour que l'herbe pousse plus vite, afin de ravitailler les chevaux. Les lions rugissaient dans la montagne. Les canons de 155 étaient amenés sur place par des attelages de bœufs. Et de ces bœufs au *Spoutnik* il n'y a pas soixante ans.

On voit par là combien le phare de Calvi s'efface vite à l'horizon corse.

⁂

Ce phare qui s'éteint, ce temps qui passe (et pas partout de la même façon), nous les retrouvons dans un article intitulé « Le Temps au Collège », signé du poète Jean Follain. Follain y revoit de vieilles photographies à la lumière des événements dont leurs personnages étaient gros, sans le savoir, quand elles furent prises ; insignifiantes ; il les éclaire au passé antérieur. Il y a le portrait du grand élève qui ne fit jamais les devoirs de vacances dont il avait copié les textes, parce qu'il s'engagea trop tôt ; les encriers d'émail tronconiques, avec leur lie, où une mouche restait prise ; les paratonnerres, les girouettes, les drapeaux de fête qui reposaient au grenier, les champignons qui poussaient dans le parc en vingt-quatre heures ; le temps qui passe mou, le temps qui passe vite, ce qui s'attarde et ce qui vient trop tôt ; le bâtiment qui semble éternel et sera rasé dans quarante ans ; l'éclipse du soleil qui cesse sur un défilé de cuirassiers ; le prestidigitateur ; les pensionnaires qui rentrent, dans les fermes, pour les vacances, par les chemins de terre, les pieds enfoncés dans la glaise, lourds de leurs valises pleines de livres. Et la photo de 1911 où ne figure pas le professeur de musique, qui ne venait que deux heures par semaine. On dirait l'image même du Temps. Avec ses freins, ses moteurs, ses vitesses.

Avec sa tombe, sur laquelle Follain vient poser cette photo du mort.

⁂

Les coordonnées les plus sûres ne cessent de changer pour les hommes. Quoi de plus sûr que la place de Jaude, de plus ferme et de plus éternel ? On se le figure du moins, parce que son nom ne change pas. Mais en réalité, il n'y a plus de place de Jaude ; il n'y a plus qu'un amas confus d'automobiles. Inhumaine référence. Il n'y a pas cinquante ans, dit Aimé Coulaudon, quand on passait autour de minuit place de Jaude, au mois de juillet, on entendait par les fenêtres ouvertes les ronflements de tous les dormeurs : la basse du boulanger, la flûte du pharmacien, le rugissement du marchand de chaussures. Chacun ronflait à sa façon particulière : l'un donnait l'*ut*, l'autre le *fa* dièse ; il y avait le cor, le violoncelle, la voix des anges. C'étaient comme des orgues complètes.

Encore un phare qui s'est éteint.

⁂

J'aimerais retrouver avant de mourir ce qui peut rester de celui que fut, par métaphore, la guerre des Boers avec le président Krüger. Peut-être, en effet, existe-t-il encore, près de Pretoria, cette statue qu'on lui avait fait dresser en pierre ; de son vivant ; la seule de tout le Transvaal. En gibus, en « tube », en redingote. Mme Krüger avait demandé vivement qu'on évide le haut-de-forme en marbre afin que les oiseaux viennent y boire.

Elle voulait que son mari désaltère l'hirondelle.

Et c'est ainsi qu'Allah est grand.

CONTES DU VIEUX VIEUX TEMPS

Hier, avant-hier. – Vieux temps et « vieux petit temps ». – Antiquité plus grande encore du vieux vieux temps. – Temps du loup. – Temps des dentellières. – Temps effacé. – Mémoire perdue. – Costumes et personnages d'une époque chimérique. – Faits divers d'un âge d'or. – Cataclysmes lointains. – Vitraux des ténèbres antiques. – Remercions Pourrat de pailleter d'or la nuit des âges. – Grandeur consécutive d'Allah.

Pourquoi rit-on des choses d'hier : du style, des robes, du ton, des meubles ? Pourquoi s'attendrit-on sur les choses d'avant-hier ? On remet à la mode le modern style. On dore de vieux fers à repasser ; on recherche des encriers « article riche et façon bronze, avec sujet ours ou canard ». Sans doute pour changer d'habitude. Les vieilles autos font primeur, des véhicules hirsutes qui tiennent du fiacre et de la locomotive de chemin de fer d'intérêt local. La laideur d'avant-hier devient la beauté du jour. Personnellement, je possède un article introuvable (et fort heureusement introuvable), disons « justement méconnu » : une dame nue en fer-blanc doré, mollement étendue le long d'une cavité où peut s'allonger le porte-plume. Elle serre l'encrier dans ses bras. C'est peut-être la muse de Sully Prudhomme. Je la tiens d'un clochard limousin, qui m'utilisait sournoisement pour son commerce clandestin de vieilles culottes (un négoce franco-algérien), accompagnée d'une lettre émouvante, rédigée à l'encre violette avec une plume sergent-major, où il m'appelait « Monsieur et cher bienfaiteur ». Gros comme le bras. Sur papier écolier. Je confesse que je n'aime pas cette dame nue, bien qu'elle soit en fer-blanc doré.

J'adore, en revanche, ces monuments que méprise tant la sculpture actuelle : les pionniers de l'aviation au pied de leur montgolfière, les explorateurs en gibus entourés de crocodiles et de serpents exotiques sous des rhubarbes mexicaines, les inventeurs de fromage du pays qui caressent noblement un menton de la main droite, les pharmaciens coiffés de bicornes, les créateurs de marques de champagne à cheval sur un anglo-normand, ou M. Pigeon, en marbre, assis dans son lit de bronze sur son tombeau du cimetière Montparnasse et en train d'inventer sa lampe au cours d'une géniale insomnie. A côté de Mme Pigeon qui dort paisiblement sans se douter de ces grandes choses. Mais quelle part l'esthétique a-t-elle dans ces jugements ? Quelle part a-t-elle, d'une façon générale, dans la plupart de nos jugements artistiques ? Qui saurait dire, exhaustivement, pourquoi il aime la tour Eiffel ? Peut-être Marcel Proust. Et en plusieurs volumes.

Et puis qu'est-ce qu'aujourd'hui ? Qu'est-ce qu'hier ? Qu'avant-hier ? Combien entre-t-il de demain, et d'hier, dans aujourd'hui ? On voit, au nom de demain, se battre, de nos jours, des géants qui combattent un art d'avant-garde, composé de rêves d'avant-hier, en luttant contre des tabous de l'époque du président Fallières, qu'ils nous présentent comme des carcans de l'art d'aujourd'hui. Ils se battent contre une opinion qui a disparu depuis cinquante ans. Comme des pionniers ! Avec des œuvres poussiéreuses dont on était lassé en 1928. Au nom d'un irrespect farouche qui respecte n'importe quoi : l'obscénité, la réclame, les voyantes, la démence, et surtout l'argent. Ils se battent sous le drapeau de l'originalité pour composer tous la même chose. En exaltant une immoralité qui n'a jamais gêné les peintres d'aucun temps.

Passons sur aujourd'hui, sur hier et avant-hier. Avant eux il y a eu le vieux temps. Il attendrit et il agace. C'est celui des souvenirs des vieux hommes qui sont devenus, comme disait Jean Pommier, non plus les pères, mais les grands-pères de leurs souvenirs, de souvenirs qui ont pourri au fond de leur vieille mémoire. Et qui attendrissent comme des photographies d'album, jaunies et troublées par le temps, tremblées, pâlies, parfois méconnaissables, et qui agacent parce qu'on ne sait plus bien ce qu'elles contiennent de vrai et ce qu'elles contiennent de faux, racontées par des hommes dont la mémoire est trouble et les sentiments modifiés. Il y a eu le temps des diligences. Mon père me le racontait il n'y a pas plus de six ans. Il y a eu le temps des loups et de la guerre de 70. Ma tante Lucie m'en rapportait des anecdotes. Elle s'était vue poursuivie par un loup, en plein Ambert, sur les Allées.

Le vieux temps n'a d'ailleurs pas le même âge à la ville et dans les campagnes. Dans les campagnes, il a duré bien plus longtemps. J'ai connu le temps des dentellières, d'autres ont connu celui des veillées. Ensuite il y a eu le temps des cars, succédant à celui des chemins de fer, et le temps qui, avec le chemin de fer, avait marché plus vite dans les sous-préfectures, s'est mis à sommeiller dans les sous-préfectures, pour s'accélérer dans les bourgs où il apportait les cousines qui venaient directement de Paris, fanaient en short et exigeaient des « permanentes » chez le coiffeur du moindre village. Il y eut, avec la mécanique, la mort du maréchal-ferrant, tout comme la mort des compagnons du Tour de France, qui étaient les gens du « vieux petit temps ». Avant le vieux temps, il y avait eu le « vieux petit temps ». C'était ainsi que l'appelait si joliment Pourrat, un « vieux petit temps » tout resserré entre la soue et le fagotier, qui sentait le lait caillé, la fumée de pommes de pin et le jour jaune d'une lucarne grillée sur les faisselles où s'égouttait le fromage.

De toute façon, tout le monde sait qu'au vieux temps la neige était plus blanche et le loup plus hirsute, les étoiles plus brillantes et la forêt plus noire, les bandits plus hardis, les vieilles femmes plus cassées et les bonnets plus tuyautés ; le savetier plus gai, l'usurier plus avare ; les haillonneux, les stropiats, les goitreux formaient des grappes épaisses autour du bénitier, et on allait à la messe de Noël avec des lanternes de corne. C'est un temps où l'histoire se mêle à la légende. Et avant il y eut le « vieux vieux temps » qui, lui, fut purement légendaire, celui des ogres, des fées et des dames en hennin, où les saints faisaient des miracles, où Pyrame et Thisbé s'aimaient d'un amour tendre, où les princesses vivaient dans la forêt avec des biches qui leur portaient la nourriture et où le paysan s'habillait comme sur les petites images dorées des livres d'heures. Il ne va pas jusqu'à la préhistoire. C'est un souvenir confus de choses qui furent historiques et d'inventions qui plaisaient aux rêveurs. De chimères. La mémoire collective d'un âge d'or traversé d'horreurs effroyables. Mais d'horreurs si lointaines qu'elles n'inquiètent plus personne et ne procurent qu'un frisson de plaisir.

Temps des merveilles, des abominations, du diable, du meunier, d'une sagesse populaire liée aux saisons et aux mots. Des châteaux et de l'agriculture. De la chaumière des contes de Grimm, de l'ogre, des famines, du pauvre bûcheron.

⁂

Notre époque n'est pas moins fertile en merveilles et en cataclysmes. Nous n'avons plus besoin, pour aller dans la Lune, de la fève de Jean de la Fève. Nous apprenons par les journaux qu'un jeune garçon s'est brûlé vif plutôt que de se faire couper les cheveux. Que deux millions de Pakistanais sont anéantis d'un seul coup par le typhon et le choléra, et qu'à en croire des *Mémoires* de Khrouchtchev (très probablement apocryphes), des paysans, privés de leurs bons de ravitaillement par une ordonnance de Staline, ont mangé leurs propres enfants.

C'est ce qu'on appelle des faits divers. (On les montre en photographies. Elles sont noires et nous font horreur.) Ceux d'autrefois, on en a fait des contes. On n'y croit plus. Ils brillent comme des vitraux dans la mémoire obscure des pays et des peuples.

Ce sont les rêves d'une époque qui n'exista jamais, une espèce de Légende ésotérique des siècles.

Et c'est ainsi qu'Allah est grand.

LES GÉANTS DE LA PROMENADE

On n'imagine pas ce qu'est le mois d'août. Il faut l'avoir vécu soi-même. Le moissonneur boit dix litres par jour ; le grillon court entre les pierres ; l'homme attend l'autobus 28. Dans les localités d'importance secondaire, la petite rivière n'a plus qu'un filet d'eau : son lit se craquelle, sa boue se fendille, sa vase retient un tabouret de piano ; le crâne d'un cheval attire les mouches bleues. Il est blanc comme un os de seiche. Que fait l'homme ? Il nettoie son auto.

Autour de lui tout s'exacerbe. Ce ne sont qu'excès et convulsions. En Isère, la terre a tremblé. Les veaux épouvantés mugissaient dans l'étable. A Nice, j'ai vu moi-même ma chambre se soulever du côté gauche. Le Groenland s'écarte de l'Ecosse d'un mètre cinquante à trois mètres par mois. L'homme, la nature essaient de freiner : la Terre, se retenant tant qu'elle peut, ralentit, dit le *Quid*, de cinq mètres par siècle ; l'Auvergnat se cramponne au Puy-de-Dôme ; M. Lafuma a fait rééditer, dans l'ordre même où elles avaient été conçues, les *Pensées* de Blaise Pascal, qui sont une ancre sûre. Mais rien n'y fait. Tout frémit et s'ébranle. Rien qu'autour de chez moi, sous mes fenêtres, des hommes adroits, à cheval sur les toitures, armés de limes et de marteaux-piqueurs, dévissent, concassent, jettent dans l'abîme les tuiles, les carreaux, les cheminées, les locataires, les clous, les poutres, tout ce qui les retient au-dessus du vide, et tombent ensuite eux-mêmes sur le tas obtenu.

C'est pour bâtir un gratte-ciel important, sur les ruines du building qu'ils venaient d'édifier, à la place de trois maisonnettes qu'ils avaient démolies avec de grands lassos dont ils les ceinturaient à hauteur du grenier : le mur pliait comme un jonc, revenait, repliait, finissait par s'abattre, déconcerté, au XXe siècle, d'un procédé si enfantin. On voit par là combien tout bouge et tout trépide sous l'impulsion des progrès de l'industrie. Devant la Santé, les cars de la police se succèdent, les motos entrent constamment, croisant les gardes mobiles à cheval, les sergents de ville à pied, les C.R.S. en armes, et les gendarmes en faction. Le drapeau de la prison lui-même s'agite dans une épaisse fumée, comme un petit mouchoir défraîchi qui dit adieu à quelque chose, au-dessus de la devise gravée sur le fronton pour rappeler les trois grandes dames républicaines : la Liberté, qui attend dehors, l'Egalité qui règne au-dedans, la Fraternité qui ouvre à tous. Et qui ferme encore plus souvent. Ce qui pose un problème insoluble au raisonnement mathématique. Au milieu de tant d'agitations et de continents à la dérive, que fait l'homme ? Je l'ai dit : il nettoie son auto.

Tantôt c'est avec un plumeau, tantôt avec la crème *Kifrotte*. Qui permet de faire trois fois plus vite. Trois fois et quart exactement. On l'a établi par des courbes. C'est au point qu'on se demande ce qu'il pouvait bien faire avant d'avoir trouvé l'idée fondamentale de se vivre corps et biens dans la friction de l'auto. On est réduit aux conjectures. Rabattons-nous sur des souvenirs lointains.

Je me rappelle les Géants de mon enfance. C'étaient des hommes considérables. Ils avaient des moustaches, du ventre et des breloques qui battaient sur des gilets blancs. Ils présidaient des tribunaux ; ils « conservaient les hypothèques », c'était une chose qui m'emplissait d'admiration. Car il est déjà difficile de conserver du thon, des dahlias ou des hippocampes. Ils avaient inventé de rester presque immobiles en se promenant sous les ormes du mail, ou alors sous quelques platanes, disons des paulownias, ou des eucalyptus. C'étaient les Géants de la Promenade.

⁂

Ils y voyaient la Civilisation. Ils avaient inventé celle du Temps perdu, père de la dentelle à la main, de la poésie lyrique, de la pomme de Newton et du principe du fameux Archimède. Ils avaient compris d'un seul coup que les grandes idées viennent en dormant sous un pommier, ou en prenant son bain dans une baignoire sabot avec un couvercle à charnières. Non seulement ils avaient du ventre, mais aussi des lorgnons avec un long fil noir qui les rattachait au gilet, ce qui rendait leur silhouette plus respectable, quand par hasard ils étaient squelettiques et coiffés d'un canotier sombre. Ils n'avaient aucun sens social : ils payaient mal leur bonne, ils se levaient matin, ils épluchaient leurs comptes et se faisaient sauter la cervelle quand ils ne pouvaient régler leurs dettes.

⁂

Ils réclamaient la guillotine pour le parricide et le suicide pour le banqueroutier. Des journaux bien intentionnés les accusaient à tout hasard de « boire le sang du prolétaire », mais ils lui préféraient le vermouth, additionné parfois de quelques gouttes de cassis, et accompagné du jeu de cartes, dans des cafés ornés de boiseries marron ou de céramiques étincelantes qui représentaient de profil des dames armées d'iris. Le sang du prolétaire, d'ailleurs, leur profitait inégalement (ou alors c'était un sang pauvre, très aqueux et peu nourrissant), car ils se divisaient en branches grasses, austères, tristes et sédentaires, qui s'enrichissaient de plus en plus et devenaient de plus en plus moroses, et en branches maigres et ruinées, joyeuses, turbulentes et nomades, aventureuses, qui mettaient de la gloire et du scandale dans la famille. Les uns étaient mangés par des lions africains, d'autres rénovaient la musique et faisaient l'orgueil de la patrie, d'autres divorçaient en province et allaient se marier à Paris avec des femmes qui avaient leur portrait dans le journal. On en discutait sur le mail, en employant des citations latines, des cannes à bec d'argent et des haltes tactiques, au cours desquelles, pour plus de force persuasive, on s'attrapait par le bouton du gilet. Le greffier, qui était baudelairien, se grisait de miasmes poétiques en respirant l'affreuse odeur de la tête de cheval. Le sous-préfet refusait Claudel, au nom de l'intelligence française : « Je viens de lire, expliquait-il, le dernier ouvrage de cet homme. L'un de nous deux est idiot, et comme ce n'est pas moi... » Téméraire postulat, qu'il révisa sagement quand Claudel fut de l'Académie. Tels quels, ces gens avaient tout inventé : l'industrie et la république, le parti radical et le parti socialiste, le conformisme et l'anticonformisme, le symbolisme, la banque, le buffet Henri II, l'araucaria du vestibule, et le banc vert à pieds de fonte ouvragée. Sartre, Mauriac, Jaurès, Léon Bloy, Psichari, Poincaré, Marx (disons Engels si l'on préfère), sont sortis de leurs bourgeoises lignées. La Chine communiste est leur œuvre, aussi bien que l'Amérique, qui leur devait de l'argent. Ils ont payé les chemins de fer russes. Ils avaient bâti un Empire. Partout où ils étaient passés, qu'on le veuille ou non, le niveau de vie des indigènes s'était élevé, si peu que ce fût. Ils s'étaient faits leurs professeurs payés.

*
**

On a trouvé la chose affreuse, on s'est fait domestiques payants ; ce scandale a moins bien réussi que leurs méthodes. Leur goût faisait autorité ; leur idéal s'est répandu sur toute la terre : leur style de vie s'est imposé au monde entier. Le député communiste, à peine intronisé, s'est acheté le meuble Dufayel, des millions de prolétaires rêvent de la vie bourgeoise. L'araucaria a gagné la partie.

Que sont devenus les Géants de la Promenade ? Ils avaient des nièces sans argent, aux beaux yeux, au profil busqué, qui jouaient au tennis en robe blanche. Leurs fiancés sont morts en 14. Elles ont vieilli dans d'immenses maisons vides (entre le piano, devenu gagne-pain, et le portrait de quelque amiral illustre), vendant parfois du chocolat que fabriquaient des Bénédictins. Elles sont mortes sans dire un mot, entre le fourneau froid et le garde-manger vide.

Leurs oncles sont pour la plupart alignés dans des boîtes en bois, sous des dalles de marbre pesantes, ornées de leurs noms en lettres d'or et de fleurs en matière plastique. Leurs neveux sont devenus ministres, d'autres ont fait fortune au Mexique, d'autres sont morts gras, d'autres ont vécu maigres, d'autres sont civils gagnants, d'autres soldats perdus. Beaucoup couchent en prison, surtout les plus glorieux. Les cousins les plus riches se sont faits progressistes, ils ont aidé le vicaire de leur paroisse à abriter des fellaghas et sauver leur trésor de guerre ; c'était leur fils qui portait la valise ; ils aiment l'humanité abstraite, la France hexagonale, fument des cigares coûteux et lisent des journaux à la mode, qui les flétrissent et leur rapportent de l'argent.

La fille du jardinier des Géants de la Promenade, atteinte de coxalgie, a su toucher le public. Après avoir été call-girl, elle a connu un commencement de notoriété grâce au célèbre assassinat de M. Dupont, auquel un de ses amants avait été mêlé. Elle s'est mise à signer : « Josiane, de l'affaire Dupont », et on lui a demandé ses mémoires. On a photographié l'église de son baptême et l'enfant qu'elle avait d'un placier en bretelles. Une grande maison lui a fait porter dans les cocktails quelques-uns de ses plus beaux modèles. Elle a incarné tour à tour, aux yeux de l'opinion mondiale, l'Amour, l'Art, la Prostitution, la Révolte, la Pauvreté, le Mérite obscur, la Lune de miel, le Cœur et l'Injustice sociale, sans compter la Célébrité.

Les journaux lui demandent son avis sur le problème noir en Amérique. Les dictateurs les plus barbus n'échappent pas à ses interviews. Elle a acquis un cuisinier indien et un confesseur personnel ; elle ne refuse son concours à aucun des mouvements propres à améliorer le destin de la race humaine. On lui prête l'intention d'entrer dans un Carmel. Son *public relations* est pour. Il pense avec beaucoup de bon sens que le suspense favorisera une prochaine rentrée au théâtre. De célèbres théologiens se penchent à la loupe sur son âme immortelle. Elle vient d'engager récemment un jeune professeur d'orthographe. Des pancartes spéciales annoncent dans des villages battus des vents, sur des panneaux, à la sortie de l'église, le titre du dernier chapitre de ses Confessions à *France-Public:* « Ce que j'ai fait de plus immonde. »

Il est question d'introduire dans le S.M.I.G., au rayon « Loisirs Culturels », le prix d'une place à ses spectacles. Tel est le progrès de la civilisation. Elle ne se promène plus sous les arbres. Elle a supprimé les cafés, remplacés par des marchands de disques. Elle pense à tout. Elle va plus vite. Elle voit plus loin.

II

PLAISIRS, FÊTES ET MONDANITÉS DE TOUS LES TEMPS

CHRONIQUE DES PLAISIRS BIEN CHOISIS

Absence du soleil et de la pluie. – Absence du temps. – Adultérologie. – Traité de la pipe et traité de l'adultère. – Nette supériorité de la pipe. – Sévérité bien grande de la police viennoise. – De Louis XIII et d'Ahmurat IV. – Des bedeaux du pape Urbain VIII. – Le tabac se révèle vermifuge. – Il combat le scorbut et la glossoplégie. – Il enraye la constipation. – Il donne du moelleux à l'homme. – Belle coutume des Peaux-Rouges. – Utilité de la pipe pour lier amitié avec les croque-morts d'Alexandrie. – La pipe aura toujours un fourneau et un tube. – Grandeur consécutive d'Allah.

J'aimerais bien dire qu'il fait soleil. Ou alors qu'il pleut. Ou qu'il gèle. Rien ne campe mieux le décor d'une chronique. Malheureusement, il ne fait pas de temps. Ce n'est pas ma faute. S'il faisait beau, je le dirais fièrement ; s'il faisait mauvais, je l'avouerais. Mais on ne peut dire ni l'un ni l'autre ; ni même autre chose. Comme pour les gens : il y a des gens qui n'ont pas d'âge ; mon épicier résume la chose en disant : « Un monsieur d'âge normal. » Comme s'il y avait un âge plus normal que les autres ! J'aimerais bien dire, comme lui, qu'il fait un temps normal, pour ne pas employer une expression bizarre. Mais ce serait déloyal. Ce serait permettre aux gens qui ont l'imagination météorologique, ou picturale, ou littéraire, de se figurer ceci ou cela. Et ce serait faux. Car il n'y a rien à se figurer. Il ne fait pas de temps, tout simplement. Tant pis pour moi. Tant pis pour nous. Tant pis pour lui.

Cette absence de temps favorise la lecture des œuvres de l'esprit, et les éditeurs en profitent pour envoyer des ouvrages aux critiques. Ils viennent de m'adresser ensemble un traité de l'adultère et un traité de la pipe. Je préfère la pipe. Et j'expliquerai pourquoi.

L'adultère, si j'ai bien compris, consiste à changer de femme ; ou à changer de mari. Tout au moins pour un certain temps. Mais d'abord, pourquoi changer de femme ? Rien ne prouve à l'homme qu'il tombera mieux ! Et ensuite s'il est pris, il paie seize francs cinquante. C'est une amende qu'exige la loi. (Car elle est contre.) Les auteurs ont beau souligner certains aspects riants de la chose à travers mille inconvénients, ils ne cachent pas ce qu'elle peut coûter. Or, pour le même prix, *et même pour beaucoup moins*, on peut avoir une pipe en terre. Qui dure tout le temps.

Car la loi n'est plus contre la pipe. Ni même contre le tabac. Nous ne sommes plus à l'époque où Urbain VIII permettait aux bedeaux de confisquer les tabatières ; où Louis XIII frappait le tabac d'interdit ; où le sultan Ahmurat IV faisait couper aux fumeurs le nez et les oreilles ; où les agents de police viennois (sur la fin du XVIIIe siècle) avaient l'ordre de tirer à vue sur les gens qui fumaient la pipe. Il est vrai qu'en ces temps lointains, les gens ne savaient pas bien de quoi il retournait : la servante de Walter Raleigh, voyant son maître entouré de fumée par la pipe dont il se servait paisiblement dans son fauteuil à oreillettes, renversait sur lui un seau d'eau en croyant qu'il avait pris feu. Depuis ces temps barbares, l'esprit a bien changé, la loi a imposé le tabac, l'Etat en tire de grands profits et le tabac a perdu toutes ses vertus nocives. Sur cent Français, neuf fument la pipe, trois le cigare, trente-cinq la cigarette toute faite et vingt-six le tabac roulé. Le tabac est vermifuge et antiscorbutique, il enraye la constipation, il guérit la glossoplégie ou paralysie de la langue, et la surdité catarrhale. C'est dans le département du Nord qu'on fume le plus et qu'on vit le plus longtemps. Mme Dunlop, centenaire à Belfort, a déclaré : « Si je n'ai pas encore cassé ma pipe, c'est que je la fume depuis ma plus tendre jeunesse » (ce qui prouve la supériorité de la pipe sur l'adultère). D'ailleurs, d'une façon générale, l'homme vit plus longtemps depuis qu'il fume, particulièrement en Suisse et en Hollande (nulle part on ne consomme plus de tabac). L'âge moyen de l'homme a plus que doublé depuis 1830. La mort recule devant la pipe Jacob.

Sans doute les médecins nous disent-ils que 96 % des cancéreux sont des fumeurs. Et ils ont certainement raison. Le contraire serait étonnant ; car on trouve la même proportion chez les chasseurs alpins, les étudiants en droit, les hommes de cent six ans, les abonnés au gaz et les usagers de l'autobus. Mais je me demande pourquoi ils ne nous disent pas aussi que 100 % sont des contribuables. (Doit-on refuser de payer l'impôt ?) Leur raisonnement serait plus convaincant s'ils nous prouvaient que 96 % des fumeurs sont des cancéreux. Il n'en est rien : beaucoup de fumeurs meurent d'infarctus, d'aortites, d'angines de poitrine, de vieillesse ou d'accidents d'auto. On voit par là combien les statistiques sont vaines.

Georges Herment nous montre au contraire que la pipe est l'ennemie des nerveux. « Il y a quelque chose dans la pipe », écrit, dit-il, excellemment William Faether, « *qui donne du moelleux aux hommes* ». Qui ne rêverait d'être un homme moelleux ? Elle peut « démêler des complexes », elle sait « édulcorer des biles », elle parvient même à « trancher des questions ». Les Peaux-Rouges l'ont en telle estime qu'ils déclarent sacrés les terrains d'où l'on en extrait la matière. Même en temps de guerre. On voit par là qu'ils estiment plus urgent de fumer la pipe que de tuer son semblable ou de sauver sa pauvre mère de l'assassinat et du viol, ce qui les place au premier rang des pacifistes, et ce qui prouve que, même en temps de guerre, on peut toujours trouver un endroit pour fumer en allant au Massachusetts.

La pipe est une preuve de courage. Car « s'il faut du courage pour vivre, il en faut plus encore pour jouir de la vie ».

Enfin la pipe ne périt pas. « Parce qu'une pipe n'est jamais morte. » Et cette raison serait suffisante, mais Georges Herment ajoute : parce qu'une pipe ressuscite. « Certains modèles laissés pour morts depuis cinq ans se sont, à l'allumage, épanouis à une deuxième existence. » « Quelle erreur ce serait, dit Herment, que de détruire un modèle "fini" ! » « Il vaut mieux redonner sa chance à cette pipe en l'offrant à un ami. Peut-être était-elle faite pour lui. Peut-être est-il le seul au monde désigné pour la réveiller. »

(Les pipes sont, en effet, extrêmement personnelles. « Presque autant, assure Sherlock Holmes, que les montres et les lacets de soulier. »)

J'ajouterai, pour en avoir fait une expérience superficielle, que la pipe, tout au moins la *ghouza*, est excellente pour lier amitié avec les croque-morts d'Alexandrie. Ils étaient deux, il n'y en avait qu'une, et nous la fumâmes à trois. (Leur salive est un peu sucrée.) Quoi qu'il en soit, il ne peut qu'être utile d'être en bons termes avec les croque-morts d'Alexandrie. Sait-on jamais où l'on mourra ?

Ce qui console, c'est que la pipe demeure. L'homme passe, les fleuves, les civilisations, mais la pipe, nous dit Georges Herment, « *se composera toujours d'un fourneau et d'un tube* ».

L'homme aime fonder sa joie sur des choses éternelles.

Et c'est ainsi qu'Allah est grand.

SOUS LES TOITS DE PARIS

Millibars. – Froids de loup. – Les hornbostels de la rue Mouffetard. – Traité d'Utrecht. – Fouines, putois, hommes hirsutes. – Tritons de cinq mille ans. – Fin des froids. – Commencement de la neige. – Premiers lilas. – Premiers ramiers. – Grandeur consécutive d'Allah.

Rien n'est bien gai. Une bande d'air froid passe par l'Espagne, allant vers l'est, et à Paris, si j'en crois la presse, il fait toutes sortes de millibars : 1029 virgule 5 ; je ne les ai pas vus moi-même, mais les gens qui les comptent savent certainement ce qu'ils disent, et, rue Mouffetard, trois hornbostels sont morts de froid. Les Hollandais n'ont pas connu d'hiver si long depuis le traité d'Utrecht, dont on se souvient à peine, et dans cinq jours, si le froid persiste, on ira à pied à Stockholm : la Baltique sera entièrement prise. En Pologne : moins quarante-quatre, la flamme du gaz gèle sur le bec ; bleue à la base, jaune à la pointe (on la réchauffe au bain-marie). Les animaux les plus étranges, les hommes les plus hirsutes, sortent du fond des bois et des entrailles du sol, de la glace, des fentes de la terre et viennent rôder autour des maisons isolées, parfois même en pleine capitale : martres, putois, renards, vermines de toute espèce, témoins visuels du monstre du Loch Ness.

La buse attaque les bipèdes de grande taille jusque sur

les routes nationales. Un triton est sorti de la glaise, déterré d'un coup de pic par un savant de Moscou ; il était là depuis cinq mille ans ; conservé par le froid ; « son ventre a palpité ; ses yeux proéminents se sont fixés sur les hommes, et il a attrapé des mouches ». Il aurait même prophétisé dans une langue incompréhensible.

On l'a enveloppé dans de la mousse et mis dans une boîte en carton.

Un second a vécu tout l'été ; surpris des progrès de l'industrie. Des chercheurs d'or en ont trouvé un autre, en Sibérie, à quatorze mètres de profondeur. Plus il fait froid, plus les tritons se conservent.

C'est ce qui permet, les bonnes années, d'en trouver de bien avant le Déluge. S'ils disaient tout ce qu'ils savent on en serait étonné. Quoi qu'il en soit ces rigueurs incroyables passeront plus rapidement qu'on ne pense.

L'hiver, suivant certains, pourrait finir le 30 mars, et nous aurions alors, enfin, la pluie, la neige, les giboulées et les inondations normales, le gel de la lune rousse et les froids du printemps. Déjà, d'ailleurs, les lilas fleurissent en vallée d'Aspe, des hirondelles traversent la Garonne, des palombes sont passées dans le ciel du Béarn.

***

Les pigeons de Paris, au vol lourd, tournent autour des toits de la Santé et se posent sur le rebord des fenêtres des cellules ; peint en blanc. Et numéroté : 128, 129, 130… Seraient-ce les colombes de la Paix ? Sur l'un des rebords il y a un petit pot bleu. En bas tournent les C.R.S., les sergents de ville, ou la garde mobile, la mitraillette braquée. En haut rêvent les détenus.

Ils rêvent, ils font des songes.

Et c'est ainsi qu'Allah est grand.

CHRONIQUE DES NUITS D'AVRIL

Efforts du printemps. – Mœurs des xylophages. – Mœurs des pauvres. – Mœurs des chèvres et des poètes. – Mœurs du sculpteur Philippe Kaeppelin. – Homme sans naissance. – Hommes sans oreilles. – Sans yeux. – Créations des critiques. – Fécondité de leurs rêves. – Tchin-tchin, pseudonyme rose du suicide par l'alcool. – Esthétique de Billetdoux. – Evaporation de l'homme. – Sérénité finale. – Une pièce charmante. – « Narcisses incomparables ». – Aube d'avril. – Pelouse de la vie. – Grandeur consécutive d'Allah.

Le printemps fait des efforts. Les nuits deviennent plus douces. Les feuilles n'ont pas encore poussé, mais déjà l'écorce est plus tendre. Les pauvres, les poètes, les chèvres, Philippe Kaeppelin, les enfants xylophages en dévorent au passage la largeur de leur langue. C'est pourquoi les troncs noirs du boulevard Blanqui sont tachetés de blessures blanches. Et même certains becs de gaz, que les chèvres et les poètes prennent sans doute dans la nuit pour de jeunes marronniers. Tel est le printemps. Un esprit follet y circule dans la nuit d'avril : un petit personnage impossible né du songe d'une nuit d'hiver. Sorti d'une pièce *où il n'habitait pas*, c'est le plus immatériel des êtres. Les faux morts sont morts sans décès, ce faux vivant vit sans naissance. Un « petit personnage aux yeux jaunes », comme Dubuffet en a peint sur ses toiles. Je dirai d'où il est sorti.

*
**

La grande peinture se passe de l'œil. Le Greco était astigmate ; Degas n'a commencé à avoir du génie que du jour où sa vue a baissé ; un oculiste anglais a fait la statistique des peintres qui ont les yeux malades ; il en résulte que le talent est lié aux affections de la vue. Il n'y a d'ailleurs qu'à regarder maint chef-d'œuvre des galeries d'art contemporaines, on voit nettement que nombre des plus cotés ont été peints par des aveugles. Rien de plus normal : en face des jeux de lumière un aveugle est sans parti pris.

La grande musique, de même, n'a aucun besoin de l'oreille. Beethoven était sourd. La grande critique aussi ; je veux dire la critique dramatique ; la grande critique se passe d'oreille ; en face d'un drame ou d'un vaudeville, comme l'aveugle en face des couleurs, la surdité est impartiale ; la chose reste vraie en face d'une comédie, d'un opéra ou d'une farce lyrique. Tout autre que le sourd se passionne. Le sourd reste serein et juge sans parti pris. C'est pourquoi la grande presse aime employer des sourds. La moitié de l'opinion est faite par des messieurs qui n'entendent pas les pièces. Ce qui leur permet de les inventer. Autre avantage : ne les entendant pas, ils n'ont aucun besoin de les voir, ce qui troublerait ce qu'ils imaginent. Si bien qu'ils peuvent dormir en toute sérénité du commencement à la fin du spectacle, multipliant ainsi leur impartialité. Au baisser du rideau, leur femme leur tire la manche ; ils se réveillent en sursaut, applaudissent à tout rompre, et le lendemain matin leur article paraît ; et ce qu'il y a d'étonnant, c'est qu'ils racontent la pièce ; et ce qu'il y a de beau, c'est qu'ils l'éreintent ; et ce qu'il y a de grand, c'est qu'ils citent des répliques ; ne les connaissant pas ils les ont inventées. A la mesure de leur génie (ce qui vexe les bons auteurs) ; si bien qu'ils en trouvent peu de très bonnes et ont une triste idée du théâtre français. Ils ne l'entendent pas, ils le dorment. Et s'ils ne faisaient que le dormir ! mais, ne le voyant pas, ils le rêvent. Et c'est ainsi qu'un beau matin, m'a dit une dame qui dirige des théâtres, une pièce naquit dans les feuilletons de la critique, dotée d'un personnage qui n'exista jamais. Le critique le narrait dans sa morphologie, le disséquait dans sa zoologie, le jugeait dans sa psychologie, le condamnait dans sa littérature et renvoyait son père à l'école des auteurs. Constaté par l'état civil sans avoir jamais eu de naissance, faux vivant comme il y a de faux morts, c'est lui qui erre depuis cette nuit de décembre, à la recherche d'une pièce, derrière les grilles du Palais-Royal ; enfant étonné de la critique ; nourri des choses les plus légères, de la peinture des becs de gaz, de la colle des affiches, des souffles du printemps ; fantôme d'avril, monstre boiteux, nain aux yeux jaunes, pareil à ce canard mystique que Gauguin ajoute à ses toiles par on ne sait quelle superstition polynésienne pour leur donner une « dimension » métaphysique.

⁂

Puisse-t-il se trouver un auteur ! puisse-t-il être recueilli par François Billetdoux ! Car Billetdoux donne en ce moment à Montparnasse la pièce la plus adorable du monde. Elle s'appelle *Tchin-Tchin*. Autrement dit « Trinquons ». Mais trinquons en langue étrangère. Trinquons au sens ésotérique où tchin-tchin n'est pas autre chose que le pseudonyme cristallin d'une évaporation humaine. Je m'explique. François Billetdoux n'apporte pas une philosophie nouvelle. L'histoire qu'il raconte est banale : boire pour oublier n'est pas neuf ; s'en faire crever est aussi vieux que le tord-boyaux. C'est l'esthétique de Billetdoux qui change les choses. Autrefois quand un homme buvait, ça faisait un bruit de bouteilles cassées ; son cadavre, en tombant, arrachait au plancher un craquement qui pétrifiait le propriétaire. Billetdoux veut considérer que quand deux êtres se tuent à boire, ça fait tout au contraire un pudique tintement de verres ; l'homme ne se tue plus chez Billetdoux, il s'évapore. Sa danse macabre a des grelots aux coudes. Son homme s'évanouit comme un tintement de cristal. Tchin-tchin. C'est « le chemin de la sérénité ». Rien de plus charmant que le ton, rien de plus charmant que l'histoire.

La pièce est jouée remarquablement : par Billetdoux lui-même, dans le rôle du vieux premier, M. Caesareo, « un faible qui sait ce qu'il veut ». Quant à sa partenaire, elle est si britannique qu'il a fallu en confier le rôle à une Allemande, Katharina Renn. De grande classe. Elle chanta en suisse au *Cornichon.*

⁂

Mais voici l'aube, toutes les feuilles ont poussé. A Bagatelle, les magnolias aux grosses fleurs blanches ont l'air fleuris d'œufs à la coque ; et sous les cèdres les « narcisses incomparables » mettent des flammes jaunes dans l'ombre noire. Rien n'est plus lumineux que la lumière d'une fleur jaune quand elle éclaire un endroit ténébreux. La nuit d'avril essuie ses brumes et chasse ses songes. Les « petits personnages » s'évaporent. La vie est là comme une pelouse.

Et c'est ainsi qu'Allah est grand.

DE LA SEMAINE SAINTE À LA FOIRE DU TRÔNE

Autrefois, quand j'étais enfant, le monde était incroyable et splendide. L'univers semblait délirer dans le style de l'Ecriture sainte. Les notaires y bondissaient comme les montagnes de la Bible et les jeunes filles comme des collines ; on voyait les béliers sauter comme des notaires et les notaires se dresser comme des taureaux. C'était pour jouer au tennis, dans les villages de la montagne. Les jeunes filles avaient des jupes blanches. Nous les aimions beaucoup, parce qu'elles étaient très belles. Leurs fiancés étaient à la guerre. Elles en possédaient de pleins albums. Ils avaient le cou trop étroit. Ou alors le col de leur vareuse était trop large. Bref, ils étaient habillés par l'armée. Ensuite arrivaient les feuilles mortes, et puis le verglas, et puis des hivers noirs. On ne voyait plus les villages de la montagne, ils étaient cachés par le vent. Car le vent était noir. Au moment de la Semaine Sainte, il tournait autour du clocher. Le glas sonnait dans les villages. On ne savait plus, dans les albums, quels étaient les fiancés vivants et les fiancés morts. Couleur de bure et de fumée, les villages de la montagne étaient devenus mystérieux et lointains. On ne m'ôtera pas de l'idée qu'ils avaient un secret. Longtemps ils prirent le temps de fabriquer leurs morts : on leur donnait de la place sur des disques vernis avec leur béret personnel et leur moustache individuelle, et le cor de chasse sur le sol, sur de grandes tables de marbre. Ensuite on leur fit des statues qui les résumaient d'un seul coup. Un ébéniste emporta la commande, car il mettait à la capote des statues le vrai numéro du régiment et spiralait les molletières avec une mécanique qui venait du Jura, la vraie patrie de l'instrument de précision, pour fabriquer les colonnettes des rampes d'escalier en bois de chêne ; elle avait un pas de vis réglable et donnait aux mollets de soldat le fini complet des choses vraiment industrielles. C'était parfait pour les chasseurs alpins. On en mit dans tous les villages. Mais les conseils municipaux n'admirent pas les fusils des statues ; ces soldats, dirent-ils, étaient des militaires, et non pas des militaristes ; c'étaient les soldats de la paix. On leur ôta donc leurs fusils. Si bien qu'on pensera quelque jour qu'ils se battaient avec leurs dents.

Tels sont ces villages inspirés. Ils ont sûrement, comme dans Rimbaud, un secret pour changer la vie. J'y suis monté. Les maisons étaient vides. Dans les champs, il n'y avait personne. Il n'y avait personne dans les rues. Je n'ai trouvé, dans un vieux salon, qu'un jeune homme dont le grand-oncle conservait son père dans l'alcool, dans un épais cercueil de verre, comme une vipère de pharmacie. La barbe de ce mort est devenue très longue. Il n'y a pas autre chose sur le plateau, si ce n'est ce peuple de bronze, qui lève les mains au ciel, armé de fusils abstraits, ces statues de soldats sans armes qui ont l'air de kangourous boxeurs montés sur des jambes Renaissance comme des tables de salle à manger. Il y a là quelque chose d'étrange et de solennel. De la vallée, on dirait qu'ils portent les nuages.

Le vent de la Semaine Sainte descend de ces vieux villages. Il y torturait autrefois des fumées, des voiles noirs et des enlèvements. Aujourd'hui qu'il n'y a plus personne, c'est encore de là qu'il descend, il doit s'y fabriquer tout seul. C'est la manufacture du vent. Les jupes blanches n'y tournent plus sur les terres, les jeunes filles n'y bondissent plus comme des collines, ni les notaires comme des agneaux. Il n'y a plus d'agneaux, plus de notaires.

Toutes ces choses sont passées,

Comme l'ombre et comme le vent.

Ainsi parlait Victor Hugo qui avait droit à des douleurs majestueuses et des chagrins de Morceaux Choisis.

***

Nous n'avons droit qu'à des regrets à notre échelle. Aux grands poètes les deuils, à nous les déceptions.

La Foire du Trône ne m'a pas consolé. Elle ne bondit pas vraiment comme un taureau, comme une colline, comme un notaire, elle saute comme un paquet de puces. Ce n'est plus comme du temps de M. Vesperbaum, qui fut l'un des dieux de ma jeunesse. Il bondissait comme le tigre mondain. Ce n'est plus lui qui tient le *Musée Unique au Monde*. Et la vie continue sans doute, mais on sent bien que ce n'est plus pareil.

M. Vesperbaum portait un melon et des bottes fauves. Il y ajoutait un roseau sec avec lequel il montrait des images, des cires et des « groupes animés ». Son melon disait l'homme du monde, son roseau l'instruction, ses bottes fauves le Far West.

Elles proclamaient la libre vie du globe-trotter, l'expérience acquise sur le vif du monsieur qui ne demande pas un cadavre de connaissance aux bibliothèques poussiéreuses, mais réclame de la chasse au tigre, du typhon, du naufrage et de l'épidémie, la science toute crue et comme saignante des choses du monde. Elles prouvaient la même différence entre M. Vesperbaum et le censeur du collège qu'entre le fauve qui boit à longs traits le sang de l'antilope vivante et la vache anguleuse qui remâche un foin sec dans le coin d'une étable obscure. Elles suggéraient l'idée glorieuse que M. Vesperbaum devait être un de ces chasseurs d'éléphants qui préparent les gens du grand monde à leur certificat d'études dans des salons ornés de plantes vertes et de décolletés capiteux. Résumons-nous : auréolé de ses bottes, M. Vesperbaum était un lion.

Il n'en tirait nulle vanité. Il était simple, il était familier, je lui ai vu emprunter cent sous à la femme-serpent avec la plus grande bonhomie. « C'est un cerveau », disait l'« Homme Sauvage ». Il ne parlait que derrière une table à tapis vert qui sentait la grande conférence, mais assurait qu'il remboursait à la sortie si l'on n'était pas satisfait. Sur les conseils d'une vision prophétique authentifiée par un certificat du « professeur Lougron », diplômé de Philadelphie, dont il gardait sous verre une copie jaunie, timbrée de violet par la mairie de Champigneulles, il se consacrait, dans un élan philanthropique, à l'instruction des foules rurales et citadines. « Savoir, disait-il, c'est pouvoir. » Il éclairait à demi-tarif le militaire et la nourrice. Il servait le cœur et l'esprit.

Aristote répartissait tout entre le Temps, l'Espace et le Nombre. Le musée de M. Vesperbaum résumait également le monde en trois sections (mais qui relevaient d'une autre école) : la première, la seconde, et les « maladies de peau », parmi lesquelles (Dieu sait pourquoi) la « main de M. Victor Hugo » (« poète français du XIXe siècle »), et celle de la « princesse Pauline », qui était morte naine à dix-huit ans ; on en recevait une impression pénible : scientifique, à vrai dire, mais pénible également ; il est gênant que les princesses soient naines, encore qu'on puisse trouver quelque consolation à penser que les naines sont princesses. Il en résultait un malaise. Comme du « pape Léon X » à côté du « Fuégien ». Mais soyons francs : c'était ce malaise que nous venions chercher. M. Vesperbaum était un mal de tête ; il ne vendait que de la névralgie.

*
**

Ne nous laissons pas aller. Un vent de victoire a soufflé sur Paris, grâce au lapin en pain d'épice qui chante la gloire du pain d'épice sur des affiches comme on n'en vit jamais. Jamais personne n'a cru au pain d'épice avec une hâte si fébrile, avec une foi si claironnante, avec une fierté si hardie. Le nez au vent, « la tête aux cieux dressée », sous le bras gauche il porte un pain d'épice et de l'autre il joue de la trompette. Il sonne la charge, il court, il vole, c'est un zouave de Déroulède. On ne sait pas où il va, mais il y va franchement. Il passe en trombe, il défile en fanfare. Suivons-le jusqu'au coin de la rue, suivons-le jusqu'au grand secret.

PLAISIRS ET TRISTESSES DU MOIS DE JUIN

L'humanité n'existe à peu près qu'en archives. — Faible nombre des survivants. — Ils sautent dans l'eau. — Ils se dorent les cuisses. — Ils remontent les fleuves en pédalo. — Majesté de l'homme qui tourne en pédalo sur l'eau noire des lacs de cratère. — A la lueur de hautes lampes à pétrole. — Il y lit la collection Club. — Tigres altérés de sang. — Tigres altérés de prudence. — Sabot flotteur. — Grandeur consécutive d'Allah.

L'homme se réveille chaque jour comme sur une île déserte (il regarde où se trouve le soleil). La nuit le prive de ses références, de ses repères, presque de son identité. Il cherche à se situer dans le monde ; il est pareil à un point sur un plan, qui a perdu ses coordonnées ; à un homme qui revient sur l'eau et qui tente d'attraper une branche. Il prend sa plume, il va écrire à un ami ; il se rappelle soudain que cet ami est mort ; c'est pourtant encore avec lui qu'il partage les trois quarts des choses. A tel autre ; il est mort aussi. Et tel, et tel. Ils sont rangés sous terre, comme les livres, une fois lus, sur des rayons. L'humanité est une bibliothèque dont presque tous les livres sont lus. L'humanité est aux archives. Que reste-t-il à parcourir qui en vaille la peine en attendant le prochain facteur? On se reproche d'avoir rangé beaucoup d'ouvrages sans les avoir entièrement coupés.

Peut-être la plus belle page était-elle dans le passage qu'on a sauté.

*
**

En attendant d'aller sous terre, les hommes sautent dans les eaux ; ils se jettent dans les fleuves, ils nagent dans les piscines. C'est l'effet du mois de juin. Comme il y a des nuages, ils ne se sèchent plus au soleil mais avec des serviettes-éponge, et quelquefois avec des serviettes nids d'abeille. Ou alors des serviettes en tissu imprimé qui représentent *la Nuit du 4 Août* ou les légumes du pot-au-feu ; avec la recette. Mais, dès que le soleil reparaît, les dames se remettent nues au soleil ; ce sont de magnifiques personnes ; elles ont des cuisses monumentales, deux fois plus nombreuses que leurs corps qui sont étendus parallèlement sur de grandes plates-formes en bois au bord de la piscine de Levallois. On les voit du train, en passant ; ensuite on voit un grand cimetière ; et ensuite la fabrique de jambons Olida. Il en naît des rêveries étranges, et des songes dont on a peur. Surtout au restaurant. Devant une assiette anglaise. On cache la viande sous la salade. On l'avale sans regarder et on demande l'addition.

*
**

Tels sont les effets des grands fleuves. Des dames énormes, ou tout au moins considérables, les entourent. D'étranges mirages flottent sur leurs eaux. Des barques les sillonnent ; parfois des pédalos. Le pédalo a de la majesté, on l'emploiera sur des eaux pompeuses. Dans des paysages imposants. On fera le tour de l'Europe, à quinze kilomètres des côtes. Ou celui de la Méditerranée. On verra la baie de Naples et le panache de l'Etna, Alexandrie brillera au loin comme un éclat de mica au bord de sa côte plate. On profitera d'un arrêt aux Balkans pour visiter les centenaires bulgares. Fortifiés par le yaourt, ils dansent après le dîner, en brandissant des poignards courbes, en chantant des chansons locales et en poussant des cris perçants. En revanche on évitera la Grèce, si on a oublié de faire vacciner son chat ; elle exige des chats vaccinés ; contre la rage. Et on n'a pas le temps. Il faut des seringues, des produits chimiques, et le chat fait pipi dans le panier quand on l'apporte au vétérinaire. On peut aussi remonter les rivières pittoresques. Par exemple le Petit Morin. De chaque côté, les saules de Virginie plongent leur longue chevelure dans l'eau sombre. De larges escaliers descendent jusqu'au fond de la rivière. Ils conduisent à de beaux jardins. Des paons blancs font la roue sous les grands marronniers. Une jeune fille blonde, de forme longue, un peu osseuse, lit le neuvième tome de *Fantômas*, dans un transatlantique, sur une vaste pelouse. Elle y apprend avec des frissons que le Roi de l'Epouvante tient Fandor prisonnier dans la boule de verre qui surmonte (ou surmontait à cette époque) la pagode des Folies-Bergère. « L'après-midi qui précédait cette étrange et bizarre soirée avait été très mouvementé. » La Recuerda avait sorti de son bas, pour tuer le Maître du Crime, son couteau espagnol qui ne pardonnait jamais. « Que comptez-vous faire de *ce dernier* ? » lui avait demandé Fantômas pour éviter la faute de style qu'on appelle une répétition.

Mais rien ne vaut, en pédalo, de tourner en rond sur les lacs de cratère. Leur eau noire est lisse comme un marbre, leur rive ronde comme un bol ou comme un vélodrome, ombragée de sombres épicéas. Le soir on peut allumer une lampe pour la lecture. Le snobisme a mis à la mode, pour cet éclairage vespéral, les hautes lampes à pétrole des salons 1900, avec abat-jour à volants. On en trouve chez les antiquaires. Celles des appartements de la duchesse de Guermantes sont recherchées par les proustiens. Rien n'offre aux spectateurs un tableau plus grandiose de la paix et de la majesté, à la fois de l'homme et de la nature, que de voir tourner sur les lacs ronds, dans les ténèbres, ces tandems qui glissent en silence, comme le cygne de Sully Prudhomme, sous la voûte des épicéas, à la lueur des lampes qui brillèrent autrefois sur les caprices de Sarah Bernhardt, les thés de la comtesse de Noailles et les manuscrits de Paul Bourget. De plus elles attirent les moustiques, ce qui préserve de leur morsure.

Ce sport convient aux personnes d'âge mûr, considérables par le buste (que le fauteuil du pédalo met en valeur) comme les caissières de commerces cossus, les chefs d'Etat, les maires de communes importantes. Mais il peut séduire également, par son caractère poétique et par sa valeur « culturelle », par son intérêt touristique, certains adolescents sérieux. Ils auront intérêt à lire, à la lueur des lampes anciennes qui en font le charme vespéral, la collection des livres « Club » que dirige François Durif au 8 de la rue Garancière : ils y trouveront des îles lointaines et des voyages dans les étoiles, des trésors engloutis, des discussions charmantes sur le droit de ne pas faire le service militaire, bref tout ce qui favorise le rêve, les plaisirs de la conversation et le civisme éclairé de la jeunesse d'aujourd'hui. Dans le livre sur l'armée, elle confronte ses points de vue ; elle est hantée par la crainte fondée de se trouver placée en face du cas de conscience, ou d'avoir à tuer, ce qui est fort grave en effet. Bref elle songe à ses devoirs. Ce qui confond l'esprit, c'est qu'elle ne pense jamais à celui qui consiste à se porter au secours des gens en danger de mort ! Juste au lendemain d'une guerre atroce sans laquelle toute une race eût disparu de la terre ! Et je veux bien que les Juifs sont moins blonds que les Germains, et que leur dieu ne soit pas celui des forêts teutoniques, mais enfin est-ce une bonne raison ? Suffit-elle pour qu'on puisse dresser des statues d'honnête homme à celui qui a laissé faire, et qu'on traite le sauveteur de tigre altéré de sang ? Il semble bien, dans les débats de collégiens que reproduit *Les Jeunes et l'Armée,* qu'un seul se rende compte de ce devoir, ce qui est tout de même assez énorme à vingt ans de la Libération, et que la plupart semblent considérer l'armée comme l'instrument d'une entreprise d'assassinats gratuits créée pour assouvir le sadisme instinctif de gens dont nous savons fort bien qu'il faudrait les payer très cher pour leur faire tuer un veau. Les blousons noirs se recrutent dans le civil, les militaires se réunissent à la cantine. On trouve généralement chez eux autant de tigres altérés de prudence que de tigres altérés de sang.

Quoi qu'il en soit, les bibliothèques scolaires se disputeront les « Club » de *Voici*.

***

J'aurais aimé ne pas terminer sans parler du sabot flotteur qui permet à l'homme le plus grave de glisser sur les eaux comme le poisson volant, ou l'hirondelle avant l'orage. Conformément au précepte chinois qui interdit de terminer un texte sans dire un mot du papillon.

La place me manque. Nous ferons donc flotter le sabot la semaine prochaine.

Et c'est ainsi, à la rigueur, qu'Allah est grand.

LA FÊTE DES MÈRES

Antiquité bien grande des mères. – Briques chaldéennes. – Papyrus égyptiens. – Hommes sans mères. – Promenade du jeudi. – Mélancolie des hommes sans mère les jours de pluie. – Dévouement des mères. – Tristesse des hommes les plus barbus devant une fourrure en lapin. – Danger des échanges à la mode. – L'avenir de la nature n'est qu'en appartement. – Il faut savoir garder chez soi un chien-loup et un cousin pauvre. – Grandeur consécutive d'Allah.

Le phénomène de la maternité, si scientifique qu'il soit devenu grâce aux immenses progrès de la sexologie, remonte à la plus haute Antiquité. Les mères datent de la nuit des temps. Elles ont même précédé la civilisation. Leur importance ne saurait être exagérée. Des briques chaldéennes en font mention, des papyrus égyptiens nous en parlent. Que seraient devenus les hommes s'ils n'avaient pas eu de mères? L'humanité se composerait d'orphelins.

Recueillis par l'Assistance publique, ils se promèneraient par deux, le jeudi, en longues files, sur des routes mouillées, sous la surveillance tatillonne d'une vieille sœur un peu moustachue. Avec interdiction de fumer. Honteux de leur barbe, de leur ventre, de leurs cinquante ans, de leur calvitie. Coiffés d'un béret basque et vêtus d'une capote de couleur bleu marine, avec des boutons d'or.

Vienne la mère, au contraire, tout change. C'est elle qui balaie la cuisine, qui reçoit le facteur et qui achète les poireaux. L'enfant lui doit à peu près tout... De son côté, il est tout pour elle. Elle ne saurait souffrir l'idée de se passer de lui.

Soyons sincères : *une mère qui n'aurait pas d'enfant ne serait pas réellement une mère*. Elle se fait belle pour que son fils soit fier d'elle quand elle le conduit à la messe. Elle se taille une jaquette en chèvre façon loup dans la dépouille d'un lapin domestique. Tandis que son frivole mari court le soir les estaminets en chantant des chansons à boire, c'est elle qui allaite l'enfant de son sein, qui repasse son caleçon, qui reprise ses chaussettes, qui lui fait réciter les participes passés. Elle le gifle quand il oublie ; s'il dit des gros mots, elle le fesse. D'un mot elle touche son cœur, elle orne sa mémoire, elle fait de lui un homme accompli.

C'est pourquoi il est bon que l'enfant offre, le jour de la fête des Mères, un petit bouquet à sa maman, ainsi qu'un modeste cadeau proportionné à la somme d'argent qu'il aura pu tirer de son père.

Pauvres mères, « aux travaux ennuyeux et faciles », si méconnues pendant leur vie ! Quelle détresse pour un homme barbu et sûr de lui, légèrement corpulent, estimé de ses voisins, respecté dans son entreprise, que de retrouver dans les ténèbres d'un placard, comme une espèce de remords confus, semé de places chauves, le superbe renard en chèvre façon loup dont l'odeur lui revient de sa plus lointaine enfance ! Il se le rappelle froid contre sa joue quand les poils en étaient mouillés, les jours de pluie. Il en retrouve le parfum de violette. Il revoit le regard de sa mère, son front soucieux, ses doigts légers. Ce sont des moments qu'il faut qu'il cache. Son personnel ne le craindrait plus.

*
**

En attendant, il faut au moins garder sa mère. La

mode est aux échanges. Il ne faut pas y céder. Je lis dans l'*Inter 75*, un journal de petites annonces qui est daté du 21 mai : « Directeur importante société commerciale échangerait secrétaire cinquante ans contre deux secrétaires de vingt-cinq. » Gardons-nous d'échanger une mère de cinquante ans contre deux mères qui n'en auraient que vingt-cinq. L'opération paraît mathématiquement saine. Mais en réalité, ça n'est pas la même chose. L'apparence peut tromper souvent.

*
**

L'avenir est aux mathématiques. Conservons la nature dans notre appartement. Un cousin pauvre, un chien-loup, une plante verte. A tout hasard, j'ai planté dans un pot un pissenlit un peu chétif qui me laisse pourtant quelque espérance. On me dit que c'est une plante très rustique.

Et c'est ainsi qu'Allah est grand.

CÉLÉBRATION DES GRANDS-MÈRES

Les petits hommes de la Lune. – Début d'une ère nouvelle. – Vieillissement des humains. – La Célébration des grands-mères, *par Marie Denis, aux Éditions Robert Morel. – Grands-mères qui nourrissent trop. – Grands-mères chez qui l'on jeûne. – Grands-mères chez qui l'on a trop chaud. – Grands-mères chez qui l'on a trop froid. – L'homme se réfugie dans la Lune. – Grandeur consécutive d'Allah.*

Cette nuit, lundi 21 juillet, tandis que dormaient la plupart des Français, deux petits hommes sont descendus sur la Lune par une échelle. Ils ont tâté le sol du bout du pied, comme une baigneuse qui craint l'eau froide. La Lune était blanche comme la neige, les ombres longues comme au soleil couchant. Lourds et légers dans leurs scaphandres, ils avaient l'air de Tintin et Milou. Ils se sont livrés à de petites occupations. Ils ont planté un petit drapeau et distribué des objets sur le sol. Ils ont ramassé un caillou rouge. Le président de la République des Etats-Unis leur a téléphoné des choses vraies et flatteuses avec une grande absence d'emphase. Ils lui ont fait le salut militaire. Et, désormais, le monde n'est plus le même. Toutes ses proportions ont changé. La Terre est devenue toute petite. Maintenant ils attendent leur fusée, pour revenir, comme on attend l'autobus 21 au coin de la rue de la Glacière. Rien n'est pareil. Il a suffi, pour changer le monde, de cette espèce de bande dessinée.

*
**

Voilà soudain que nous sommes encore plus vieux que nature. Voilà que nous datons d'avant la Lune. Et c'est pourquoi Marie Denis ne pouvait rien écrire de plus actuel que cette *Célébration des grands-mères* qu'elle vient de publier en librairie. Aux Editions Robert Morel évidemment. Les Editions Robert Morel ne cessent en effet de célébrer. Et la grand-mère est le cinquante-huitième objet qu'elles célèbrent dans leur ardeur à célébrer tout ce qui peut être célébrable : le hareng saur, la pomme de terre, le lit, le chat, le tiroir, la lavande, le cimetière et le gendarme à pied. Célébrons cette célébration.

Les grands-mères l'ont bien mérité. Les grands-mères datent de la plus haute Antiquité (les mères ne sont venues qu'après elles). Sans les grands-mères, il n'y aurait pas de grands-pères. Ce qui fait que l'homme serait sans aïeux.

Que seraient devenus les Gaulois ? Et Pépin le Bref ? Et Charlemagne ? Qui aurait brisé le vase de Soissons ? L'histoire de France n'aurait plus d'images. Les grands-mères l'ont remplie de géants, de grands barbus, de ministres chauves, de régicides, d'escrocs célèbres, et de quatre cents inventeurs de fromage.

Marie Denis ne les chante pas toutes, elle s'est contentée de deux : sa « grand-mère bleu ardoise », d'une part, sa « bonne-maman couleur d'eau-forte », d'autre part, l'une étant la mère de sa mère et l'autre celle de son papa. Chez l'une on vit à la campagne, on se chauffe peu, on se lave à l'eau froide, on mange rapidement des choses simples, « notre petit frère est couvert d'engelures, mais on ne veut pas le soigner, on dit que nous avons appris à nous prendre pour des poules mouillées... Nous sommes vraiment martyrisés. Je t'en prie, chère grand-mère, écris que tu as besoin de nous, ou que nous devons absolument aller à l'école. C'est vrai d'ailleurs.

Ici nous enfermons la gouvernante dans un placard, nous courons dehors avec les chiens et nous devenons de vrais petits sauvages. Si tu tardes trop à nous reprendre tu ne nous reconnaîtras même plus. Signé : Marie, ta petite-fille qui t'aime et te dit tout ».

Ainsi écrit-on à la grand-mère quand on habite chez bonne-maman. Et quand on habite chez grand-mère bleu ardoise, voici ce qu'on écrit à bonne-maman : « Chère bonne-maman, viens nous délivrer de cette caserne. Tu sais ce que c'est que de vivre en ville, tu l'as dit toi-même, tu ne le supporterais pas un seul jour.

« Il fait une chaleur étouffante dans toutes les chambres. Pas moyen de respirer. Il ne faut pas s'étonner si nous avons mal à la tête, si nous ne pouvons pas faire nos devoirs. On reste si longtemps à table que nous en devenons malades et nous sommes tout pâles, tout bouffis. Nous ne faisons que rêver d'air, de jardins, de bêtes et d'oiseaux.

« Chère bonne-maman, nous savons bien que tes petits-enfants te dérangent parfois, te rendent nerveuse, mais si tu ne veux pas les laisser dégénérer tout à fait, je t'en prie, reprends-les. Nous tâcherons de ne pas t'encombrer, nous resterons tout le temps dehors, nous ferons tout ce que tu nous demanderas. Nous t'attendons. Signé : Marie. »

***

Cette histoire prouve qu'il y a des grands-mères chez lesquelles il fait trop chaud et d'autres chez lesquelles il fait trop froid, des endroits où l'on dégénère, où l'on s'étiole, tout en étant bouffi, et d'autres où l'on devient des sauvages, bref, que l'homme n'est jamais content chez sa grand-mère.

C'est pourquoi il va dans la Lune.

Et c'est ainsi qu'Allah est grand.

MÉFAITS DE LA CHALEUR, BIENFAITS DE SEMPÉ

Drames de l'été. – Refuge de l'Auvergnat. – Refuge du Parisien. – Occupations de l'homme dans les piscines. – Journal du soir et combiné polynésien. – Comment l'homme pouvait-il nager avant le principe d'Archimède? – Preuve par les Grecs de l'Antiquité. – Nage, ceste, marathon et lois du participe. – Pérennité de la nature humaine. – Les écoliers existaient-ils avant Sempé? – Probabilité. – Différences. – Parole profonde de M. Mouchabière. – Grandeur consécutive d'Allah.

L'été s'est abattu sur la France. Le soleil tombe verticalement. Le Parisien répand sa sueur sur les trottoirs, le sergent de ville colle à l'asphalte, l'Auvergnat monte sur le Sancy. La piscine Deligny, suprême refuge de l'homme, reste ouverte jusqu'à minuit. Les dames ont des lunettes, les messieurs des caleçons, ils lisent toutes sortes de journaux et de manuels qui les préparent à des examens. Les nègres se fortifient par la culture physique. Les enfants plongent en se bouchant le nez. Des gymnastes extrêmement adroits font de triples sauts périlleux. Une lune très soignée brille au ciel où elle forme un mince croissant rose. Des gens sérieux légèrement chauves, dont le ventre noir s'orne de petits poils gris, d'apparence un peu métallique, déposent leurs vêtements dans une cabine et s'asseyent nus sur la plus haute plate-forme pour lire tranquillement leur journal : ils y voient les méfaits de la chaleur en images : les petites filles tombent sur les trottoirs ; le général de Gaulle, intrépide, s'élance dans la foule, sans képi, et vient serrer la main de celles qui sont restées debout ; les gangsters kidnappent les vieilles dames ; le fou allemand brise à coups de marteau les fenêtres d'une école de filles, passe deux ou trois classes au lance-flammes, poignarde les maîtresses et met le feu au logis en criant : « Je suis le second Hitler. » Ce qui ne serait jamais arrivé si, au lieu de mettre en bandoulière une sulfateuse transformée en lance-flammes, cet homme était venu se plonger dans le grand bassin de la piscine Deligny (ou, à la rigueur, dans le petit), pour cultiver diverses nages, sur le dos, sur le ventre, ou même sur le côté, comme la brasse papillon, le crawl, l'over-arm-stroke ou le combiné polynésien.

On voit par là la grande importance des piscines. On y apprend à se soutenir sur l'eau par le moyen du principe d'Archimède et de mouvements symétriques imités des Peaux-Rouges et on s'y instruit des nouvelles de l'époque telles que la guerre, qui se fait un peu partout dans le monde, et la grande peur qu'a l'homme qu'elle n'éclate quelque part, et les grandes précautions qu'il prend pour empêcher cette guerre hypothétique tout en entretenant toutes celles qui se font partout.

*
**

Mais comment l'homme faisait-il pour nager avant le principe d'Archimède ? On se le demande avec perplexité. L'histoire nous apprend en effet que les Grecs vivaient nus au bord des piscines bleues bien avant le principe d'Archimède, au pied d'une colonnade en marbre couronnée d'un fronton en vrai style du pays. Ils s'oignaient d'huile d'olive et couraient rapidement, puis se battaient avec le ceste qui était un lourd gant de boxe en plomb. Aussi attrapaient-ils facilement de mauvais coups, ce qui les endurcissait beaucoup (bien que le plomb soit un métal mou) et les rendait terribles dans les guerres ; parfois même invalides d'avance ; mais ils n'y attachaient pas grand prix : ils jetaient dans un trou les enfants mal venus. Les autres, pour se former le caractère, se faisaient manger le ventre par un renard. Du moins dans les versions latines. Ce qui les rendait extrêmement endurants. Après le bain, au lieu de lire le journal, ils apprenaient la rhétorique, et le plus gros du participe passé, avec des maîtres qui habitaient dans des tonneaux, et qui leur enseignaient, comme la presse d'aujourd'hui, à défendre le vrai et le faux avec une égale éloquence.

On voit par là que les méfaits de la chaleur ont été les mêmes de tout temps.

⁂

Peut-être en va-t-il semblablement des écoliers. Peut-être existait-il aussi avant Sempé, dans les cours de récréation, une poussière de microbes hilares, agitée de tourbillons par des passions terribles, telles que le besoin de porter un insigne, de constituer des sociétés secrètes ou de vendre des billets de tombola. Seulement on ne l'avait pas remarqué. Ils ne couraient pas de la même façon, ils s'insultaient avec moins de plaisir, ils se battaient avec moins d'enthousiasme. M. Mouchabière leur disait peut-être avec une conviction moins ferme que la passion du jeu dégrade l'homme.

Et c'est ainsi qu'Allah est grand.

PHILOSOPHIE DU 14 JUILLET

Moutons et ruines. – Goût du XVIIIe siècle pour les ruines et pour les moutons. – Présence d'esprit du « patriote Palloy ». – Passion du même pour la bâtisse. – Et même pour la démolition. – L'architecture a changé de mode. – Tristesse passée de l'habitant de la Bastille. – Et joie présente de l'habitant des grands ensembles. – Flageolet consécutif. – Kiosques turcs. – Clairs de lune. – Etats chorégraphiques.– Grandeur concomitante d'Allah.

Le journal intime du « patriote Palloy » jette sur le 14 juillet une lueur nouvelle.

*
**

On sait combien l'époque de Louis XVI aimait les moutons et les ruines. La reine elle-même élevait à Trianon, avec des produits de premier choix, des moutons du XVIIIe siècle dont la peau formait de grands replis au cou, aux épaules et aux cuisses, ce qui les mettait de trente ans en avance sur leur temps et en faisait en réalité de vrais moutons du XIXe siècle. Bien qu'il aimât beaucoup le progrès, Louis XVI n'en avait encore qu'un petit troupeau. Ils ne devinrent communs qu'après le traité de Bâle, qui obligea l'Espagne à en livrer beaucoup. Pour les préserver de l'acarus la reine les plongeait pendant quelques minutes dans un bain ferro-arsenical ; ce qui leur faisait beaucoup de bien. On les soignait aussi du fourchet, du piétin, et de la cachexie aqueuse. Le berger, avec le lait des femelles, préparait habilement des fromages de brebis.

Quant aux ruines, les gens les aimaient au point d'en fabriquer de toutes neuves. Il y a en effet dans les ruines quelque chose qui parle au cœur. Surtout au clair de lune. On sait combien Marius put pleurer sur celles de Carthage. Malheureusement les ruines veulent beaucoup d'entretien. Elles sont vite nivelées par les pluies, le sol et la végétation. Les ruines durent peu, elles n'ont qu'un temps. Quoi qu'il en soit, le rêve profond de toutes les grandes dames de cette époque était de faire paître des ovins dans un chantier de démolitions.

Aussi Louis XVI songeait-il à faire abattre la Bastille. Le « patriote Palloy », de son côté, gros entrepreneur de bâtisse, rêvait d'en tirer grand profit. Ce ne fut que beaucoup plus tard qu'on songea à la remplacer par un éléphant qui dirait l'heure. Avec une horloge sur son front. Ou sur son flanc. Et qu'on ne termina jamais. La pluie l'usa. Sur le moment on ne visait qu'à démolir. Le 13 juillet au soir, avec toute son équipe, Palloy se trouvait à pied d'œuvre. On n'attendit même pas l'ordre de Louis XVI. Aussi les vainqueurs de la journée furent-ils fort ennuyés de leur vivacité ; d'autant plus qu'ils avaient, en outre, dépecé le prévôt des marchands. Puis, quand ils virent qu'on prenait bien la chose, ils réclamèrent des uniformes et des pensions.

Les conséquences en furent très grandes, car il fallut rebâtir des prisons. Le patriote Palloy s'y employa de son mieux : « Qu'il est doux, écrit-il, dans son journal intime, après avoir démoli les geôles de la tyrannie, de bâtir les prisons de la Liberté ! »

***

Aujourd'hui les goûts ont changé : les architectes, au lieu de bâtir des ruines romaines dans des jardinets minuscules, préfèrent construire de grands ensembles, moins solides mais plus modernes, entourés de terrains immenses qu'on appelle des poumons de verdure, ce qui donne aux habitants des villes l'impression d'habiter aux champs et crée partout, même sans moutons, une civilisation rurale. C'est pourquoi, en souvenir du patriote Palloy, qui eut le premier l'idée de démolir l'immeuble le plus étouffant de son époque, les Français se réjouissent le 14 juillet. Libéré des cachots de la vieille architecture, l'homme danse au clair de lune devant les grands ensembles et joue du flageolet dans des kiosques turcs.

La femme l'imite, la farandole se forme. Les lampions brillent.

Et c'est ainsi qu'Allah est grand!

CHRONIQUE DES EAUX

Utilité estivale des eaux. – Bel exemple de la grand-mère de Brendan Behan. – Contre-indication du père de Michel-Ange. – Danger des eaux purifiées par l'alcool. – Kangourou bleu. – Rats sur un mur jaune. – Risque de faire jaser. – Tout vient des eaux. – Beauté des têtes flottant sur l'eau. – Diversité incroyable des mêmes. – Homme noir. – Dames en forme de violon, de guitare, de clef de sol et de fourchette. – Consistance diverse des nageurs. – Résistance du matériau. – Plongeur barbu en forme de sphère. – Nez de carton. – Homme-serpent. – Etonnement de l'homme par l'homme. – Grandeur consécutive d'Allah.

Pour profiter vraiment de juillet, le mieux est d'habiter un château avec un grand terrain coupé par une rivière. On peut alors se baigner sans sortir de chez soi. C'est une bonne habitude à prendre. La grand-mère de Brendan Behan[1] se baignait toujours une fois par an. Propre ou sale. Ça ne se discute pas. Les années où elle était sale, c'était une grande nécessité. Les années où elle était propre, c'était une grande satisfaction. On profitera donc de l'été pour se laver la peau complète-

1. *Mon Dublin*, par Brendan Behan et Paul Hogarth (Editions Denoël).

ment. Notamment derrière les oreilles. C'est extrêmement rafraîchissant. Si les gens savaient quel plaisir on peut éprouver en juillet à se laver derrière les oreilles, tout le monde voudrait le faire à la fois. L'ennui de la chose est même qu'elle est trop agréable. On finirait par la faire tous les jours. Et on tomberait dans la mollesse. Le père de Michel-Ange, dans des lettres pressantes, mettait vivement son fils en garde contre des habitudes aussi débilitantes, des mœurs aussi efféminées. Il l'adjurait de résister à une mode qui mène les sociétés droit à la décadence. Il le retenait sur le bord de la baignoire comme un homme qui va se suicider.

*
**

Rien n'y a fait. On le voit par l'exemple de la grand-mère de Brendan Behan. Dès juillet, l'homme retourne à l'eau comme le chien à son vomissement. Quant à moi, qui n'ai pas de rivière dans ma maison, j'y garde une grande baignoire pleine d'eau. Et je m'y plonge dès que le cerveau fume. Comme elle est à portée de la main, je n'ai qu'à tendre le bras pour remplir mon verre. C'est excellent avec un peu de sucre. Surtout si on y ajoute du citron, du whisky, de l'anisette Marie-Brizard ou du rhum de la Jamaïque. Ou même un mélange de tout ça. Sans en exclure bien d'autres choses qui peuvent être très bonnes aussi. Mais il ne faut pas exagérer. On s'exposerait à voir en songe un kangourou. C'est ce qui arrivait à Mlle W. (un des grands noms de la peinture figurative). Elle voyait son grand-père, au milieu de l'atelier, transformé en kangourou bleu ; le dos grisâtre et le ventre blanc, avec une belle poche marsupiale. Ce n'était même pas un songe, c'était en plein midi. Et comme il était de l'Institut, un homme extrêmement digne et soucieux de l'opinion, cette apparition faisait peur à l'excellente Mlle W., et en même temps elle avait honte pour sa famille. Elle se demandait ce que penseraient les gens en apprenant que son illustre grand-père avait des goûts assez vulgaires pour se transformer en plein jour en monstre de jardin des plantes. Et ce qu'en dirait l'Académie. Il fallut la soigner longtemps.

Ensuite, elle vit des rats courir sur un mur jaune et mourut quelques jours après. On ne meurt pas forcément parce qu'on a vu des rats courir sur un mur à toutes jambes. Personnellement, j'ai chassé des rats sur un mur gris, dans un petit hameau du Puy-de-Dôme, avec un balai de peu de valeur, un chien-loup et un magistrat. C'est une opération passionnante. Les rats zigzaguent, montent et descendent à toute vitesse, filent le long du plafond, disparaissent dans un trou. Le chien aboie comme un homme en cage, le magistrat est dépassé. Mais quand le mur est d'un certain jaune qui vient des songes d'un foie malade et des torpeurs du canal cholédoque, tout est à craindre et on en revient rarement. On voit par là combien une eau impure peut être fatale aux demoiselles polonaises, et même à l'homme en général.

***

Tout en vient, en juillet, pourtant ; tout y retourne de même ; très vite ; notamment le Parisien. On le chercherait vainement dans ses avenues désertes ; Paris est vide. Pas un passant, pas une femme, pas un Auvergnat. Ils sont rentrés dans l'eau, d'où toute chose est sortie. Ils sont à la piscine Deligny. L'homme se demande souvent, devant quelque nouvelle tête, où il a bien pu la voir déjà. Au café ? dans un film ? dans une vie précédente ? Non, à la piscine Deligny. On y a déjà vu toutes les têtes. On hésite, parce qu'à la piscine, en pleine nage, elles ont l'air méchant, le sourcil froncé, elles arrivent sur vous comme des bolides, et puis les hommes ont les yeux cachés par leurs longs cheveux, et les dames, avec leurs cheveux courts, ont toutes des crânes de jeunes conscrits. C'est ce qui déroute. Mais, finalement, on rétablit la vérité. Rien de plus beau que ces têtes sur les eaux, surtout quand il y en a très peu, quand il fait froid, et qu'elles vont lentement. On dirait alors des têtes coupées, qui se promènent par elles-mêmes à la surface des eaux. Des têtes de Christ ; ou des têtes d'Astérix, tout en poil, comme des grosses châtaignes ; et d'autres rasées jusqu'à l'os, jaune clair, très lisses de peau sur un crâne cabossé, comme de grosses pommes de terre nouvelles. C'est passionnant. L'homme ressemble à tout. On est fasciné par son spectacle. Il y a un monsieur, une espèce de Tarzan, qui s'est fait bronzer jusqu'au noir : jusqu'au noir-bleu, du moins le visage, et jusqu'au noir mat du charbon de bois : on dirait une maladie grave. Il y a de beaux nègres avec un caleçon vert et blanc, à rayures verticales très larges : c'est magnifique. Le vert et le jaune habillent les Noirs énormément. Il y a des dames, en forme de clef de sol, de violon, de guitare, de mandoline. Et d'autres en forme de fourchette (c'est difficile à expliquer sans un schéma) ; de fourchette à deux dents (les jambes), avec le manche très mince (le buste et des bras grêles) ; avec la courbe de la fourchette ; pas une rondeur ; les jambes et le buste sont si longs qu'il n'y a pas une place pour autre chose ; elles ont des fesses comme deux petites noix. Et puis, il y en a d'extrêmement longues, avec des articulations qui sont bien plus grosses que la tige, comme dans le bambou ; elles ont l'air de cordes à nœuds. Quand tout ce monde est dans l'eau, les jours de grosse chaleur, ça fait un bouillon très épais, comme un potage rempli de gros vermicelle. Si le pied tape dans quelque chose de mou, c'est un ventre de sédentaire ; s'il cogne sur du roc, c'est une tête de négresse ; on rebondit mieux sur certains volumes particuliers, comme le buste de Martiniquaise, mais on s'enlise dans la fesse de comptable ; c'est une technique à acquérir ; on peut alors traverser la piscine rien que par une série de ricochets. Le public, d'ailleurs, évolue. On voit beaucoup moins de gens qui fument. Moins de beaux plongeons aussi. Il y avait autrefois un monsieur étonnant, corpulent, barbu, magnifique, qui ressemblait à Gambetta. Son pas ébranlait tout le plongeoir. On eût dit qu'arrivé au bout il tomberait comme un sac de sable. Tout au contraire, il s'envolait comme un oiseau et n'arrivait, en flèche, à la surface de l'eau qu'après un double saut périlleux ou des figures si compliquées qu'elles semblaient dessiner le paraphe de l'anisette Marie-Brizard. Il avait l'air d'une boule de feu, d'une sphère qui tournait sur elle-même, avec des éclats de nacre et des parties plus roses, une boule velue, poilue, nacrée, violette comme le vrai jambon de Parme, bref un astre sur son orbite. Rien ne l'a remplacé à mes yeux, même pas la dame tchécoslovaque qui lui ressemble pourtant beaucoup, et qui se met, pour bronzer, un faux nez de carton blanc, aigu, féroce, qui lui fait une tête d'oiseau méchant. Elle est cependant bien belle, bien grasse, bien fascinante. Et puis où est passé l'homme-serpent qui s'entraînait sous l'escalier? Il y avait des moments terribles où, de face, on ne voyait plus ses bras. Rien que la tête de la clavicule. Où les mettait-il? On ne sait pas. Et maintenant, pourquoi ne vient-il plus? Peut-être est-il devenu si savant, si flexible et si onduleux, si serpentin et si rapide qu'il vient quand même, mais qu'on ne peut pas l'apercevoir quand il rampe le long des cabines ou qu'il se tresse dans les treillages.

L'homme étonne l'homme.

Et c'est ainsi qu'Allah est grand.

SUITE THERMALE

Paulownias desséchés. – Enfants dans les piscines. – Messieurs déguisés en agneaux. – Mystère du cheval. – Il va plus vite que le cavalier. – Couronne de la Société Mutuelle. – Singes savants. – Orchestres de singes. – Pureté de cœur du singe à barbe blanche. – Vive allégresse du même. – Béatitude par la trépidation. – Science de la puce. – Humanité de la même. – La fortune ne procure pas tout. – Le British Museum achète la puce-mascotte. – Jean Paulhan gagne un crayon rouge. – Grandeur consécutive d'Allah.

L'été continue sur les villes d'eaux. Le soleil dessèche les paulownias. Les enfants sautent dans les piscines en faisant des ronds sur l'eau bleue. Les dames se promènent dans la rue en costume de flagrant délit. Les messieurs ouvrent leurs chemisettes sur des poitrines velues dont ils tirent de l'orgueil ; on les prend pour des loups déguisés en agneaux.

D'autres fois ils sortent à cheval. On les voit partir le matin sur des coursiers de couleur marron et disparaître à l'horizon dans un nuage de poussière, et le soir on les voit revenir seuls ; les uns boitent du pied droit, les autres du pied gauche, et plusieurs des deux à la fois. On ne sait pas ce qu'ils ont fait des chevaux. Peut-être les ont-ils mangés sur la montagne en chantant des chansons joyeuses après avoir allumé un grand feu. Mais d'autres disent qu'au bout d'un certain temps les chevaux se mettent à courir plus vite que les cavaliers, et c'est pourquoi les cavaliers rentrent sans eux, n'ayant pas pu les rattraper. Une fois on en a retrouvé un au cimetière. C'était le cheval du corbillard qui était resté fidèle à son dernier client. Il broutait la couronne de la Société Mutuelle.

D'autres fois on va voir les orchestres de singes. Ce sont des singes à barbe blanche, en carton, en fer, en peluche, de couleur singe, qui sont assis dans le *Bimbo-Box*, une cage en verre, avec toutes sortes d'instruments, des grosses caisses, des flûtes, des pistons, des batteries de jazz, des trombones à coulisse, alignés sur trois rangs disposés en gradins. Quand la musique que leur geste accompagne se fait amoureuse et lyrique, ils expriment la félicité. Ils cessent de jouer, ils lèvent les yeux au ciel, et ils attestent les étoiles. Ensuite, quand la musique s'anime et devient joyeuse, ils deviennent soudain frénétiques, ils fracassent la grosse caisse, ils démanchent le trombone, ils pulvérisent les castagnettes, bref ils se frappent le derrière sur le sol à une cadence si effrayante, avec une allégresse si vive et une pureté de cœur si charmante qu'on en conçoit les joies du ciel. C'est le vertige, c'est la bamboula. On les regarderait pendant des heures. On voit par là combien les buveurs d'eau thermale sont favorisés par les dieux et par les singes à barbe blanche.

Mais quelle que soit la science du singe à barbe blanche, elle n'approche pas de celle de la puce, il faut voir les choses comme elles sont : la puce a quelque chose d'humain. Je l'ai vue monter à bicyclette, traîner des corbillards, suivre des enterrements, et pleurer sur la tombe du mort dans de petits théâtres forains. Je l'ai même vue, à Marseille, évacuer l'Opéra, en foule pressée, par la sortie de secours, devant le président de la République qu'on reconnaissait au grand cordon : c'était au théâtre des Puces et ça s'appelait *l'Incendie de l'Opéra*. Il est difficile de mieux faire. Aussi la puce est-elle l'objet d'échanges intenses entre la Russie soviétique et l'Angleterre, qui en possède quinze cents espèces : les puces mêmes du baron de Rothschild. Il les légua au British Museum. Malheureusement il y manquait la « puce-mascotte ». Le baron ne l'avait pas malgré toute sa fortune, la puce-mascotte ne se trouvait qu'en Russie ; la fortune ne procure pas tout. Un accord anglo-russe signé tout récemment va réparer cette lacune désastreuse. Des échanges sont en cours, et bientôt l'Angleterre aura la collection complète de deux mille puces qui représente, en l'état de la science, le total des espèces connues. Le British Museum en est fier comme un pou. Tel est le progrès.

Signalons d'autre part que Jean Paulhan, qui fut arbitre au Festival de Cannes, eut à juger seize films par jour pendant deux semaines.

On lui a donné un crayon rouge.

Et c'est ainsi qu'Allah est grand.

LA NUIT À PARIS

Sortilèges de la nuit. – Nuits de Dickens, de Musset, de Baudelaire, Nerval et Mac Orlan. – Autant de lithographies signées. – Nuit photographique de Reiner. – Herbier des songes. – Armée de maniaques. – Brigade fluviale. – Peaux de mandarine. – Bruit des poubelles. – Grandeur consécutive d'Allah.

La nuit a un immense prestige. C'est une des grandes tentations de l'homme. Une des portes du fantastique. Sa fascination est redoutable. Dickens n'y résista jamais. Il aimait s'enfoncer dans ses ombres épaisses, à travers les brouillards de Londres, comme un spéléologue dans l'escalier du gouffre et les méandres de la grotte. Il en rapportait des fleurs vertes, des écrevisses phosphorescentes, des herbes pâles, des monstres mous et des poissons à la chair fade, des produits de ruisseau souterrain. Sa pêche était vendue d'avance. Il en faisait des plats étonnants, flambés dans son punch personnel et mijotés dans ses épices, en les arrosant d'une sauce noire où l'on trouvait des reflets d'étoile.

Qui n'aimerait la nuit épaisse des capitales, toute brodée de restaurants chinois, crevée de cavernes d'or par les belles charcuteries où pendent les saucissons d'argent et où l'on entre par un trou entouré de colonnes doriques bâties en boîtes de *Quaker oates* et de petits pois ? Là, le fromage de tête aux dessins compliqués a l'air d'un morceau de marbre rose ; la tranche de salami, avec ses cinq points blancs, ressemble à un domino noir ; la mortadelle pend dans un filet comme un fruit de mer ; le naïf saindoux a terni le grand couteau d'une invisible couche de graisse sur laquelle l'eau se rassemble en perles ; la machine à couper le jambon fait songer à la guillotine. Telles sont les portes du mirage, les antichambres de la Nuit. Où mènent-elles ? A la Nuit telle quelle ? Mais il y a autant de nuits que de poètes et d'apaches, de songeurs, d'opiums personnels : les nuits de Musset avec leurs muses, leurs lyres, leurs larmes ; les nuits de Nerval avec leurs fantômes et leurs actrices ; la nuit de Baudelaire avec ses mauvais anges ; la nuit de Mac Orlan, à Pigalle, où Faust vend l'âme de Marguerite, à la place de son âme à lui, à l'inquiétant M. Léon qui vend de la cocaïne et qui est le diable lui-même et qui en part écœuré des hommes. Autant de lithographies signées.

Silvain Reiner nous offre une nuit photographique : trois cent cinquante pages bourrées de faits, de portraits, de tableaux, de visions, dont l'accumulation finit par faire de la nuit à Paris une grande statue féminine, informe et noire, qui sent le vieux soutien-gorge et les désinfectants. Qui a dit que le commerce des femmes est l'un des plus prospères de France ? (Chiffre d'affaires : plus de cent milliards.) Le reportage de Reiner doit lui donner raison. On y trouve tout et même le reste, y compris la brigade fluviale, les suicidés, les cliniques clandestines, les abattoirs, les chiffonniers, les fugues de jeunes. (Il n'y manque guère que ce « pot-au-feu » de Clamart dans lequel les carabins préparaient les squelettes ; mais c'est probablement une histoire dépassée.) Il y en a chez Reiner pour faire un dictionnaire de la nuit et de ses habitants. On éprouve l'impression, à le lire, de feuilleter un herbier des songes, un catalogue des rêves qui naissent au crépuscule des équivoques de la lumière et se fanent au jour, fleurs des ténèbres et du néon que l'aube décolore et dessèche dans les doigts des maniaques qui piétinent les trottoirs. Une armée de somnambules arpente la nuit de Paris : celui qui a inventé de protéger les voitures en y logeant un serpent dangereux ; le faux médecin qui s'amuse à ordonner le soir des insufflations d'oxygène, et l'homme qui rôde le long des grilles du zoo pour suivre « au son » l'accouchement de la lionne. Pendant que neuf cents fantômes descendent dans les égouts drainer la boue avec des crocs, parmi les rats eczémateux asphyxiés par les gaz toxiques. Au fond de la Seine, à la lueur de la lampe étanche qui promène une auréole blême, des tubes d'acier promènent leur main articulée sur la vase et rapportent les noyés comme dans une pince à sucre ; ou alors des balles de textile, des revolvers et des amarres. On repêche de tout : des bicyclettes, un cheval avec son tombereau. Un suicidé coûte cinq litres d'essence et un quart d'huile pour le bateau, dix francs pour l'homme (pour « manipulation de cadavre »). « Il se noie moins de chats dans la Seine que de voitures qui ont fait leur temps. » Beaucoup restent, rouillées, sur les berges du fleuve : les clochards s'en font une maison.

Que ne trouve-t-on dans cette nuit de Paris ! Le mannequin que sa robe a mangé, l'homme-serpent et Dédé l'Orage, les sages mamans des *blue-bell girls*, et le pasteur qui envoie baptiser en Amérique les danseuses nues, à quatre heures du matin, quand elles tombent épuisées devant un parterre de milliardaires.

Dédé l'Orage est une victime des philanthropes : « J'ai été sauvé à douze ans par un radio-amateur, dit-il. Son appel a fait le tour de l'Europe, grâce aux maniaques de la galène. Cet animal en était si content qu'il est mort en me laissant son bien. Et ce bien, il a fallu le manger. » Ce qui a mené Dédé jusqu'à quarante-neuf ans. « C'est une misère, en conclut-il, de commencer à gagner sa vie juste au moment où l'âge exigerait qu'on se repose. »

***

La nuit de Paris ne se repose nulle part. On tue aux abattoirs, on tue dans les impasses, on se tue entre automobilistes. Jusqu'au matin qui vous dépose devant une vitrine du boulevard Haussmann où un grand escogriffe en sueur, bras nus et la cravate défaite, lance des femmes les unes sur les autres, des mondaines en grand tralala, dont le ventre est bourré de son et dont les bras se dévissent ; comme un homme qui pétrit du pain. C'est le préposé aux mannequins des devantures.

On peut aussi finir la nuit sur *le Parisien*, en bateau-mouche, en écoutant des disques, en buvant du whisky et en regardant au fil de l'eau passer deux barreaux de chaise et trois peaux de mandarine.

On peut encore, comme ce monsieur qui hésite tellement à prendre femme, de peur d'avoir à gâter une épouse, rapporter des lis à son chien.

De toute façon la nuit de Paris est sans fierté. Dépeignée et démaquillée, elle finit au bruit des poubelles. Elle sent le phénol, la mort subite, la sueur de femme. Elle colle aux doigts.

Qu'on nous donne l'aurore et l'espace, un cheval, une route, un horizon. La nuit de Paris est un mauvais songe.

Et c'est ainsi qu'Allah est grand.

LE BLÉ DE NOËL

Le noir est la plus belle des couleurs. – Dorure hivernale de Noël. – Un objet qui brille et qui tinte. – Histoire de la petite fille qui regardait des images pendant l'incendie de la maison. – Fascination des paradis. – Esprit d'enfance. – Il suppose l'existence de l'homme. – Où est l'homme dans les tableaux ? – Dans la littérature ? – On l'a remplacé par un trou. – Destinée de l'homme en Amérique chez le grand collectionneur de trous. – Motif d'espoir. – Grandeur consécutive d'Allah.

Noël arrive au bout de l'année comme une espèce de carillon. Il luit dans le noir comme une dorure. « La plus belle des couleurs, c'est le noir », selon un mot du Tintoret que Pourrat cite dans son *Blé de Noël ;* et il ajoute, par parenthèse, que « le noir est la couleur que préfèrent les vieilles races » : elles reçoivent la Vie en jaquette dans les salons du sous-préfet. (La pauvre ! elle en sort empaillée.) Quoi qu'il en soit, décembre est un mois noir, comme le nuage, comme le froid, comme le loup. La neige qui le souligne accentue ses ténèbres. Noël est sa dorure.

Les habiles Suédois fabriquent, avec deux ou trois fils de cuivre et quatre angelots en métal découpé, un gadget étonnant qui tient dans une enveloppe et qu'on peut monter en deux secondes, comme le barnum des marchands forains. Il tient du dessous-de-plat à musique, des chevaux de bois, du kiosque turc et des mobiles de Calder. Quatre petites chandelles qu'on allume font tourner à l'air chaud, autour d'un mât, une roue horizontale où sont accrochés des angelots. Les angelots sonnent de la trompette. Fictivement. En réalité, ils portent une tringle mobile, accrochée à leur main. Au passage, elle heurte un timbre. Une lueur, une dorure, un tintement. C'est le schéma de Noël au bout de l'hiver.

Le soleil est alors au plus bas (les Peaux-Rouges ont peur de le perdre !). Les almanachs conseillent à l'homme de réparer les harnais et de décorer les jougs. Orner les jougs me paraît en effet des plus sage. On peut dessiner dessus des losanges et des fleurs ; rien n'empêche même d'y graver l'image de la Justice poursuivant le Crime ou de l'exécution de Caserio.

***

« Il faut des images, dit Pourrat, même dans la calamité. Non point comme un mirage mais bien comme une promesse. » « Continuer de croire à la joie, même s'il n'y a pour la rappeler que le point rouge d'une bête à bon Dieu. »

Noël est cette image et cet esprit d'enfance, cette promesse. La terre dort, mais elle reverdira. « Au temps du solstice d'hiver, alors que le soleil est au plus bas du ciel, le laboureur met une poignée de blé à germer au creux d'une assiette. Et ce peu de blé vert promet dès le temps noir qu'il y aura des blés brasillants. »

Les images, la Noël, exhortent à l'enfance, fascinée par les paradis qu'elles contiennent dans leur filigrane. Tous les poètes exhortent l'homme à retrouver ceux de son plus jeune âge, à redevenir un enfant. Encore, pour le redevenir, faut-il déjà l'avoir été. Et l'époque n'y prête pas tellement. La peinture a supprimé l'homme, elle le représente par des ratures, par une « fuite » ou par une « absence », par un « déchet » ou par une « débandade » (je cite des textes de marchands de tableaux, de programmes officiels, de réclames). Dans le roman on n'en est même plus à ne le chercher que dans les caves de son subconscient, mais à l'expliquer tout entier par les objets qui l'environnent. L'homme est devenu environnaire. On l'a remplacé par un trou.

Il est à vendre à un collectionneur de trous. Il y en a un en Amérique, sur les bords du lac Michigan. C'est un monsieur avec une grande barbe ; un milliardaire très important. Peut-être en donnerait-il très cher. Il achète tous les trous du monde. Il l'exposerait sur un socle en velours vert, entre un tunnel et un puits de mine, avec les tickets perforés.

Il l'ornerait d'une étiquette en ronde. Il le regarderait en fumant de gros cigares.

Et c'est ainsi qu'Allah est grand.

CHRONIQUE BIEN VRAIE DE L'OEUF DE NOËL

Cortège qui descend des montagnes. – Merveilles de la gastronomie. – Grottes d'or. – Bœufs coupés en longueur. – Silhouette improbable du marchand d'huîtres dans la brume. – Torrents de lumière. – Ombre chinoise du prédicateur. – L'esprit de paix ou l'œuf de Noël. – Cuisses d'oie, flots de vin et chants bachiques. – Restes d'hommes et de bouteilles. – Fragilité des œufs. – L'homme n'aime que les dieux du tumulte. – Grandeur consécutive d'Allah.

A la Noël (les vieilles images sont unanimes), les hommes descendent de la montagne en file indienne, armés de lanternes de corne, avec des présents pour l'Enfant. Les bergers portent des agneaux, les Auvergnats des livrets de Caisse d'Epargne, les chapeliers des chapeaux de soie, les fromagers des fourmes du Cantal, les rois mages les trésors d'Asie. Le plus beau, c'est le nègre, à cause de sa robe verte. Une étoile les précède, et un chameau les suit. Un chameau avec toutes ses bosses, son col de cygne, son nez morveux, et sa mine dédaigneuse de vieille dame outragée.

Ils entrent dans la ville en chantant des noëls.

La ville ressemble à la rue Mouffetard. Elle est percée de grottes lumineuses. Ce sont les boutiques des marchands. Les pommes sont rouges et les oranges dorées. Le marchand les fait luire avec sa manche. Il les empile en pyramides sur des tapis de mousse en papier. Il élève des colonnes de petits pois en conserve plus épaisses que celles de Louqsor, chasse au passage, d'un pied distrait, le petit chien noir qui humecte leur base, et dresse au milieu du trottoir un bunker en boîtes à sardines. Le boucher a coupé en deux six bœufs aussi grands que des montagnes, il en a pendu au plafond les douze moitiés qui descendent jusqu'à terre, et il circule entre ces murs de viande comme dans un corridor glacé ; son tablier a des taches roses ; ses mains sont enduites d'une graisse froide. Le brouillard entre chez le poissonnier, qui s'éclaire à l'acétylène. Des grappes de lapins écorchés pendent comme des régimes de bananes à la devanture du volailler. Ils ont de gros yeux qui sortent de la tête et les mains jointes ; avec des gants et des chaussettes en poil de lapin ; ils ont l'air de faire leur prière. Le charcutier expose des collines de choucroute et des tours de boudin plus hautes que des enfants de douze ans, sous une voûte en argent de rosettes et de salamis qui pendent à son plafond comme des stalactites ; des mortadelles grosses comme une cuisse d'Hercule ; des pâtés dont la tranche a l'air d'une mosaïque ; des gelées d'or liquide tremblantes comme un vieillard. Le marchand d'huîtres, dans la brume, a une silhouette improbable, coiffée d'un sac, une silhouette de Bédouin et un fort accent de la Lozère qui roule les « r » comme des galets de torrent.

Le peuple déferle dans les églises où la lumière bâtit une montagne d'or. Le prédicateur, au loin, très haut, ombre chinoise, fait des gestes qu'on comprend mal parce qu'on n'entend pas les paroles. Tantôt il lève un doigt vers la voûte ténébreuse (car la lumière n'arrive pas jusqu'en haut), tantôt il l'abaisse vers le sol, tantôt il ouvre les deux bras comme pour embrasser toute la chrétienté. Il fait honte à l'homme de ses péchés, il lui montre la route à suivre, il l'encorde, il le pousse, il le tire, il le hisse, il l'expédie au confessionnal. Les femmes terrorisées, dans un grand bruit de galoches, s'y précipitent en file indienne. Un vieux curé y abat le travail. Des chants s'élèvent, en français moderne (le bon Dieu ne comprend plus le latin, qui fut pourtant sa langue maternelle ; et il y a tant de langues « vernaculaires » que le Saint-Esprit seul s'y reconnaît). Des nuages d'encens brouillent la vue, les cloches sonnent dans la nuit glacée, des anges passent parmi les étoiles, soufflant dans de longues trompettes en or, et l'homme retrouve son cœur d'enfant. Le bonheur de Noël est dans ses mains comme un œuf d'or. Il essaie de le porter sans le casser dans la foule. La foule se répand dans les rues. Elle envahit les abreuvoirs et les auberges. Elle brandit des cuisses d'oie. Elle chante des chants bachiques.

L'éboueur, à six heures du matin, ramasse pêle-mêle l'homme dans le ruisseau avec les débris des bouteilles. Un vent glacé fait tourbillonner des papiers gras.

*
**

Cette aventure prouve que le bon Dieu est bien trop bon, que l'esprit de paix est plus fragile qu'un œuf de poule, qu'Il a été bien imprudent de le placer dans la main des hommes. On aurait dû L'en empêcher.

L'homme n'aime que les dieux du tumulte.

Et c'est ainsi qu'Allah est grand.

DERNIERS JOURS DE L'ANNÉE

Derniers jours de l'année. – Culotte-de-suisse. – Tussilage odorant. – Danses, théâtres, lumières. – Homme de Chaval. – Animaux de Waroquier. – Distinction et talent exceptionnels du même. – Enfants de Sempé. – Le Petit Nicolas. – *Fourmillement. – Frémissements. – Sort affreux des bouquets. – Caractère contraire des circonstances. – Grandeur consécutive d'Allah.*

Voici les derniers jours de l'année. La lumière est plus jaune et le soleil plus bas. Il entre dans le signe du Capricorne. L'agriculteur sérieux coupe le bois de ses charrues, tresse les paniers et taille la betterave en morceaux. Il plante l'ail et la rocambole. Il dévore la culotte-de-suisse, il cueille l'épine-d'hiver, la véronique agreste et le tussilage odorant. L'enfant qui naît à cette époque a les yeux couleur de muraille et l'oreille largement ouverte. Tout le prédispose à faire carrière dans la réforme de l'enseignement. La truffe arrive du Périgord, le jéroboam de Champagne, le stockfisch de Norvège, et la baleine de Suède ; le Mexique envoie le cœur de palmier ; le cuissot de chevreuil vient de Sologne, la robe dorée de chez Dior, le pommard de Bercy. Le flacon à musique joue *la Valse de l'Empereur*, le grand-marnier se sert dans un flacon en opaline. Telles sont les fêtes. Le brouillard tombe, les lumières brillent, la danse fait rage, et l'Auvergnat fait des économies.

⁂

L'homme de Chaval lui en donne cent moyens : économisez l'ascenseur en montant à la corde lisse, l'imperméable en vous mettant sous le parapluie d'une demoiselle, le pantalon en portant le jupon écossais, le taxi en courant très vite. C'est ainsi que vous pourrez ne pas économiser pour acheter votre huile de graissage, ce qui est la vraie façon de faire une économie.

⁂

Du moins Chaval le prétend-il. C'est de la publicité. On aurait dû en faire davantage pour l'exposition de Waroquier. Elle jongle de cent façons avec les formes animales : le hibou y naît du hibou par l'intermédiaire du hibou, en sautant à la corde à travers l'arabesque dont l'enveloppe la géométrie du schéma de la forme initiale prolongée par les jeux de l'imagination dans des lacets où l'élan de la main, guidée par le souvenir synthétique de l'objet, la lance comme dans un paraphe. La forme passe dans des cerceaux d'où elle retombe sur le cheval pour se lancer dans de nouvelles figures. La ligne se tord comme un fouet. Le rythme naît du rythme et engendre des rythmes. C'est une musique de la zoologie. La zoologie fait un songe. Il en sort de l'animal réel, des espèces parallèles, des races imaginaires et des bêtes chimériques, parfois influencées de la Chine, où le rêve et la géométrie s'entraident et s'interfèrent, s'épanouissent enfin en une coïncidence qui comble dans l'esprit un mélange de désirs. Il y a aussi d'adorables girafes, des licornes qui dansent, des visages d'animaux où se réunissent le chat, le tigre et le grand-duc. Sans compter l'usurier et l'examinateur. Derrière tout cela, ou à la base, une culture, une science, un sérieux, une aisance et un refus d'étonner bassement qui n'appartiennent qu'aux grands artistes et qui ahurissent un peu à Saint-Germain-des-Prés.

⁂

On offrira pour les étrennes *le Petit Nicolas* de Sempé et Goscinny. C'est ainsi que la façon de donner ne pourra valoir ce qu'on donne. Car rien ne rayonne plus d'optimisme que le petit monde de Sempé, collection de garnements gros comme des têtes d'épingles que la vie agite en tous sens. Ces microbes fourmillants, hilares, armés de lunettes ou de pistolets de Martiens, rués à l'assaut de l'existence avec une allégresse qui fait plaisir à voir, écœurent l'institutrice, découragent l'inspecteur, recueillent les chiens errants, et doivent être mis en cage le jour de la fête du directeur si l'on veut éviter des incidents pénibles. Le vent de la vie les fait frémir comme un champ de blé. Tous leurs plaisirs sont dans l'action, tous leurs malheurs tiennent aux circonstances. Elles ne laissent subsister qu'un pétale de pâquerette du prestigieux bouquet qu'ils préparent pour leur mère. Tant les remous de la vie sont multiples, les fleurs fragiles, les camarades nombreux, les situations tumultueuses.

Et c'est ainsi qu'Allah est grand.

CHRONIQUE DU CAPRICORNE

Fin de l'année. – Viandes en sauce. – Mirages de l'aube. – Hécatombes de l'aurore. – Brouette au bord du fleuve. – Réceptions du Texas. – Bœufs entiers. – Eau-de-vie de sabot de bœuf. – Consolation du veuf. – Quatre cents dîneurs. – Lueurs troublantes. – Phénomènes immenses et solennels. – Solstice. – Capricorne. – Egipan. – Cornes de chèvre. – Nature double du Capricorne. – Teint livide. – Visage caverneux. – Veau froid. – Fin des calamités. – Elles sont remplacées par de pires. – Mœurs horribles de Jupiter. – Mœurs non moins affreuses de Chronos. – Le sage, dans les calamités, va administrer l'Italie. – Leçon bien belle et bien utile du Capricorne. – Il se termine en queue de poisson. – Fin semblable de cette chronique. – Grandeur consécutive d'Allah.

L'année tire sur sa fin, pourquoi ne pas le reconnaître ? Il serait injuste de ne pas le dire, elle a été mauvaise, mais elle tire sur sa fin. Les joyeux hommes de la fin de l'année s'apprêtent à l'enterrer la nuit de la Saint-Sylvestre en chantant mille chansons bachiques et en mangeant dans d'immenses restaurants toutes sortes de viandes en sauce, de fruits de la mer, de jambon blanc, de jambon de Bayonne, de Parme et même des Pyrénées. De grandes roues de coulommiers. Des camemberts épais. Des hures de sangliers hirsutes ; des têtes de veaux qui baissent les yeux modestement. A l'aube ils voient l'année nouvelle s'élever à travers une vapeur. A l'aurore ils jonchent les trottoirs. Beaucoup plus tard, comme M. Pickwick, ils se réveillent au bord d'un fleuve, dans une brouette ; ou dans leur lit ; en disant « Vin blanc » ; au milieu d'une famille inquiète armée de tisanes et de cuvettes émaillées, de brocs d'eau chaude et de récipients en plastique bleu. Au Texas on reçoit M. Erhard. On a fait cuire des bœufs dans des fosses de deux mètres ; avec les cornes et les sabots enveloppés dans des toiles humides ; c'est la nourriture du cow-boy ; on les mange tout entiers en commençant par l'œil ; on a doré les cornes ; on distille les sabots ; on en tire une liqueur puissante qui coupe le souffle aux natures chétives, console le veuf et fortifie les orphelins. Des rouliers aux épaules énormes apportent dans de grandes voitures des gâteaux bavarois arrosés de chocolat ; grands comme un homme ; pour quatre cents invités. Car il y a quatre cents invités. Éclairés d'une lueur tremblante par des lanternes à la flamme jaune.

En même temps il se passe dans le ciel et sur la terre des choses immenses et solennelles. Le grain se prépare à germer dans les ténèbres de la glèbe. Le soleil, passant au solstice (minuit de l'année), entre dans le signe du Capricorne. Le Capricorne est un monstre éminent, moitié chèvre et moitié poisson, alors qu'on ne voit dans la nature que peu de poissons qui aient des cornes de chèvre, et peu de chèvres à queue de poisson. La chose n'arriva qu'au dieu Pan qui, pour échapper à Typhon, dut se réfugier dans une rivière, émergeant sous l'aspect d'une chèvre et s'immergeant sous l'aspect d'un poisson. Aussi les gens qui naissent sous ce signe nagent-ils comme des poissons et grimpent-ils comme des chèvres, à moins qu'ils ne nagent comme des chèvres et qu'ils ne grimpent comme des poissons. Ils ont de plus, assurent les astrologues, les traits tirés, le visage caverneux, le teint livide, le caractère amer et glacé. Ainsi les poètes saturniens : anguleux comme la chèvre et froids comme le poisson. Le froid les habite, les conditionne. Leurs problèmes sont ceux de l'« amour froid ». Ils préfèrent les boissons glacées, et ressemblent en gros au musicien Gossec, à Charles Quint et au maréchal Joffre. A table, ils redemandent du veau froid. Telles sont les choses épouvantables qui se passent à la fin de l'année. Car tout finit, même les calamités. Elles sont remplacées par de pires.

⁂

On s'est demandé, non sans raison, d'où pouvait venir le Capricorne. Il descend de la chèvre Amalthée, qui fut nourrice de Jupiter, par Egipan, qui fut le fils de Jupiter et de sa nourrice. De tels désordres font frémir. Mais on sait que Jupiter était le fils de Chronos qui dévorait ses enfants en bas âge de peur d'être remplacé par eux. Sa femme, Rhéa, pour sauver Jupiter, le remplaça par une pierre enveloppée dans des langes que Chronos avala dans sa gloutonnerie sans se douter de la moindre des choses. Jupiter fut élevé en secret, nourri par la chèvre Amalthée, battit son père et le détrôna. Chronos, complètement écœuré, se retira en Italie où il administra le pays avec Janus et fit régner la plus grande abondance. Ce fut l'Age d'Or, qui dora pour jamais la mémoire de l'humanité. La récession ne vint que par la suite.

Cette histoire prouve que, quand les choses vont mal, il faut aller en Italie et y faire régner l'abondance.

Telle est la leçon du Capricorne.

Et c'est ainsi qu'Allah est grand.

LES MARIONNETTES DU PREMIER DE L'AN

Etrange plaisir de l'homme à voir la fuite du temps. – Inutilité de l'expérience. – Utopisme de la grenouille. – Immuabilité des pluies fines. – Tort de l'expérience. – Raison bien grande du chapeau pointu. – Déplorable mesure de M. Mamadou Rodolo. – L'intelligence va devenir hors de prix. – Le ciel aussi. – Bel effort de Marcel Jouhandeau. – Galerie d'idoles de Jeanne Delais. – Monstres sacrés vus par l'enfance. – Journée du général De Gaulle. – Mme De Gaulle le regarde à la télévision. – C'est un homme distingué. – Son système est solaire. – Grandeur consécutive d'Allah.

« Il sera un jour une fée Carabosse, elle s'appelait, jadis, Brigitte Bardot[1]. »

Rien n'exprime mieux la fuite du temps que cette phrase tirée d'un devoir d'élève. La fuite du temps et ses ravages. C'est pourtant elle que l'homme fête le 1er janvier, pendant la nuit de la Saint-Sylvestre. Il vole vers son trépas en jouant du mirliton, court en cheval-jupon dans les rues, se coiffe de bonnets pointus et lance des serpentins. Il n'a jamais assez de grelots à faire tinter pour célébrer les progrès de son déclin. Il enterre sa

1. Cité dans *Idoles, idoles*, par Jeanne Delais (Editions Gallimard. Collection *L'Air du Temps*).

jeunesse au milieu des festins. Il quitte Brigitte Bardot sur un bateau fleuri pour aborder aux accents d'un orchestre au noir rivage et aux affreux déserts où l'attend la fée Carabosse. Et voilà cent mille ans que ça dure, que l'homme danse sur la tombe du temps, qu'il le jette comme une épluchure, que l'année a été mauvaise mais que la prochaine sera meilleure ; il faut avoir l'espoir chevillé dans la peau !

Quand je dis cent mille ans, je suis modeste, mais enfin disons cent mille ans. Cent mille années de mauvaises années ! Et l'homme croit encore au bonheur : il est là, dans l'année qui vient ; ses yeux le voient déjà, sa main le touche. Il faut vraiment que l'expérience ne serve à rien. Il m'a fallu bien moins de temps pour comprendre. Il y a beaucoup moins de temps que les journaux me font prédire le soleil, la neige ou la grêle dans des rubriques spécialisées ; les premiers temps je consultais l'O.N.M. et les bulletins météorologiques, je suais d'angoisse, je ne vivais plus que dans les statistiques, les graphiques, les anticyclones et les courbes de dépression, à observer, assis devant un bocal, les va-et-vient de ma grenouille barométrique, ou les contractions des sangsues (car les sangsues prédisent le temps). Aussi m'arrivait-il de prophétiser le soleil. C'est bien l'erreur la plus grossière que puisse commettre un novice enthousiaste. Le soleil ne se montre jamais. J'ai tiré la leçon de l'expérience. Abandonnant à leurs aberrations les grenouilles qui montent aux échelles dans des bocaux à confitures, les sangsues utopiques et les graphiques trompeurs, je prédis désormais la pluie fine. Et l'événement me donne toujours raison.

***

Il a tort. Car l'homme n'est pas fait pour se régler sur les leçons de l'expérience. Où en serait-il ? Il n'existerait plus. S'il vit encore, c'est qu'il peut oublier, en coiffant un chapeau pointu, sur des ruines noires qui fument encore, vingt millions de morts et son prochain trépas.

***

C'est pourquoi il faut déplorer que l'année commence sur une mauvaise nouvelle : M. Mamadou Rodolo, qui est le président du syndicat des sorciers de l'Afrique du Sud, vient d'augmenter fâcheusement ses tarifs : il demandera trois livres pour rendre intelligent, quatre livres pour envoyer au ciel et cinq livres pour rendre amoureux. L'intelligence va disparaître et personne n'ira plus au ciel : on n'y trouvera que des nouveaux riches.

Et peut-être Marcel Jouhandeau. Car il vient, nous apprend la presse, de se réconcilier avec la noire Elise, sa femme, source de tous ses maux. Depuis le 23 exactement. Il lui a joué des cantiques de Noël. A l'harmonium. On en est bien content, et le bon Dieu l'en récompensera. On est toujours content quand Marcel Jouhandeau fait sortir Elise de sa boîte, comme une espèce de diable à ressort. C'est une marionnette de ténèbres enfermée dans un coffret d'or plus ouvragé qu'un reliquaire byzantin, car Marcel a élevé jusqu'au style le plus haut les griefs les plus minutieux : il lui reproche sur le ton de Bossuet de trop rester aux cabinets. Etrange et grandiose aventure : il aura fait assister le siècle à son ménage comme à Guignol avec l'éloquence de la chaire. Il en a fait une espèce de vitrail. On passe son temps à attendre la suite.

*
**

Il est plaisant que l'année commence ainsi au milieu des monstres sacrés. Si l'on en veut une collection complète, qu'on lise *Idoles, idoles*, le livre de Jeanne Delais. Elle y a réuni les portraits des grandes vedettes par des enfants. On y trouvera l'ahurissante image de la vie et d'une journée du général De Gaulle. « Charles, enfant, aimait la nature... Il caressait les peupliers... "Profitons, profitons, disait-il, l'heure est brève"... Il lui plaisait de prendre un bain de foule et il ouvrait tout grands ses yeux avant de les chausser de lunettes. » « Le dimanche il va à la messe. Parfois il parle à la télévision. Alors Mme De Gaulle le regarde. » « Il se lève, il dort seul, c'est un homme distingué. » « Il appartient à un monde lointain. Son système est solaire. Il se couche à onze heures après avoir fait sa prière. Ses ministres chevauchent des nébuleuses. »

Et c'est ainsi qu'Allah est grand.

CHRONIQUE DE LA CHANDELEUR

Mœurs de l'ours. – Et même de l'ourson. – Gâteau d'os de grenouille. – Réponses à toutes questions. – Curiosité universelle de l'homme. – Prix de l'hectare. – Nombre des jésuites. – Livre des Extrêmes. – *Ville d'Y. – Bâillement de cinq semaines. – Guerre de trente-huit minutes et grève de quatorze ans et demi. – Culotte « Bermude ». – Proverbe tibétain. – Balancement harmonieux de la ceinture. – Grandeur consécutive d'Allah.*

Voici la Chandeleur. L'ours sort sur le pas de sa porte pour se rendre compte du temps qu'il fait. S'il fait mauvais, l'été va commencer ; si le soleil « biserne », l'ours rentre ; l'hiver durera encore quarante jours. Du moins, le proverbe le dit. L'ours va s'adosser contre le mur, verticalement, au fond de sa grotte, à côté de sa femme. Ils dorment ainsi parallèlement. Tous les deux ans leur naît un ourson. Gros comme un rat. Cet ourson mange du miel, des fruits, des braconniers, quelquefois même un garde-chasse, des racines, du gruyère, du petit pain aux raisins, et le Basque qui le fait danser. Il devient gros comme son papa. Il retourne dans la caverne, et à la Chandeleur tout recommence. De son côté l'homme doit faire, paraît-il, des galettes d'os de grenouille ; d'os de grenouille pilés ; et s'il convoite un gendre, ou une bru, lui faire manger de cette galette magique ; le mariage a lieu dans l'année. C'est un bruit qui court en Puisaye.

Telles sont les coutumes de la Chandeleur.

On voit par là combien, au cours des siècles, l'homme a appris de choses sur toutes choses, sans compter l'ours, la longueur de l'hiver, l'os de grenouille et les galettes magiques. Il a acquis tant de connaissances qu'il ne parvient plus à savoir tout ce qu'il sait et qu'il se demande où le fourrer. Tantôt c'est dans sa tête, qui menace tout le temps de sauter, et tantôt sur des microfilms dont il remplit des coffres-forts, des maisons, des boîtes d'allumettes, qu'il entasse dans des tours blindées. Avec des étiquettes par ordre alphabétique. Il y fait tenir tout ce qu'il sait sur le monde, tout ce qu'il y a eu, tout ce qu'il va ne plus y avoir. Quand le dernier Peau-Rouge d'une tribu va mourir, il lui fait réciter toute l'histoire de sa tribu, la grammaire de sa langue, le nom de ses plumes d'autruche, et la vie de l'écrevisse dont descendent ses ancêtres. Il l'enregistre sur des disques. Il les enferme dans des forts dont les portes sont maçonnées. On les trouvera plus tard en faisant sauter les murs. (Comme le nom du sculpteur qui fait des lions de ciment sur la route de Fontainebleau, et même des tigres en porcelaine qu'il expose dans son jardinet et qui ne sont signés qu'en dedans, sur un papier, dans un tube de plomb, comme s'ils avaient avalé le nom de leur père.) L'homme espère de ces précautions qu'aucun bombardement ne pourra jamais détruire l'histoire de sa civilisation.

Et d'autres fois, il raconte tout dans des dictionnaires. Sans précaution. Tant pis pour les bombardements. Il vient de faire, en six cent quarante pages, qu'on peut acheter pour neuf francs cinquante, un petit livre qui s'appelle *Quid* qui répond *à toutes* les questions : combien il y a de jésuites, l'âge de nos députés, la longueur du ballon de rugby, le prix de l'hectare de terrain en Beauce et à quelle vitesse tombe la grêle. Bref, on est effrayé des connaissances de l'homme. Surtout quand on fait réflexion que le nombre des jésuites ne reste jamais le même : certains meurent ; il en vient de nouveaux ; l'âge de nos députés varie à tout instant ; le prix du terrain monte constamment ; la grêle tombe de plus en plus vite. Et à quoi bon savoir le prix de l'hectare en Beauce si on cherche une ferme en Provence ? ou de la saucisse à Calcutta ? Et à qui profitera de savoir comment on devient chevalier de l'Ordre de la Jarretière ? C'est tellement compliqué qu'on aime mieux y renoncer. Et c'est pourquoi il y a, d'ailleurs, si peu de chevaliers de la Jarretière. Il a pourtant fallu fouiller 8 000 volumes et écrire 127 000 fiches pour établir cet ouvrage étonnant qui a deux cent soixante-cinq auteurs.

Le *Livre des Extrêmes* répond à des curiosités moins vastes. Il n'a que quatre cent quatre-vingts pages. Il dit tout ce qui est le plus long, le plus court, le plus gai, le plus triste, le plus dense, le plus léger, etc., tout ce qui est le plus quelque chose. C'est un catalogue des records. Le besoin de savoir tout cela est venu à M. Beaver, sir Hugh Beaver, le roi de la bière, au cours d'une partie de chasse qu'il faisait en Irlande. Vexé d'avoir raté un oiseau d'une longueur, il voulut se prouver, pour en avoir moins honte, que cet oiseau était le plus rapide du monde. Il s'aperçut qu'aucun ouvrage ne contenait ce renseignement, et en même temps qu'aucun, non plus, ne donnait le nom de l'homme le plus barbu, de la femme la plus acariâtre, de l'escargot le plus lent, de l'Eskimo le moins illustre, du mammifère le plus âgé. Il sentit alors l'homme frustré dans ses plus belles aspirations et résolut de combler la lacune. Il en naquit le *Guinness Book of Records* qu'on vient de traduire sous le nom de *Livre des Extrêmes.* D'où il résulte qu'en Europe l'homme le plus petit est le Limousin des collines ; que la jeune fille qui a bâillé le plus longtemps l'a fait cinq semaines ; que le livre le plus grand du monde (*Histoire du Sud*) a 2,08 m de haut, 30,5 cm d'épaisseur et pèse 225 kilos : il est muni d'un moteur de douze chevaux qui permet de tourner les pages et est relié avec la peau d'un bœuf géant. Le nom de la localité le plus court est celui d'Y, un village de France. Les moustaches les plus longues du monde ont deux mètres d'un bout à l'autre. La plus courte des guerres (Angleterre-Zanzibar) fut de trente-huit minutes (le 27 août, en 1893), et la grève la plus longue fut de quatorze ans et demi : celle des garçons d'un café irlandais. C'est grâce au *Livre des Extrêmes* que l'homme a pu enfin savoir que la vitesse de l'escargot va de 58,4 centimètres/ heure jusqu'à cinquante mètres/ heure pour l'escargot de jardin. On voit par là que ce bel ouvrage peut apaiser le plus gros des curiosités de l'homme. Aussi la première édition a-t-elle été de cinq cent mille exemplaires.

J'ajouterai, pour être complet, que la femme a intérêt, par les froids que nous vivons, à passer ses ongles à l'*iode blanc*, à porter le *sous-gant* de soie noire, la cagoule de fourrure, le bas-slip quinze deniers qui monte jusqu'à la ceinture, et la culotte « Bermude » en laine et en rhovyl qui descend jusqu'au-dessous du genou.

Je terminerai par un proverbe tibétain : « La parole, dit-il en substance, doit être audacieuse comme un lion, douce comme un lièvre et aiguë comme une flèche, mais *balancée comme une ceinture que l'on attrape en son milieu.* »

Il me semble en effet que cette chronique se balance déjà comme une ceinture. Surtout si on prend soin de l'attraper au milieu. De toute façon, rien ne l'en empêche.

Et c'est ainsi qu'Allah est grand.

LE TEMPS DES ROIS

Monarque de Mara Rucki. – Petit cheval. – Eclairage de braise. – Rempart de brique. – Dromadaires et campements. – Pays de Noël. – Vent teutonique. – Gâteau plus mince de ses enfants. – Le seigneur Aloyau. – Cygnes de Sandringham. – Noël germain aux avant-postes. – Colère du ciel. – La fin des rois. – Les orgues de Staline. – Grandeur consécutive d'Allah.

Mara Rucki a fait un roi. Sur une toile. En couleurs. A l'huile. Peut-être même avec du jaune d'œuf. Et un peu de fromage blanc. Une espèce de roi nègre, préhistorique, achéen, chaldéen, que sais-je, un roi comme sont les rois quand ils sont rois. Comme nombre de toiles de Mara, il semble éclairé par une braise en train de s'éteindre au milieu d'un jour vert. Avec de petites palpitations. Il a un feu rouge sur le ventre, une couronne verte et aussi d'or et de ténèbres. Il est assis face au public, avec ses petites jambes ridicules de légume souterrain, de salsifis monstrueux, sur un cheval de profil, tout petit. Tout petit et même encore plus petit. Comme sur un banc de bébé. Les jambes du cavalier ne touchent pas le sol ! Le cheval marche si bien qu'on s'en va avec lui. On ne sait pas où, mais ce sera magnifique. Et peut-être au sommet d'un rempart de brique orné d'inscriptions incroyables, toutes plus cunéiformes les unes que les autres, un mur épais et haut d'où l'on découvre au loin des plaines couvertes de chameaux, de palmiers, de tentes, de tours en bois (des sentinelles y guettent l'aurore). Peut-être aussi dans quelque désert où le pas du petit cheval effraiera une gerboise devant les colonnes brisées d'un temple habité par les porcs-épics. Tel est ce roi sur son petit cheval. Un roi ? Que dis-je, c'est un proverbe intraduisible. Il nous conduit dans un pays où les Bédouins restent vêtus comme Abraham. Avec une corde autour du crâne et un bâton (ce bâton sur lequel deux hommes, dans les images de l'Histoire sainte, portaient à cheval une grappe de la Terre promise).

C'est un roi mage. C'est un initiateur.

*
**

Il nous mène au pays des Rois. Il nous ramène au pays de la Noël.

C'est le même climat qui fut d'abord celui de ces terres palestiniennes, des dromadaires de proverbe oriental, des grosses étoiles pendues au ciel comme à un globe.

Mais voici que le Moyen Âge emplit la nuit glacée de carillons et de lumières et les bergers arrivent en file indienne, jouant de la flûte et du hautbois ; ils défilent en ombres chinoises. Soudain s'élève, poussé par un vent teutonique, un nuage noir, qui s'est déchiré aux sapins, portant la neige et les frimas ; la Noël devient germanique. Elle s'enfonce dans le brouillard glacé où Londres la retrouve étoilée de dindes qui s'entourent d'un halo d'or pâle. Les Anglais la fêtent. Dickens l'invente. Elle est devenue anglo-saxonne, presque laïque. En France, l'Alsace introduit le sapin, un petit journal de l'Eure-et-Loir le Père Noël. L'homme se coiffe d'un chapeau pointu, lance des serpentins, mange des huîtres, brandit une chope de la main droite et un jambonneau de la main gauche. C'est l'anniversaire de *Maxim's*.

*
**

Toutes les nations se sont attablées aux tables du pays de Noël. Le Norvégien suspend les poursuites en justice et fait bouillir la morue sèche dans la chaux vive pendant trois jours avec de la cendre et du poivre. Le Finlandais jonche les maisons de paille fraîche et embrouille les harnais des chevaux[1]. L'Angleterre dévore en chantant. La seule Sologne, en 1900, lui envoya soixante mille dindons, deux lignes de steam-boats lui apportaient les oies et le gui venait de Normandie ; les bœufs dépouillés, chez le boucher, portaient dans le mufle un bec de gaz. Le baron de bœuf pesait deux cents kilos d'un bloc. Charles II fit chevalier le « seigneur Aloyau ». Edouard VII donna à manger les jeunes cygnes de Sandringham. De vieilles recettes, deux mois de travail, un filet de fiel de bœuf et de longues macérations amenèrent le vrai pudding à ce point de britannisme où il délivre sous la langue un petit goût d'escarpin verni et de culotte de cheval usagée. Tel qu'il est, l'Anglais le mange quand même. Il joue ensuite à cache-cache dans les coins (au *hide and seek*) : la fille de Biron s'y perdit. Tout au moins suivant la chanson. On retrouva son squelette couronné de roses fanées. Vingt ans après. Dans un placard.

Frivole Albion ! Dans la guerrière Allemagne, le capitaine recevait cent marks pour chouchouter ses grenadiers. L'artilleur touchait un cigare, un pain d'épice, deux saucisses de Francfort, des bretelles vertes, une pipe et un portrait de l'Empereur. Plus une ceinture de gymnastique. Avec des anneaux en métal. Les enfants admiraient leur père, la maman mangeait les saucisses ; tout le monde voulait être artilleur. Le capitaine en second de la 1ère compagnie du 1er régiment de la Garde venait offrir à Guillaume II un gâteau de miel fabriqué à Potsdam.

1. À la sortie de la messe de minuit. Pour retarder le retour de ses voisins. Le premier rentré chez lui doit avoir en effet la plus belle récolte de blé.

Wotan, sur son cheval blanc, visitait les chaumières. En manteau gris. Le chapeau enfoncé sur son front. Il y eut un jour où on le prit au sérieux. Ce fut le « paganisme racial ». Au lieu de l'Enfant Jésus, on adora le solstice. Dans *Double Vie*, Gottfried Benn le raconte. Les officiers devaient « mettre l'accent sur le renouvellement de la lumière sortie du sein de la Mère Nature » et on touchait cent grammes de plus de sardine en poudre. Telles furent les « Instructions aux Cadres ». Les cantiques étaient défendus. « Des enfants morts tombaient des remorques bâchées qui embouteillaient les routes gelées. Nous fîmes soixante kilomètres en douze heures, au fond d'un wagon à bestiaux, sous les salves de l'aviation. Telle fut la fin de l'Est, partout, ville après ville. Après quoi, dans les cantonnements, on vit se promener des étrangers. Nous nous couvrions de ma capote et nous dormions dans du papier journal pour nous réveiller aux sirènes. Ainsi finit la vie de caserne, bloc II, n° 66. »

Un camarade m'a raconté la chose. Il était là avec d'autres prisonniers (leurs S.S. les avaient laissés sans leur faire sauter la cervelle, pressés de partir, derrière un talus de chemin de fer). Peu avant l'aube, ils entendirent des bruits confus, des rumeurs, des coups de feu et de lointaines musiques dont la voix se précisa bientôt. Ce fut un tourbillon effrayant de camions, de tanks, de mitrailleuses, de vacarmes et de chansons. L'aube s'était levée. Elle éclairait « la horde ». Des hommes, des femmes, des vaches, des chiens, des cavaliers, des tanks, des autos, des canons, des matelas sur les toits des automitrailleuses, des balalaïkas, des chœurs, des hurlements, des coups de fusil, des giclées de mitraillette. La foire. La danse. L'apocalypse. L'horizon arrivait au galop comme une vague.

Et après, ce fut le déferlement.

*
**

Il y a les rois de la paix. Il y a les rois de la guerre.

Les premiers sont toujours les mêmes. Les autres

changent. « La gloire de l'homme, dit l'Ecclésiaste, se flétrit comme l'herbe des champs. »

Il y a les orgues de la paix, il y a les orgues de Staline.

Et c'est ainsi qu'Allah est grand.

III

AFFREUX DÉTAILS ET GRANDIOSES RÉALISATIONS

L'HOMME D'AUJOURD'HUI

Opinion des réclames. – Portrait de l'homme d'aujourd'hui. – Géant de l'esprit, du caractère et de la responsabilité. – Homme d'hier. – Que faisait-il? – Que fait l'homme d'aujourd'hui? – Il attend l'autobus 27. – Sous une pluie fine. – Grandeur consécutive d'Allah.

L'homme d'aujourd'hui n'est pas ce qu'on peut imaginer platement en le voyant dans la rue épousseter sa deux-chevaux avec un petit plumeau de couleur, ou même en caresser les vitres avec une peau de chamois jaune d'or. « L'homme d'aujourd'hui, m'apprend une réclame d'éditeur, entend se comporter comme un adulte responsable. Il se méfie des idées préconçues. Ou imposées. Il recherche les faits. Il dispute, il juge, il décide par lui-même. Il veut connaître le dossier des affaires sur lesquelles il doit s'engager. »

Tel est l'homme d'aujourd'hui. Il « décide par lui-même » d'épousseter sa deux-chevaux avec une peau de chamois. Que faisait-il donc hier? Lorsque j'étais enfant, un garçon de dix-neuf ans menait une section au feu. Et la ramenait. Autant que possible. S'il s'endormait en sentinelle, on le fusillait. Quand un garçon du même âge, aujourd'hui, plante un couteau dans le ventre d'une vieille dame, on en accuse la société. On plaint le pauvre enfant d'avoir manqué d'une mère qui le chouchoutât suffisamment. Peut-être a-t-on raison (la vieille dame dit le contraire, mais on ne peut être juge et partie ; tant pis pour elle ; tant pis pour la vieille dame) ; peut-être donc a-t-on raison, mais on est bien obligé de constater que l'âge adulte commence plus tard.

« L'homme d'aujourd'hui » se méfie des idées imposées. Que faisait donc l'homme d'hier ? Comment s'imagine-t-on que raisonnaient Aristote, Platon, Socrate, Luther, Calvin ou saint Thomas ? En matière religieuse, il n'est pas d'hérésie, de schisme, d'idée biscornue, de coupage de cheveux en seize qui soient encore à inventer. La doctrine du « libre examen » coupa la chrétienté en deux. Et encore faut-il ajouter que, parmi les tenants de la simple tradition, il y en avait énormément qui le restaient par libre examen, par suite d'un raisonnement qui les amenait à se dire que la vérité avait plus de chances de se trouver du côté de la majorité des spécialistes de plusieurs siècles.

S'agirait-il de politique ? Il faut arriver à nos jours pour découvrir une théorie qui donne d'avance un blanc-seing au pouvoir. C'est un miracle de la foi, non le fait d'un esprit qui « connaît le dossier de l'affaire dans laquelle il s'engage ».

S'agit-il de commerce ou de publicité ? On vend ce qu'on veut à qui l'on veut. On crée des besoins rien qu'avec une image. Les ménagères ne marchandent plus : elles achètent 300 francs la tomate de Durand qui est à 200 francs chez Dupont, juste à côté. Pourquoi ? Dieu sait ! Certainement pas parce qu'elles ont « étudié le dossier ».

La vérité, c'est qu'on n'a jamais vu pareille docilité des masses. Parce qu'il n'y eut jamais tant de moyens de les conditionner à son gré. L'instruction elle-même y concourt, qui permet de lire le même journal à tous les hommes. L'analphabète était bien obligé d'avoir ses idées personnelles, « de disputer, de juger, de décider par lui-même ». Aujourd'hui, il en croit le prospectus général.

Le prospectus général l'assure qu'il ne cesse de

devenir plus libre, plus intelligent et plus fort. Que les siècles se superposent et qu'il y voit, par conséquent, de plus en plus loin. Mais il en va de ce socle hautain comme de celui de ce procureur auquel un avocat disait : « Monsieur l'avocat général, votre position supérieure est une erreur du menuisier. »

La superposition des siècles est une erreur de la métaphore, disons une aventure de la comparaison. Une aventure risquée. Avec une autre image, on montrerait aussi bien l'homme écrasé par le poids du temps. Depuis qu'il existe et qu'il attend l'autobus 27 sous une pluie fine, il a bien le droit d'être fatigué. Aussi fait-il la queue sans jamais protester. L'occupation, la pénurie, l'habitude de se mettre derrière, lui ont appris à tout avaler. On n'entend plus au guichet de la poste ce client revendicateur et prêt à tout pour la joie de protester, même à marchander le timbre-poste ; cet homme têtu, grandiloquent et tatillon qui fit la fortune de Courteline.

L'évolution, s'il en est une, a agi dans le sens de la docilité. La « révolte » elle-même est un slogan. Une idée reçue avec respect et par tout le monde. Jamais époque ne fut aussi respectueuse du pour, du contre et de tout ce qu'on veut. Je cherche en vain cet « homme d'aujourd'hui » dont m'entretiennent les prospectus comme d'un géant de l'opinion personnelle. Il faut chercher l'homme d'aujourd'hui où il se trouve. A l'arrêt de l'autobus 27. Sous une pluie fine. En chapeau mou. Il revient de son triste travail au bout d'une journée monotone. Il ne « dispute » pas, il ne « juge » pas, il ne veut ouvrir aucun « dossier ». Il veut regagner aussi vite que possible sa maison grise dans sa pluvieuse banlieue. Il demande uniquement deux choses : premièrement, de ne pas faire de guerre ; deuxièmement, une augmentation.

Tel est le fruit de sa petite expérience.

Et c'est ainsi qu'Allah est grand.

LA SITUATION

Je chanterai le choucas, le commis voyageur, la solitude de nos provinces et le vieillard qui se déplace trompeusement entre Château-Chinon et Vandenesse.

Rien ne m'arrachera à ces devoirs urgents.

Tout homme habite une île déserte, et les bateaux n'y passent qu'à l'horizon. L'homme meurt seul, ayant vécu seul. Son dernier mot, c'est la solitude. Car rien n'est plus semblable à l'homme qu'un autre homme, mais rien n'en est plus différent. Et c'est pourquoi Henri Pourrat prêche l'amitié, les chrétiens préconisent l'amour et les républicains chantent la fraternité. C'est pourquoi les célibataires ont imaginé le mariage, qui est une idée de célibataire. C'est pourquoi le sous-préfet invite les fonctionnaires à danser parmi les plantes vertes avec des dames aux épaules nues. C'est pourquoi les messieurs se laissent pousser la moustache, pour chatouiller l'oreille des dames quand ils leur font des confidences (la moustache est un trait d'union). C'est pourquoi on ne peut plus circuler dans Paris. C'est pourquoi tout, ou presque tout. Et c'est pourquoi le reportage le plus tentant est celui de la solitude : les bergers de haute montagne, certains marins, les moines, les Sahariens. Ce sont des hommes qui ont rencontré l'homme, et qui ont même vécu avec lui. Ils en donnent des nouvelles. Ils savent. Quelquefois même ils consentent à parler.

*
**

Les portes de la Solitude sont des portes monumentales. Il y en a une à Ghardaïa, en plein désert. C'est une flèche ripolinée. Avec cette inscription parfaite: « Ghardaïa, trois kilomètres, Tombouctou, cinq mille kilomètres. » Ça dit très bien ce que ça veut dire. On ne saurait mieux s'exprimer. Il y en a une autre à Font-d'Hurle (c'est un haut plateau, dans le Vercors) ; elle est en bois, à claire-voie, longue, basse, encastrée dans rien. Il n'y a rien à droite, rien à gauche, pas un mur, pas un fil de fer, rien par-devant, rien par-derrière, si loin que s'étende la vue ; seulement cette inscription grandiose: « Prière aux visiteurs de refermer derrière eux. » On ne saurait mieux dire à l'homme que, d'où qu'il vienne et où qu'il aille, il ne peut jamais ouvrir ou fermer que sur soi. Et ce qu'il y a de plus paradoxal, c'est que, précisément parce que c'est inutile (ou alors pourquoi?... je ne sais pas), on se donne la peine de passer par la porte (Kafka en eût fait dix volumes), d'entrer dans un endroit où l'on se tient déjà!

On y trouve la Solitude. Le solitaire la personnifie. Le solitaire vit seul au sommet des montagnes, en présence de Dieu et de quelque coquille d'œuf oubliée par le prédécesseur (car il est peu de solitudes inviolées où la main de l'homme n'ait déjà posé culotte). Il connaît le nom des étoiles, vit des restes du repas de midi et se retrouve en suivant les fleuves. Il mange dans une cuvette d'émail, qui lui sert à des tas d'autres choses, des nouilles mal cuites et du mouton qui sent le bouc ; son chien la nettoie d'un coup de langue. C'est un homme extraordinaire. Il mouille son doigt pour savoir d'où vient le vent.

*
**

Le dernier que j'ai trouvé vit au pied de la Victoire, dans une petite ville de province.

J'étais allé voir nos provinces. J'en suis revenu assez découragé. Il n'y a personne dans nos provinces. Il n'y a que la neige et un ciel noir. Un choucas au nord du Morvan, une jument au bord de la Loire... Çà et là un enfant martyr... (Encore ne l'est-il pas tellement...) Et un vieillard qui se déplace lentement sur la route de Château-Chinon (en ce moment, il doit être près de Vandenesse). Le reste est vide, musique des sphères, horizon noir et commis voyageurs. Le ciel est noir, la terre est blanche. Le vieillard et le choucas sont noirs. Quelquefois, il y a trois choucas. Notre province est une absence organisée. Tout le prouve. C'est une ruse de Bismarck.

Le plus étrange est qu'une foule de détails y parlent d'un passage de l'homme : labours, églises, lignes téléphoniques. S'agit-il d'un pays vestige ? d'une race éteinte ? Ou bien les gens viennent-ils de nuit labourer, bâtir des églises et se faire cuire de petits blaireaux noirs ?

Le solitaire est un homme charmant qui ressemble à Karl Marx en plus maigre, avec des lunettes cerclées d'or et une belle barbe de roi de pique. Il porte un pardessus vert légèrement usagé et il s'appuie sur la petite barrière qui sépare l'homme de la Victoire. Il y donne l'échelle humaine. Sa seule occupation est de porter un chignon.

J'ai demandé la raison de cette singularité. C'est, m'a-t-on dit, que les permanentes coûteraient trop cher. Ce chignon est le fruit de la force des choses.

D'autres m'ont expliqué que ce vieux gentleman avait conçu pour le druidisme une immense considération, que les druides portaient les cheveux longs, et qu'il ne voit pas de raison de vouloir faire mieux que les druides. Il a mis à sa maisonnette une porte en papier journal, et, le premier de l'an, il pique du gui dans son chignon.

*
**

Armand Gatti revient de Chine. C'est le seul journaliste français qui soit entré à Berlin par le sud à cheval sur un cheval blanc et qui ait tenu du haut de ce cheval des propos d'un style soutenu sur le lyrisme en général et sur plusieurs poètes d'avant-garde. A Pékin il a fait des conférences-goûters aux artistes de l'Opéra. Un de ses confrères ayant parlé de notre théâtre tel qu'il est, il a présenté à son tour notre théâtre tel qu'il n'est pas et préconisé pour remède le *Théâtre spatial* avec lâcher de bêtes fauves au moment du lever du rideau. On lui a demandé ses brochures-programmes. Il a été très applaudi. Un vieil agriculteur chinois s'est détaché de la foule pour réclamer quelques détails.

Gatti assure que d'ici quarante ans le globe entier sera une colonie chinoise. Quand les Chinois arriveront en France, je suis effrayé, à la lumière de mes voyages, par ce qu'ils y trouveront sous un épais brouillard : une statue de la Victoire, un vieux gentleman à chignon, un choucas au nord du Morvan, et un vieillard enfin parvenu à Vandenesse. Il y a là certainement quelque chose qui ne va pas.

Le vieil agriculteur a demandé à Gatti, car depuis la révolution il observe la politique :

« Ce M. Ramadier, dont on a tant parlé, a-t-il bien répondu en France aux espoirs qu'on fondait sur lui ? »

Je reviens de France avec la sensation que M. Ramadier lui-même n'a pas comblé nos espérances.

HOMMES D'AUJOURD'HUI ET D'AVANT-HIER

Homme d'aujourd'hui. – Joie de vivre jeune. – Plaisir de vendre. – Et même profit. – Homme de Sempé. – Il s'affaisse dangereusement. – Foules du métro. – Magmas confus. – Sempé aura mal vu les choses. – Homme d'avant-hier. – Il se cherche à tâtons entre la lampe Pigeon et le cinéma sans voix. – Eviers sans blocs et poubelles sans pédales. – Forte parole de la marquise. – Pluviomètre. – Feuilletons. – Merveilles. – Mœurs effacées du président de la République. – Personnage imposant de la France. – Lois du progrès. – Grandeur consécutive d'Allah.

Le clairon de l'Armistice a coupé le siècle en deux. Après, c'est l'homme parvenu à lui-même, tel qu'en lui-même l'a transformé le progrès de la science et de l'industrie, le bloc-évier, la poubelle à pédale, la publicité télévisée. L'homme jeune, viril, dynamique, souriant grâce au dentifrice *Kiféluire*. Régénéré par les nouilles *Gnamgnam*. Personnalisé par les chaussettes *Chose*. Le superman, déjà, d'après-demain. Il n'y a, d'ailleurs, qu'à le voir dans le métro, tel qu'il se rêve sur l'affiche exaltante du soutien-gorge *Kirenferme*, du slip du siècle et des vacances à Tahiti. Sans compter celle de *Rapidex*, la moulinette de la superfemme. Qui ne voudrait être une superfemme ? Il n'y a qu'à acheter *Rapidex*. Qui ne voudrait faire partie de l'élite ? Il n'y a qu'à acheter *Ebenox*, le cirage de l'homme distingué, qui classe tout de suite le plus miteux des citoyens parmi les play-boys de prestige. Bref, « en matière d'information, comme dit le vendeur, il y a une règle d'or sur laquelle je ne transigerai jamais : c'est *vendre* ! » Comment un peuple auquel on vend tout ça avec une telle autorité, comment un peuple qui achète tout ça, une nation gavée de ces merveilles, ne serait-elle pas fringante, dynamique, bronzée, musclée, « déodorée » ? Elle crache le feu par les naseaux. Aussi se demande-t-on où Sempé a pu prendre ces foules grisâtres, ces troupeaux hébétés, ces masses déliquescentes, ces magmas affaissés qu'il nous montre au hasard, défilant comme au Purgatoire dans les longs couloirs du métro sous l'affiche du slip Apollon, de la gaine Vénus et des vacances au grand soleil ? L'homme de Sempé devient de plus en plus découragé, ses genoux plient, ses épaules se voûtent, son contour fond comme du beurre au soleil, il évolue vers une forme animale gélatineuse à la tête molle qui nous ramène bien avant le singe. L'homme de Sempé n'est plus qu'une méduse armée d'un porte-documents. Sempé, certainement, aura mal vu. L'homme d'aujourd'hui est enfin un homme libre qui achète tout ce qu'on lui dit d'acheter et qui consomme tout ce qu'on lui impose, moyennant quoi il est devenu, comme sur les affiches, un Hercule radieux à gros cerveau. Car la machine travaille pour lui. Sa vie est faite d'éternelles vacances, il ne saurait plus se fatiguer.

Et avant l'Armistice ?

C'était bien différent. L'homme se cherchait dans les ténèbres, entre la lampe Pigeon, la poubelle sans pédale, l'évier sans bloc et le cinéma sans voix. Il lavait lui-même la vaisselle. Les fruits n'avaient pas de vitamines. Il se baignait seul sur les plages, et les routes étaient tellement vides que l'homme pouvait y circuler à pied, à cheval et même à bicyclette. Bref, on se demande ce qu'il pouvait faire. Aujourd'hui, la vie a un sens : il faut épousseter son auto. Que pouvait-il faire sans auto à laver ? La vie se vivait au loin, sans lui. Nul ne le guidait dans ses achats. Il achetait n'importe quoi, à la condition que ça lui plaise. Résumons-nous, il vivait au hasard. A son idée. En anarchiste. Il ne se souciait, en égoïste, que de son petit bonheur personnel. Peu lui importait que le malheureux marchand ne pût pas vendre sa marchandise. Il consommait le moins qu'il pouvait pour mieux boucler son budget familial.

***

Pierre Gaxotte nous raconte que l'homme lisait des feuilletons. Ce n'étaient que duchesses et marquises, raffinement du vocabulaire et usages aristocratiques. Aussi Colette fut-elle très intriguée le jour où elle lut dans un de ces nobles romans : « Dominant son persécuteur de toute la hauteur de sa vertu, la marquise dit ces simples mots : M... pour Alphonse. » Nul ne saura jamais par suite de quelle coquille et de quel correcteur négligent la marquise s'était oubliée jusqu'à d'aussi fortes paroles pour clarifier la situation.

L'homme allait aussi à l'école. L'instituteur était chargé officiellement de tenir le bulletin météorologique. Mais aux vacances il s'absentait un mois. Il confiait alors le pluviomètre au petit Gaxotte, tout enfiévré d'un tel honneur. Le petit Gaxotte relevait donc avec un soin méticuleux les indications du pluviomètre. C'était en août. Il pleuvait peu. Pourtant le pluviomètre montait. Car il y avait des orages nocturnes que le petit Gaxotte n'entendait pas. Fort heureusement, sa sœur veillait : « Tu dors, disait-elle, comme une marmotte. Tu n'entends rien. J'ai noté à ta place. L'averse a été courte, mais drue. » Si drus furent ces orages nocturnes qu'à la fin du mois le pluviomètre indiquait une pluviosité très exactement scandaleuse. Une fois la feuille envoyée, la sœur révéla gentiment que « pour mettre un peu de poésie dans la science », elle versait de l'eau dans le pluviomètre. Gaxotte a pu constater depuis, dans les papiers des archives officielles, qu'elle avait fait de son malheureux canton le plus inondé de toute la France.

Mais il faut lire ces mémoires de Gaxotte où l'on retrouve toutes les difficultés et les charmes de l'ancien temps. Ça se passe dans une Lorraine glaciale, pluvieuse, bonhomme, économe et « locale », pleine de personnages oubliés, de mœurs, de scènes qui dépaysent : le marchand de peaux de lapins, le rite de la chaufferette, les avions qui ne volent pas et les tableaux vivants. De merveilles aussi : l'orange, le cirque, le phonographe. Et le président de la République ! C'était un petit homme besogneux qui se déplaçait sans gendarmes.

Sa République s'étendait sur le globe, la France prêtait à l'Amérique et à la Russie, le français était officiellement le langage international, et ces Français avares, qui méprisaient les sports, faisaient Verdun et provoquaient le respect du monde.

Le progrès a changé toutes ces choses.

Et c'est ainsi qu'Allah est grand.

LA SAISON

Le mois d'octobre à Paris a été signalé par des chiffres assez médiocres. Je dirai toute la vérité : sauf le 18 et le 22, le vent n'a fait que du onze à l'heure, ce qui est peu pour une si grande capitale ; la hauteur d'eau (vingt-trois millimètres à Montsouris) et la durée de chute (vingt-deux heures) se sont montrées « déficitaires » de soixante et cinquante pour cent ; l'insolation n'a duré que cent huit heures et la température a manqué d'esprit de suite. En somme peu d'air, peu d'eau, peu de soleil, peu de nuages, température inconséquente ; mois fort quelconque, dont il n'y a pas lieu d'être bien fier.

⁂

En dépit de ces médiocrités les grands troupeaux se sont réunis comme d'habitude sur les plateaux : les vaches de Salers, les chèvres de Babylone, les chevaux du Vercors qui tombent dans les ravins quand ils sont piqués par les mouches, l'âne aux oreilles en fer de lance, tel un dessin d'Okusaï, qui ne tombe jamais (le journaliste parisien, ne fréquentant que la buvette parlementaire, ne peut se faire une idée de la grâce et de la fierté de ces ânes à l'état sauvage). Ils sont redescendus dans les plaines. Les troupeaux s'entouraient d'un nuage de poussière ; les bergers sonnaient de la trompe ; les juments pressaient les poulains ; les

Académiciens sont rentrés quai Conti ; les agneaux appelaient leur mère. Les Auvergnats ont pris leur limousine pour réparer la maison du berger. Un silence noir est descendu sur la grande forêt druidique. Ensuite la neige s'est installée sur l'Europe centrale. Ensuite la faim a fait sortir le loup du bois. On l'a vu à Grzenknowrnitski. Il a poussé des cris affreux et dévoré le garde champêtre (l'homme le plus fibreux de la contrée). En long. La steppe était déserte, le vent soufflait, du fond des plus lointains villages, on entendait craquer les os.

⁂

Les drames de la faim ont commencé. Je les cueille au hasard de la presse. À Sobron, province de Burgos, M. Navarro, en cherchant des œufs de poule, est « tombé dans le nid d'un vautour ». Il y a passé la nuit à allumer des feux pour chasser les propriétaires ; il ne fut délivré qu'à l'aube. À Crémone, une fillette, Luciana Borboni, a ruiné sa famille en mangeant du jambon ; elle avait le côlon mal formé. À Paris, chez Julliard, à en croire la chronique, Minou Sagan et Françoise Drouet, qui ont de l'esprit comme quatre, ont écrit le *Roman des Douze*. Dans l'Ohio, un célibataire, fuyant les fracas des auberges, a consommé à domicile la chair de plusieurs dames âgées, rangé leurs crânes sur une étagère et confectionné de leur peau de menus objets de maroquinerie : masques, bretelles, dessous de bouteille pyrogravés ornés d'un sujet folklorique. Jolis ; sans plus (il n'avait pas de génie). À Paris, le Goncourt a été distribué, le Femina, le Renaudot. Les restaurants anthropophagiques se sont remplis : dans le VIe *le Petit Mousse, la Clairière, l'Homme qui cuit, le Pot au feu* (l'ancien Bodofö berlinois), *le Cocotier* et *la Marmite du missionnaire ;* dans le XIIIe *le Fémur, l'Anthropophile* ; dans le XIIe *le Petit Savoyard* ; à Montmartre *la Tante Gâteau*. À Saint-Médard une chaisière a disparu. À Saint-Germain-des-Prés, un pauvre de la paroisse. *Le Petit*

Mousse a lancé à la fois la « Quenelle Mystère » et le « Ris de veau à la pauvre femme ». A Mende, acculé à la faim par les exigences de l'impôt, un richissime négociant, M. Joanovici, a dû quitter la ville, laissant le fisc dans un grand embarras.

A la suite de tant d'événements, les biologistes ont découvert dans l'humidité d'Amsterdam des grenouilles à six pattes munies de dix à vingt doigts ; d'autres qui avaient seize doigts dans le dos ; d'autres des pattes attachées à la queue. Les vieilles personnes estiment généralement que ces phénomènes sont dus aux troubles de l'atmosphère consécutifs aux excès du progrès. Enfin, le Salon du Champignon a présenté deux variétés de cryptogames hallucinogènes qui permettent de voir dans l'espace « une sorte de grand arc-en-ciel et une cathédrale aux arches polychromes » quand on en mange une certaine dose. Il s'agit là, comme on s'en doute, du psilocybe cœrulescens et du strotharia cubensis.

⁂

C'est tracasser bien des mycologies pour se procurer quelques visions. Quand il suffit de l'oniroscope. Il a été inventé récemment par Mme Fièvre, Yolande Fièvre. L'oniroscope est un générateur d'images, une tentative, dit Mme Fièvre, de réorganisation du cosmos ; une toile qui bouge, qui remue, qui ne tient pas en place ; qui se succède, se précède, se multiplie au même instant. Qui coule comme une cascade, qui monte comme un nuage, qui se disperse, se reforme, s'évapore et ne s'évanouit jamais. Se fige parfois, si on la pose, mais, sitôt touchée, recommence. Elle est faite de paysages formés par des sables mouvants contrariés dans leur chute par des fils, tamis et nervures autour de petits éléments fixes : étoiles, oiseaux, fils noirs, fils d'or qui dépaysent l'observateur. On croit voir des cartes d'atlas, tout ce que peut rêver l'œil d'un homme en regardant s'écrouler une dune : Roncevaux, la fête des fleurs, la création du monde, le mariage des éponges. C'est un voyage dans la quatrième dimension. C'est le triomphe de l'élastique et du mouvant. On s'aperçoit que le petit peut donner l'illusion de la chose qui dépasse l'homme par la continuité dans la métamorphose.

On ne dispose pas toujours d'un ciel, d'un océan, d'une vague « toujours recommencée ». Le présentateur (qui s'amuse en cachette avec des ressorts à boudin, des parricides yougoslaves, de faux bègues et de vrais Académiciens, sans compter des crapauds qui donnent le *mi* bémol) « recommande sincèrement » ce jeu de l'oniroscope « quand on n'a sous la main ni vague ni nuage ». C'est le vrai champignon mexicain.

⁂

N'en ayant pas, les Russes ont été obligés, pour se procurer un drame cosmique, de lancer à travers les étoiles un chien mort entouré d'une boule de métal. L'opinion se passionne pour la pauvre bête.

Le dernier gentleman s'est pendu à un arbre de son jardin. M. Dubois, soixante-quinze ans. A Moulins, Pont-des-Bataillots. C'était un retraité de la S.N.C.F. Sa femme buvait. Pour s'empêcher de la battre, il a préféré se suicider après avoir avisé les journaux et fait apposer des affiches.

De son côté, un rabbin de Tel-Aviv a vendu le trône de Salomon à un ami pour une somme extrêmement importante. Il le tenait, disait-il, de l'archange Gabriel, qui le tenait lui-même de Dieu le Père. On dit que la somme était bonne, mais que le trône ne l'était pas. Le trône de la vraie justice ! C'est ce qui prouve bien que la vraie justice n'est pas de ce monde. L'archange Gabriel a été acquitté. Le rabbin fera dix-huit mois de prison. Car l'injustice étant la loi ne peut produire que l'erreur judiciaire, qui la corrige nécessairement.

Ajoutons que la science russe vient de triompher de l'énurésie. Elle a découvert un remède qui empêche les enfants de faire pipi au lit. On le cherchait vainement depuis Caïn et Abel. Les savants soviétiques, qui ne vivent que pour le progrès, l'ont enfin mis au point. Il est parfaitement simple : on fait prendre à l'enfant du chlorure de sodium, au moment de le mettre au lit, sous forme de sel de cuisine. L'énurésie n'est plus qu'un souvenir dépassé. L'enfant d'aujourd'hui est capable d'un contrôle parfait de ses mictions.

L'HOMME DE 1963

Grande probabilité du froid de la semaine dernière selon la presse de diverses nations. – Grosse émulation des petites villes. – Misère du loup. – Grand âge de l'homme. – Eviers bouchés. – Retards postaux. – Grands-pères gelés tout vifs. – Drames de la haute montagne. – Au foyer. – En locomotive. – Prime de la veuve. – Chien méchant. – Illustrés. – Mammifères distingués. – Paillasson pour les poules. – Vraie raison des maux de tête. – Vrai secret du bonheur. – Par le moyen de la « méthode multiforme ». – Danger des « méthodes similaires ». – Concours. – Plante verte. – Objets d'art étonnants. – Pots de terre percés d'un trou. – Perspectives magnifiques. – Grandeur consécutive d'Allah.

Il semble, d'après les journaux, que l'hiver ait débuté par un froid assez vif. En Slovaquie on signale moins soixante. En Alsace le marc de prune gèle à mi-pente dans l'oesophage du cantonnier. A Paris il a fait moins quinze ; à Besançon, qui est cependant une ville beaucoup moins importante, on a obtenu moins vingt-huit ! Les Marseillais, pour se vanter, ont eu de la neige. Le loup ne trouve plus pour se nourrir que quelque vieillard attardé qui a un petit goût d'os sec et de pantalon de velours. C'est une misère épouvantable. En même temps l'homme, aujourd'hui même, a quatorze millions mille neuf cent soixante-deux ans. Ce qui nous trompe, c'est qu'il fait plus jeune. On lui donnerait aisément six mois de moins.

C'est parce qu'il arrive en pleine forme. Essayons de le situer dans un si grand moment. Il se détache sur un ciel gris, à l'horizon d'une plaine de neige, et, pour que la chose soit plus belle, il a organisé toutes sorte d'avalanches, de grands naufrages, d'éviers bouchés, d'autos qui dérapent sur la route et de retardements du courrier. Le facteur convie le public à les favoriser, quand il a touché ses étrennes, en « étalant l'expédition des lettres », autrement dit en écrivant trop tard *d'avance* aux gens qu'on a besoin de contacter. On voit par là combien il est parfois urgent de remettre au lendemain ce qui ne peut être fait que la veille. De leur côté, dans les villages de haute montagne, les grands-pères gèlent d'un bloc en montant au grenier, tout droits, au garde-à-vous ; il n'y a plus qu'à les prendre et à les jeter dans le feu avec le reste du bois sec pour empêcher de mourir les enfants de la famille. Drames affreux. Les mêmes se déroulent sur les locomotives d'Auvergne et du Tyrol pour finir de monter la pente : le charbon du tender est soudé par la glace, le train va partir en arrière si le génie de l'homme n'intervient pas, le mécanicien lance dans le feu le chauffeur raidi de froid, crispé sur ses manettes et devenu de toute façon complètement inutilisable pour la compagnie des chemins de fer. La compagnie donne une prime à la veuve. Cette femme, qui sait voir raisonnable, ne s'en achète qu'un tout petit bout de terrain dans un lotissement du Midi ; une maisonnette en matériau léger ; un chien méchant et quelques plants de courgette. Elle mène là une vie pauvre et digne. Des reporters viennent l'interviewer. Elle leur raconte sa touchante aventure. Les enfants la prennent en dictée pour le certificat d'études. Les grands illustrés la reproduisent, à peine grossie, avec de très belles illustrations.

***

Tel est l'homme au début en 1963, fier de ses mamelles pectorales qui le distinguent de tous les autres mammifères à l'exception du rhinolophe et de Gina Lollobrigida, et totalement dévoué aux progrès de l'industrie.

Il n'arrive pas là les mains vides. Il a découvert trois grandes choses au cours de 1962 : le paillasson pour cage à poules, la raison des maux de tête et les lois du succès.

Le paillasson pour cage à poules se dépose au pied du perchoir. La poule est obligée de s'y essuyer les pattes. Elle s'endort dans l'orgueil de l'hygiène des doigts de pied.

La raison des maux de tête a été découverte par le chercheur Angel Garma qui est un psychologue argentin. « Le refoulement, écrit-il, peut produire des maux de tête *parce qu'il* occasionne des réactions organiques céphaliques qui sont douloureuses. » Ce qui signifie, si je comprends bien, que les maux dont souffre la tête sont le résultat de douleurs qui se passent dans cet organe. On voit par là combien la science a fait de progrès. Hier elle cherchait, aujourd'hui elle *trouve*.

Notamment les « lois du succès ». Le trouveur Borg les offre pour rien, après les avoir découvertes ; il les donne contre un « bon gratuit » ; dans les journaux il fait cadeau de son livre ; il va même jusqu'à mettre en garde contre la concurrence, contre les charlatans, contre les « *méthodes similaires* ». Il y voit le mal de notre époque, le vrai cancer du XXe siècle, l'origine de tous nos malheurs. Si grand est le zèle dont il brûle pour les hommes. Il voit en eux des frères, les éclaire, les instruit, leur livre le secret de la fortune. Grâce à sa *« méthode multiforme »* à ne pas confondre avec les méthodes uniformes qui n'en sont que des ersatz confus. D'ailleurs il ne cache pas qu'il a mis cinquante ans « de recherches et d'expériences » à en faire une vraie perfection « dans le cadre » si approprié de la fameuse « maison Aubanel », spécialisée « depuis 1744 » dans la recherche du bonheur.

N'est-ce pas tout dire ? C'est pourquoi il avoue (à quoi bon n'être pas sincère ? La franchise sert mieux les bonnes causes) que son « écrasante » notoriété s'étend aux quatre coins du globe. Elle a d'ailleurs été reconnue par un « humaniste » célèbre, qui s'appelle M. Saint-Laurent.

On voit par là que l'homme arrive tout armé pour affronter l'année nouvelle. Il a le paillasson pour les poules et le secret d'un succès facile grâce à la « méthode multiforme ». Il détient la clé du bonheur.

Il prospérera, il achètera bas, il vendra haut, il aura des poules aux pieds propres qui feront honneur à toute leur race, à sa maison et à son poulailler. Il fera fortune en très peu de temps. Il gagnera dans les concours de mots croisés, tantôt le vingtième prix qui consiste en une savonnette Calmolive, tantôt le vingt et unième: un superbe objet d'art. Il acquerra une plante verte importante. Il la mettra sur son buffet.

Il vivra de cette façon dans une grande abondance, au milieu de ses poules aux pieds propres, parmi les objets les plus beaux. On l'enterrera dans un tombeau très riche, sous une dalle en vrai marbre noir qui dira ses vertus civiques. Ses petits-enfants planteront autour des végétaux décoratifs dans des pots de terre percés d'un trou pour donner de l'air à la racine.

Et c'est ainsi qu'Allah est grand.

LES ALLUMETTES

Mort de Jean-Pierre Pedrazzini, de Paris-Match. *– De la curiosité. – De son importance. – Des enthousiastes et des blasés. – De la passion professionnelle. – Du secret des colombes. – Deuil de la presse. – La rue Jean-Pierre-Pedrazzini. – Morale de La Fontaine et morale des colombes. – Du choix sensé des allumettes. – Grandeur consécutive d'Allah.*

Jean-Pierre Pedrazzini est mort en prenant une photographie. Du même coup, il a photographié sa mort. Cette mort est inscrite dans le tremblement de l'image.

Comment un homme peut-il mourir pour une image ?

⁂

Les journalistes, en général, sont frivoles, sceptiques et lucides. Souvent cyniques. « J'appartenais, dit l'épitaphe de Gauvreau, l'une des vedettes américaines du journalisme à sensation (il l'avait composée lui-même), à cette étrange race de gens qui passent leur vie à faire des choses qu'ils détestent pour gagner un argent dont ils n'ont pas envie afin d'acheter des choses dont ils n'ont pas besoin pour impressionner des gens qu'ils méprisent. »

Serait-il mort pour une image ? C'est bien possible.

A tant faire que de faire des choses qu'on déteste,

pourquoi pas une de plus! Le goût de la haute dérision n'est pas le trait d'une âme banale. Et l'humour peut mener très loin.

*
**

On vit, on meurt par curiosité. C'est le plus vieux péché du monde. Il a commencé à l'Eden, il continue, il ne finira pas. Sourd, paralysé, on vit encore parce qu'il reste des curiosités à satisfaire. Au bout de tout on a encore envie de voir l'aube (que dis-je? on la découvre; on invente la locution « beau comme le jour »; on ne s'était jamais aperçu qu'elle résumait l'expérience humaine). A l'œil qui se croit le plus blasé, il n'est pas d'imagination qui ne propose encore des spectacles. La réalité les dépasse. C'est ce qui donne des lecteurs aux journaux et ce qui crée les vocations de journaliste.

Le monde s'étale et remue devant nos yeux avides comme un théâtre dont Shakespeare n'a été qu'un pâle microcosme. Il est servi devant nos fringales comme une table de banquet au-dessus de nos forces. Bref, il n'est pas à notre échelle. Et surtout nous n'avons pas de sens qui nous permette de l'absorber en bloc. Nous n'avons même pas de mode d'emploi. Le monde entier nous est livré sans mode d'emploi. Nous pouvons chipoter un dessert, un hors-d'œuvre. Rien ne nous permet de l'absorber en bloc. Aucun organe ne nous le permet. Nous avons l'appétit, nous avons la fringale, mais un appétit sans fourchette, sans mâchoire et sans estomac. Comment appréhender le monde, l'utiliser, l'absorber, le consommer? En bloc, s'entend. (Pour le détail, nous sommes armés.) L'homme a inventé deux formules qui sont la religion et l'art. Par la religion, il s'absorbe en lui et il l'absorbe; par l'art, il le consomme aussi: il le filtre et le met en conserve; il en fait une nourriture qu'on peut resservir éternellement. L'art est une façon de manger le monde, de le continuer, de le transcender, de faire qu'il ne soit pas là pour rien, dans son ensemble, en face de l'homme. C'est une façon de le conquérir, de l'attraper, de lui imposer un traitement chimique qui le rende assimilable, humain ; de rendre compte de lui globalement. Peindre, ou photographier, pour l'homme, c'est, en face de la création, chercher une prise sur un rocher qu'on escalade. C'est par où la photographie échappe à la frivolité.

Dans sa raison d'être, du moins. Qu'elle s'égare, c'est une autre affaire. Surtout le journalisme aidant, qui adore l'emphase et la futilité. Mais ses égarements ne peuvent nuire à l'importance de la photographie ; elle garde toujours le mérite de « témoigner », comme on dit aujourd'hui, de verser une pièce à conviction au dossier de l'homme : que ce soit un tutu ou une bataille navale ; elle prouve toujours quelque chose, grâce à l'auteur ou malgré lui. De toute façon, c'est un moment de l'histoire.

⁂

Lorsqu'à la vocation de la curiosité, qui se justifie, dans son essence, par un besoin quasi physique de l'homme, et, dans son but, par l'art et par l'histoire, s'ajoute le goût de l'exploit sportif, elle donne, à l'opposé de Gauvreau, des caractères aussi passionnés que ceux de l'avare ou de l'amoureux et presque autant que celui du collectionneur. Ce sont les grands photographes de presse. Le journalisme explique à la fois et Gauvreau et Pedrazzini, le blasé comme l'enthousiaste, l'un qui ne vit (dit-il, du moins) que par dérision, par un mélange d'indifférence, d'automatisme et d'humour noir, l'autre par fièvre. Il ne faut peut-être pas moins que ces pédantes considérations, cette mixture de banalités et de raisonnements hasardeux, pour expliquer qu'un homme meure pour une image. Même pas pour une image qui soit un peu meilleure. Car c'est tout de même une chose étonnante qu'un homme jeune puisse donner sa vie pour qu'un premier plan soit plus net ; qu'il soit photographe avant d'être homme. C'est ce qu'on appelle la passion professionnelle. C'est une grande chose. C'est l'honneur du métier. Il suppose qu'on l'aime plus que sa vie.

Cette passion ne peut se nourrir que d'une exaltation très noble et qui n'est pas naïve, même aux yeux de Gauvreau ; car elle naît du plein emploi de toutes les facultés d'un homme, d'un épanouissement complet. Elle est payante, pourrait-on dire si le mot ici n'était odieux, même indépendamment des résultats qu'elle donne. (Quand on n'a pas de raisons de mourir, on a peu de raisons de vivre.)

Ici les résultats étaient très importants. Pedrazzini est mort pour une image qui manquerait aux dossiers de l'histoire ; il est mort en photographiant l'un des plus grands crimes du monde, un crime qui restera peut-être jusqu'à huit jours dans la mémoire de la conscience universelle — c'est beaucoup dire quand l'Histoire se dépêche — et qui ensuite, englouti, dégluti, digéré, oublié dans les gouffres du fleuve, remontera à la surface comme un cadavre de noyé. On le retrouvera sans doute dans les livres d'école, où il servira de référence, d'argument, d'exemple, de gêne.

Pedrazzini était très grand, très jeune, très beau, très célèbre dans son métier. Il avait un peu l'air des guerriers de *la Marseillaise* de Rude. Il aurait facilement figuré le Défi sur un bas-relief symbolique. Il était aimé, admiré. Il est mort ayant tout à perdre.

Il est mort en prouvant que les colombes de la Paix, que les Soviets lâchèrent sur l'Europe en grande croisade sentimentale, roulent sur chenillettes comme des tanks, et que, quand elles lèvent les ailes, des canons tirent par leurs sabords.

Toute la presse française l'a pleuré. On donnera son nom à une rue.

*
**

La morale de cette aventure est qu'il faut relire La Fontaine : on y trouvera *le Loup et l'agneau, les Animaux malades de la peste, les Grenouilles qui demandent un roi, le Loup déguisé en Berger, l'Ane vêtu de la peau du lion* et mille autres tableaux de l'époque contemporaine ; que les colombes de la Paix ont un fusil en bandoulière ;

et qu'il faut donner aux enfants, dans la mesure du possible, des métiers qui soient de nature à se faire aimer plus que la vie. L'homme ne peut pas vivre sans feu ; on ne fait pas de feu sans allumettes ; les allumettes vous brûlent souvent les doigts. Il faut choisir des allumettes qui vaillent la peine qu'on ait la main brûlée. On ne peut les trouver que dans le commerce sérieux, mais il en est pour toutes les bourses.

Et c'est ainsi qu'Allah est grand.

LES DRAMES DE L'ALIMENTATION

On ne doit user d'aliments conservés qu'avec les plus grandes précautions. *Si tous les gars du monde* tire de ce précepte une grosse valeur éducative. C'est le premier grand film d'hygiène, d'aventure et de fraternité sur les conserves alimentaires.

Les marins du *Lutèce*, Bretons de Concarneau (qui parlent tous avec l'accent de Paris, sans doute sous l'influence du nom de leur bateau), se trouvent soudain atteints d'un mal mystérieux, au large des côtes de Norvège. Un médecin du Togo (Afrique), qu'ils consultent par la radio, leur fait faire à leur chat une injection de jambon. C'est un test. Le chat meurt. Le médecin en conclut qu'ils sont intoxiqués par le microbe du jambon mal fumé, le *botulus*, sauf Mohammed, l'un des matelots, à qui le Coran défend le jambon. Ils mourront dans les vingt-quatre heures, faute de sérum antibotulique. Ils s'en procurent donc immédiatement par ondes de la T.S.F. et non sans avoir dérangé un épicier d'Afrique centrale, un aveugle de guerre munichois, une sentinelle soviétique et des aviateurs norvégiens. Le sérum arrive en parachute, le botulus sera vaincu. Quelle n'est pas notre joie, et celle de Concarneau, où leurs vieilles mamans les attendent sur le môle ! Mais on a eu bien peur, et le petit chat est mort.

Cette histoire prouve qu'il faut manger le jambon frais.

*
**

Peut-être aussi qu'il n'en faut pas manger du tout, à l'exemple de Mohammed. Il s'agirait alors d'un film de propagande coranique.

⁂

Sa morale peut être élargie en l'appliquant à toutes sortes de conserves.

Cette œuvre d'art présente aux yeux de certains critiques plusieurs défauts du film à thèse. C'est le danger des ouvrages instructifs.

On peut également reprocher à sa morale d'être équivoque. Le titre, qui généralise, généralise en effet dangereusement. *Quelques* marins ayant été sauvés par le sérum antibotulique, le titre dit : « Si tous les gars du monde… » Le spectateur se voit obligé de conclure : « Si tous les gars du monde voulaient se donner la main, ils pourraient *tous* manger le jambon mal fumé. » Les charcutiers feraient des fortunes immorales. Et le danger du film est de suggérer à la légère que ce mal serait compensé par un courant de fraternité irrésistible et une intense circulation d'ondes courtes entre les épiciers d'Afrique, les aveugles de guerre munichois, les Bretons qui ont l'accent de Paris et les sentinelles soviétiques.

En somme, film antibotulique, et à ce titre éminemment louable, à condition de l'interpréter sainement. Il montre qu'à manger de la vieille charcuterie on risque de déranger tout le monde.

⁂

La presse entière a retenti de ce jambon. « Voilà qui nous change des gangsters ! » « Voilà du film honnête et sain qui est nettement antibotulique, et qui se prononce franchement pour que les âmes généreuses téléphonent au médecin quand il y va d'une vie ! »

Sur deux colonnes ! sur trois ! sur quatre ! sur toute une page d'un de nos plus grands journaux du soir !

⁂

Six capitales : Paris, New York, Moscou, Rome, Oslo et Berlin, *pour la première fois dans l'histoire du monde*, ont été reliées ensemble par multiplex afin que les spectateurs de toutes ces capitales puissent (sensation prodigieuse !) attaquer le jambon en même temps. *Il a fallu quatre mois de travail aux techniciens de la radio de six pays pour obtenir une telle exactitude*. C'est un chef-d'œuvre de patience, comme le portrait en timbres-poste, et un record de l'horlogerie. Comment ne s'agirait-il pas d'une merveille internationale ?

Supposez qu'on récite La Fontaine *en même temps* au Portugal, en Auvergne, en Norvège, en Ecosse et au Zoulouland ; quelle plus-value ! Imaginez que tous les auditeurs s'entendent *au même moment* applaudir le grand fabuliste ; que d'inépuisables délices s'ajouteraient à la dégustation de ces merveilles d'un siècle dépassé !

D'ailleurs Martine Carol elle-même, qui est la propre femme de l'auteur, a regardé longuement l'affiche qui annonçait ce film étonnant ! A Rome ! Devant un cinéma ! N'est-ce pas tout dire ? Et c'est une chose prouvée ! Toute la presse a donné cette photo bouleversante.

Et il y a un bateau qui s'appelle le *Lutèce* ! Comme dans le film ! Un vrai ! C'est dans tous les journaux ! C'est même sur lui qu'on a tourné ! Ça prend plus de place que l'Algérie !

Alors !

⁂

Un de mes confrères me dit : « Ce qui ne me convainc pas, c'est cette solidarité qui serait prouvée par les ondes courtes. L'onde courte ne prouve pas la solidarité. Elle prouve le bricolage. C'est une marotte. Pas autre chose. Tu ne connais pas les mordus des ondes courtes, les purs, les vrais ? Je te recommande mon beau-père : il ferait naufrager dix paquebots rien que pour se livrer à son vice ; il sauverait son propriétaire ! Ton film, au fond, c'est une excuse de bricoleur ! »

Et quand bien même !… N'est-ce pas en même temps l'apologie du téléphone ! Comment peut-on rester insensible à ce point à un pareil progrès de la science et de l'industrie !

CHRONIQUE DES ÉVÉNEMENTS PRÉSENTS

Novembre. — Chamois. — Chats-huants. — Naissance de Scaramouche et mort de Démosthène. — Neige sur la Corse et clairon de l'Armistice. — Cinquantenaire militaire des colombes de la Paix. — Marteaux-pilons cassés par des noisettes. — Centenaire du dictionnaire de M. Pierre Larousse. — Faut-il dire obu ou obuss? — Faible importance d'un tel détail dans des circonstances décisives. — Cinquantenaire de Boylesve. — Cinquantenaire de Toulet. — Défendons contre M. Larousse le brave général Barbanègre. — Description de la jument Braguette. — Grandeur consécutive d'Allah.

Voici novembre. Le ciel est gris. Les premières bécasses sont arrivées. Il neige en Corse, et la mer se démonte. Les chamois remontent vers les crêtes afin de surveiller leurs femelles. Le brouillard tombe, les théâtres s'allument. Les sangliers se marient au plus noir des fourrés. Ils se battent comme des chiffonniers. Le chat-huant, qui assiste seul à ces massacres, pousse dans la nuit des cris qui glacent la moelle des os. Le vanneau rentre la tête dans le cou. La neige tombe. L'alouette cockevis monte au ciel comme une flèche au milieu des flocons qu'elle a pris pour le soleil d'une matinée de printemps. Le fleuve enfle et roule un flot sale. C'est le mois où mourut Démosthène, c'est le mois où naquit Scaramouche. Le cor de chasse sonne au fond des bois, le clairon de l'Armistice sonne au fond des années ; c'est le mois où une France exsangue se dressa derrière ses tambours pour défiler sous une pluie de roses, avant d'aller danser avec une jambe en moins, sur des rythmes américains, dans l'Europe chantée par Morand, et de s'asseoir, épuisée, en attendant l'autre guerre. La Russie lançait le communisme : le communisme c'était la Paix. Il mariait l'homme à la colombe. Et tout le monde se fit communiste. Les colombes viennent de défiler pour le cinquantenaire d'un si grand jour : derrière elles avançaient les tanks et les canons, les fusées, le missile sur orbite. Des discours de quatre heures promirent l'arme absolue. Empêchez les béliers de se battre, abritez les ruches de la pluie, ensablez la racine des chicorées sauvages, nettoyez l'alambic, empaillez les figuiers.

*
**

Nous vivons une époque étrange où les marteaux-pilons se cassent sur les noisettes : deux millions d'hommes, en Israël, ont battu cent millions d'Arabes. Cent cinquante mercenaires tiennent tête au Congo à une nation dix fois grande comme la France (si sûrs d'eux-mêmes qu'ils ont amené femmes et enfants). Cent cinquante mille policiers, en France, ne parviennent pas, depuis au moins quarante-huit heures, à rattraper un évadé qui souffre d'une éventration.

*
**

Ce ne sont qu'anniversaires. On fête le centenaire du dictionnaire de M. Larousse. Le dictionnaire de M. Larousse et l'almanach de M. Vermot sont les deux bases de la culture française. M. Larousse et M. Vermot sont les deux colonnes du standing. Ils classent une bibliothèque, ils lui donnent sa valeur. Ils poursuivent l'homme d'esprit, pour toute son existence, de précisions, de calembours et de saillies ingénieuses. Le personnage de M. Larousse s'est identifié à tel point avec la notion de dictionnaire qu'il a fini par se confondre avec elle : on ne dit plus « un dictionnaire », mais « un Larousse ». J'ai entendu parler du larousse de Littré !...

Inébranlable sur le fond, il varie d'ailleurs dans le détail, qui vous apprend les choses les plus inattendues. Surtout ne prononcez pas « *obu* », dit-il en 1923 dans son ouvrage en deux volumes. Comment faire ? Il faut dire « *obuss* ». J'ai cherché dans mon petit Littré : il m'a dit de prononcer « *obuz* ». Dupiney de Vorepierre, lui, conseillait « *obuze* ». Personne ne m'en a cru. J'ai voulu le démontrer en faisant lire la chose aux gens de la dernière édition du Larousse. Elle disait qu'il faut dire « *obu* ». M. Larousse change souvent d'idée. La chose importe d'ailleurs peu quand l'obuze, l'obusse ou l'obu traverse un homme en diagonale. C'est sa vitesse qui compte, plus que sa prononciation.

*
**

Outre M. Larousse, on a fêté Boylesve. C'était un romancier discret, classique, tout en nuances et d'un grand charme. Il fut peut-être le premier à reconnaître le génie de Proust. « Avouons, disait-il, que nous en sommes jaloux. Il a écrit le roman que nous voulions tous écrire. »

On a fêté aussi Toulet, Paul-Jean Toulet, le plus grand de nos poètes mineurs. Qu'est-ce, d'ailleurs, qu'un poète mineur ? Quand on lit du Toulet, on reste fasciné ; l'idée ne vient pas de le comparer ou de penser à quelque autre chose. Et c'est là, disait Gide, le propre du chef-d'œuvre. J'ai, comme tout le monde, une tendresse pour Toulet. Il est sec, élégant et ferme ; il ressemble à une lettre arabe et à une pierre pleine de reflets. Il est aigu comme un stylet. Il frappe vite, profond et s'en va. Il passe ; il ne fait jamais que passer ; mais laisse un poison dans la plaie : très souvent la mélancolie. Ou un opium. De toute façon une chose qui dure. Il est léger, rapide, brillant, définitif. A l'horizon, les Pyrénées. Car il est béarnais, comme Jammes ; et comme le brave général Barbanègre qui a sa statue dans les Basses-Pyrénées.

Je ne puis que l'en aimer davantage. Car je me sens un

peu béarnais. Précisément par le brave général Barbanègre. Qui doit être un arrière-grand-oncle par alliance de la femme d'un fils de mon frère. Ou, enfin, quelque chose de ce genre. Comme j'aime beaucoup mon neveu, qui est un garçon jovial, et qui sait des choses magnifiques, telles que le secret de guérir la diarrhée verte du pigeon voyageur du moyen Haut-Atlas, je me suis fait le champion de la gloire du brave général Barbanègre, dont je m'enveloppe par alliance et généalogie (en remontant d'un côté et en descendant de l'autre, en sautant de branche en branche et en fermant les yeux sur les transitions difficiles). Bref, je me suis fait du brave général Barbanègre une espèce d'aïeul adoptif. C'est une attitude discutable, mais le cœur a ses raisons que la raison ne connaît pas. Et, en qualité de petit-fils du brave général Barbanègre (et d'autant plus petit-fils que je le suis par choix, par prédilection personnelle et par dessein prémédité, non par le hasard des naissances), je suis vexé des variations de M. Larousse dont on fête frivolement le sérieux à propos des cent ans de son fameux dictionnaire. Car il explique, dans l'édition en deux volumes datée de 1923, sous la rubrique « Barbanègre (Joseph) », que le brave général Barbanègre défendit la place de Huningue contre trente mille Autrichiens, avec seulement cent trente-cinq hommes, et s'en tira avec les honneurs de la guerre ; et il ajoute : « Voyez Huningue », et quand on va chercher « Huningue », dans le même ouvrage, on ne trouve plus que vingt-cinq mille Autrichiens. Dans une autre édition, il y en aura dix mille. Et dans une autre, plus de Français que d'Autrichiens. Ce sont des choses qu'il ne faut pas admettre. Je suis décidé à m'y opposer. Ou alors il n'y a plus qu'à dire que le brave général Barbanègre, qui ne s'est rendu que sur les décombres de Huningue, n'en a, au fond, pas fait plus que moi, qui me suis battu, après tout, contre plusieurs millions d'Allemands au mois de juin 1940. (Il est vrai que je n'étais pas seul et qu'ils ne venaient pas tous à la fois.) J'y ai même laissé un œil et ma jument Braguette. D'une façon assez ridicule. J'ai pleuré Braguette de l'autre œil.

Elle avait le jarret mou et le regard un peu triste. Avec de petits sursauts quand elle sentait l'avoine.

Des yeux de jeune fille dans une tête de vieille dame.

Et c'est ainsi qu'Allah est grand.

GÉOGRAPHIE DE LA SAISON

La France est beaucoup plus géographique qu'on ne pense. Cette semaine les fleuves ont fait un grand effort.

Le soleil provoque en France à la surface des eaux de vastes évaporations qui forment au ciel des nuages. Ces prodigieuses réserves d'eaux se sont déversées dans les rivières. A Barlaimont, le niveau de la Sambre s'est élevé de un mètre trente-cinq. Elle a noyé de magnifiques pâturages. Le canal de Nantes à Brest, en amont de Pontivy, s'est répandu sur les campagnes avec une immense majesté. Dans la région de Redon, l'étang de Tesoan a isolé un grand nombre de fermes. On a retrouvé dans le branchage d'un saule une jambe de bois encore bonne et un cahier de devoirs de vacances. Partout les eaux ont fait de leur mieux, non seulement dans la capitale, qui est habituée à tous les records, mais dans de petites sous-préfectures, dans des communes rurales et jusqu'en des lieux-dits. De grands espoirs naissaient déjà partout. Des mouettes arrivaient de la Manche. Chacun sentait combien la France était géographique et même hydrographique et toute mêlée au jeu des météores. Les enfants se groupaient au bord des fleuves. On signalait au pont de Bercy le passage d'une commode Louis XV. Des curieux l'attendaient à Rouen. Chacun était fier d'être français. En vingt-quatre heures, les eaux avaient regagné leur lit. Tout est rentré dans la routine.

***

Il n'est resté de tant d'espoir trompé qu'un cas de « rétromobilisme ». Mme Hernu, complètement détériorée par le coup d'aviron d'un sauveteur, part en arrière chaque fois qu'on la met sur ses jambes. (Comme la Citroën à trois roues que j'avais achetée avant la guerre. Mais Mme Hernu va plus vite.) Elle ne marche plus qu'à reculons. D'où le nom de « rétromobilisme » que les médecins ont trouvé pour désigner son cas, le premier qu'on remarque chez l'homme.

***

Il y a aussi, pour le grandiose, à Poligné (Ille-et-Vilaine), Mme Renout et Mme Guais, sa mère, qui, alertées par une voisine, Mme Drouin, ont vu tourner à neuf heures du matin des soleils autour du Soleil. Il y en avait de toutes les couleurs ; leur vitesse était effrayante. Elles en sont restées aveugles et ne vivent plus que les volets fermés. La presse ajoute que, dans le jardin de ces dames, les poireaux sont devenus violets.

Les astronomes ont expliqué les faux soleils. Ils les appellent des parhélies et assurent que ces parhélies sont de nature à troubler la vue quand elles détériorent la rétine. Ils n'ont pu rendre compte du violet des poireaux. Il ne s'agit pourtant là, semble-t-il, que d'un phénomène chromatique. De toute façon ces aventures, si flatteuses pour l'Ille-et-Vilaine, prouvent que la France, comme toute autre nation, peut se montrer réellement météorologique.

***

Et même géologique. Je l'apprends de mon ami N… Il est magistrat à Saint-L… J'ai connu Saint-L… autrefois. C'est un pays où le bonheur, dans mon souvenir, coule comme un lait mêlé de miel ; les jeunes filles y sont plantureuses et regardent passer les trains en appuyant sur la barrière des bras d'albâtre ; le vin est doux, le jambon à la crème, les rillettes à quatre liqueurs ; tout y conspire, dans une facilité dorée, à combler le cœur et à tuer le foie. Ce qui est le bonheur le plus français du monde.

Mais rien ne trompe si bien que l'eau qui dort. Mon ami N... m'apprend de Saint-L... des extravagances africaines. Une couche schisteuse affleurante caractérise le sous-sol du pays. Les conséquences en sont incalculables. Sur ce sous-sol imperméable les précipitations, la réverbération, les évaporations et la condensation entretiennent une humidité que la physique prouve attiédie ; on vit, me dit N..., « dans la moiteur de la Côte-d'Ivoire ». Il en résulte des phénomènes coloniaux. C'est ainsi que sur le coup de trois heures, à l'audience, et en pleins débats, les juges sont pris soudain d'une torpeur africaine, d'un besoin de sommeil irrésistible et pour ainsi dire congolais. Le schiste, la couche affleurante, l'effrayant mystère de l'ardoise ont recréé pour eux par enchaînement d'effets la nécessité de la sieste. Vaincus par la géologie, ils dorment du sommeil du schiste.

L'ardoise endort le magistrat comme le rond de craie endort la poule.

Tels sont les crimes de la géologie.

LES CHAMPIGNONS DU DÉTROIT DE BEHRING

Ardeur du soleil. – Vaches qui broutent. – Immobilité du puy de Dôme. – Du caractère rassurant de la Nature sur les flancs rustiques du puy de Dôme. – De son caractère inquiétant sur les eaux du détroit de Behring. – Et de son aspect surnaturel au bord des rivières brésiliennes. – Champignons du détroit de Behring. – Rareté des mêmes. – Sont-ils métaphoriques ? – Toxicité probable. – Ne cueillez pas de champignons dans le détroit de Behring. – La Nature, c'est des vaches qui broutent. – Grandeur consécutive d'Allah.

Le soleil brille, les feuilles sont vertes, le chien tourne autour des moutons comme une corde autour d'une toupie. Les bergers logent dans des autos sans roues. Elles sont meublées d'un petit banc en bois blanc. Le puy de Dôme s'élève à l'horizon ; et s'étale en même temps ; il s'élève et s'étale ; comme une vache à deux bosses ; comme un grand presse-papiers. J'ai demandé ce que c'était que la Nature à mon petit cousin Bertrand ; il m'a dit : « C'est des vaches qui broutent. » On ne saurait mieux exprimer la chose. La Nature est en plein rendement. Dans les lacs, les hommes s'évertuent à imiter les mouvements de la grenouille ou à voguer sur des canards en plastique jaune. Telle est sa vie ardente au sommet des montagnes. Telle est la Nature éternelle, du moins sur les flancs du puy de Dôme : la Nature, c'est des vaches qui broutent ; ou, d'autres fois, c'est des moutons.

De toute façon elle est pastorale, sylvestre, agricole, immobile. Elle rumine avec des yeux vides. En regardant la plaine frottée de bleu.

Au lieu qu'ailleurs elle est en plein délire. Cosmique et intersidérale. Il y a d'abord cette histoire incroyable des champignons du détroit de Behring. On a pu lire dans toute la presse l'aventure de ces malheureux qui avaient été surpris par des brouillards opaques, alors, disent les journaux, qu'ils « cueillaient en kayak des champignons dans le détroit de Behring ». Le champignon du détroit de Behring est une espèce extrêmement rare. Des voyageurs m'assurent que le détroit de Behring roule une eau noire semée de banquises, plus fertile en naufrages illustres qu'en morilles ou en mousserons. Mais peut-être « cueillir les champignons dans le détroit de Behring » est-il quelque proverbe russe intraduisible en bon français. La chose n'en est à première vue que plus inquiétante.

Je n'aimerais pas qu'on m'envoie cueillir au clair de lune des champignons dans le détroit de Behring.

Ailleurs, c'est un Martien qui est venu voir un pêcheur. Au Brésil. Le pêcheur pêchait, quand il vit un Martien qui le regardait faire. Ce Martien mesurait zéro mètre soixante-dix et s'exprimait dans le meilleur portugais. Il avait de gros yeux globuleux. Et lumineux. Il remit au pêcheur une carte de visite en pierre de lune, et disparut. (On analyse la carte en pierre.)

Ces choses confondent l'esprit. On n'y croirait même pas si le Martien n'avait expliqué qu'il faisait partie de l'équipage d'une soucoupe volante. Et s'il n'avait été si petit, avec des yeux si globuleux. Les gens qui viennent d'étoiles lointaines, les lecteurs de journaux le savent bien, ont tous des yeux extrêmement globuleux. (Et une corne au sommet du crâne : du moins quelque chose qui dépasse ; comme un tortillon de béret basque.) Et ils sont tous très petits, avec des pieds palmés. Mais cette histoire ne prouve pas pour autant que les Martiens parlent portugais. Celui-ci n'est peut-être qu'un cas très rare : quelque professeur de langue vivante.

Et puis le pêcheur s'est peut-être trompé. Peut-être son « Martien » venait-il tout simplement de Jupiter ou même de la Lune.

Quoi qu'il en soit, il se passe des choses épouvantables, et je ne conseillerai à personne de cueillir des champignons dans le détroit de Behring.

Il y en a assez en Auvergne.

La Nature est une vache qui broute.

Et c'est ainsi qu'Allah est grand.

LES ÉVÉNEMENTS DE NOVEMBRE

Jour des Morts, Armistice, prix Goncourt. – Enfants de Novembre. – Abominable Homme des Neiges. – Frères siamois roux dans un coffre-fort californien. – Inquiétude consécutive de la clientèle. – Promenoir de Paris, *de Patrick Waldberg. – Caractère fantastique des appareils à billes. – Bar de l'oiseau qui s'appelle Paul. – Nécessité de regarder derrière la caisse. – Aventure du marchand de poussière. – Grandeur consécutive d'Allah.*

Voici novembre avec ses tombes et ses croix blanches. Le cerf traverse le lac, les chiens nagent derrière lui comme sur l'image du calendrier des Postes. Le cor des chasseurs répond au clairon de l'Armistice. Leur fanfare s'éteint dans les bois. Voici novembre avec son prix Goncourt et ses enfants du Capricorne. Les astrologues assurent qu'ils seront audacieux, léthargiques et monumentaux, comme les géants qui sont sculptés sur les falaises de l'île de Pâques. La mer, les oiseaux, les saisons passeront sous leurs yeux sans déranger leurs songes. Une fois par an, liés au mouvement des étoiles et emportés dans l'univers par la rotation de la Terre, ils feront le tour complet du Soleil. Ils y mettront même toute l'année. Tantôt la tête en haut, tantôt la tête en bas. Voilà pourtant à quoi se résume la vie humaine. A un toboggan de fête foraine, au Grand Huit, à une course en sac. Le vieillard le plus délabré, le notaire le plus solennel, la mère de famille la plus digne tournent comme un cheval de bois peint entre la Lyre et la Grande Ourse dans les ténèbres constellées ; je dis la jeune fille la plus pâle, l'unijambiste le plus timide, le bébé le plus constipé. L'homme le plus sédentaire se déplace en moyenne, à mi-chemin de l'équateur et du pôle, à huit cents kilomètres à l'heure, et meurt dans l'espace infini à des milliers de millions de kilomètres de l'endroit où il était né. Il n'est pas plus fier pour autant, et se dispute avec son semblable à propos d'un dixième de seconde sur un parcours de cent mètres à pied. En petit caleçon. Pour se dépêcher. En même temps il poursuit le yéti. C'est l'Abominable Homme des Neiges : il a des griffes et du poil aux yeux. Il faut aller le taquiner à plus de sept mille mètres d'altitude car il ne descend jamais au-dessous. C'est pourquoi on dort si tranquille à Capdenac, à Longjumeau et dans la banlieue marseillaise. Sir Edmund Hilary va bientôt l'attraper. Déjà il a vu ses empreintes. Déjà Louis-Ferdinand Hoff, qui travailla pendant trente trois ans dans les chemins de fer du nord de l'Inde, l'a tenu au bout de son fusil, près de Kalimpong, dans la lumière des phares (le yéti s'était dressé « dans la lumière des phares »). « Ne tirez pas, dit le chauffeur sherpa, ne tirez pas, sahib, c'est un homme ! » Et peut-être, en effet, n'était-ce que le laitier ? Mais non, il paraît bien que c'était le yéti lui-même. On le disait gigantesque, il n'a pas plus d'un mètre ; c'est un Pygmée. Il a disparu dans les bois. Un beau jour il y mettra le feu.

C'est ce qui prouve bien qu'on ne devrait pas laisser circuler sur les routes tant d'étrangers inidentifiés. On a photographié sa trace. Elle révèle qu'il a des doigts de pied. Tous les journaux s'en émerveillent. C'est pourtant bien leur place normale : les orteils se portent au pied. D'autre part on a découvert à Watsonville (Californie), à l'intérieur d'un coffre-fort de la Pajaro Valley Bank, dans une valise qui leur servait de cercueil, deux bébés siamois aux cheveux roux, mort-nés, unis par la poitrine et merveilleusement conservés, qui avaient été embaumés quatorze ans *avant* leur naissance (et autant avant leur trépas). L'acte de décès est de 1922, le certificat de l'embaumeur remonte, lui, à 1908. Ce qui ne simplifie pas les choses. La science et la police se perdent en conjectures. La clientèle se désaffectionne. Elle est inquiète. On n'aime pas voir des bébés roux qui se tiennent par la poitrine naître tout seuls dans des coffres-forts.

***

Pour se remettre de tant d'émotions on lira *Promenoir de Paris*. De Patrick Waldberg (au *Mercure de France*). Cet Américain sait Paris mieux que ne le savent les Parisiens et trouve le moyen de parler de tout sans répéter aucun des clichés en usage. Comme Mac Orlan, dit Headens, il aime les trottoirs ténébreux où se reflète la féerie de minuit. Il a l'œil de Léon-Paul Fargue. On trouvera dans ses pages un étonnant chapitre où il décrit les appareils à billes. Le fantastique y naît d'une folle précision : il sait tout de l'appareil à billes, de ses champignons lumineux, de ses ressorts, des déclics, des butoirs, des trous, des images et des chiffres, des sonneries et des ronflements. Et puis, il y a l'histoire d'un petit bar d'Amérique. Où une pie se cachait sous le comptoir. Quand le barman s'absentait, le client, qui se croyait seul, entendait une voix caverneuse qui lui disait : « Vous prenez un verre, Buddy ? C'est pour moi ! » On n'aime pas s'entendre dire ces choses dans une pièce où il n'y a personne. Même si on est très courageux. Et la pie, au bout d'un instant, ajoutait sur un ton tragique : « Comment vous appelez-vous, Buddy ? Mon nom est Paul. Je suis un oiseau. » Le client s'en allait, terrifié.

La vie ressemble souvent à ce bar de l'oiseau Paul. On y boit seul. Et il s'y passe des choses étranges. On ne pense jamais à regarder sous le comptoir. Il y a des moments où il semble qu'on soit assis là depuis toujours. J'y ai vu passer tous mes amis. Je les ai vus entrer par une porte et sortir de l'autre côté. De l'autre côté c'est un cimetière. Le ciel est gris, les croix sont blanches. Ils n'ont fait que traverser la salle. « Mon père était marchand de poussière, dit un proverbe, et un courant d'air l'a ruiné. » Un courant d'air a emporté Pourrat, un courant d'air a emporté Carco. Pourrat et toute l'Auvergne, Carco et tout Montmartre. Tant d'autres. Avec des choses qu'on ne peut pas remplacer. Il y a nécessairement une pie qui s'appelle Paul dans cette histoire. Il ne faut pas trinquer avec elle.

On ne peut pas se douter en entrant que l'oiseau qui s'appelle Paul se cache derrière la caisse.

Le jour des Morts dure toute l'année.

Et c'est ainsi qu'Allah est grand.

PROGRÈS DE LA SCIENCE ET DE L'INDUSTRIE

Antiquité vénérable des tests. – Test du Sphinx. – Mots croisés des généraux chinois. – La « devinette » du grenier devient le « test » du bureau. – Utilité bien grande des tests pour révéler la compétence. – Et même, au besoin, pour la cacher. – Progrès des méthodes « audio-visuelles ». – Télévision. – Perfectionnée, elle donnera le livre de classe. – La tête de l'homme grossit sans cesse. – Preuve par le professeur Mayer. – Bonnes habitudes de la nature. – Grandeur consécutive d'Allah.

Les tests sont vieux comme l'histoire du monde et on peut même dire un peu plus. Le Sphinx lui-même y soumit Œdipe. On les appelait des devinettes, des charades, des rébus ou des logogriphes. La promptitude à les résoudre correspondait généralement à une forme d'esprit qu'on méprisait un peu. Les généraux chinois, il n'y a pas si longtemps, étaient choisis sur des concours de mots croisés. La chose faisait bien rire en France. On y avait adopté, pour juger les esprits sur leur capacité et sur leurs connaissances, toutes sortes d'examens de difficulté graduée, de concours, comme l'agrégation, le baccalauréat, le certificat d'études. Mais l'homme se fatiguant de toute chose, il les a trouvés démodés. Il est allé chercher la « devinette » au grenier, comme on va y chercher les meubles du grand-père quand on est fatigué dessiens. Il l'a baptisée « test », il s'est émerveillé des progrès de son intelligence, qui ne cessent de croître avec ceux de l'industrie, et il a attendu le résultat prodigieux de son innovation incroyable. Elle lui a déjà permis de découvrir deux conscrits d'une intelligence dévorante. En deux ans. Ce n'est pas excessif, mais c'est tout de même un résultat. Sur quarante millions d'habitants, il serait bien étonnant que la France ne contienne pas, dans la masse des gens qui sont peu allés à l'école, au moins une tête par an qui puisse devenir savante. Les vieilles méthodes traditionnelles en révèlent un bien plus grand nombre. Et heureusement! Ce qui est étonnant, c'est que le certificat d'études n'ait pas fait connaître plus tôt ces deux petits pâtres extraordinaires. Sans doute n'y avait-il pas de journaliste à portée.

Je remarque en revanche que la méthode des tests a fait savoir, par une étude graphologique, que le célèbre Henri Poincaré, l'un de nos plus grands mathématiciens, était peu doué pour les mathématiques ; que l'armée a refusé dans les parachutistes le célèbre champion de parachute dont *Match* racontait récemment les records internationaux, ou tout au moins ne l'a accepté qu'à regret. Que Guynemer ne put entrer dans l'aviation que par ténacité et par ruse. Que mon jeune ami Bricou (douze ans) a été refoulé par des tests à l'entrée d'une classe de cinquième, premièrement pour un excès de précocité, et deuxièmement, *vingt jours plus tard*, pour la raison exactement contraire. Que le pape Gerbert, qui était un pâtre du Cantal, a donné son nom à son siècle sans que personne l'eût jamais testé. Que si on avait testé Pascal on lui aurait conseillé le repos, la chaise longue et toute absence de travail cérébral. Et que l'intelligence humaine, qui est bien plus vive qu'on ne le demande pour les tests, a déjà mis au point la façon d'y tricher comme aux examens de nos grands-pères. Enfin, qu'un professeur a livré à mes songes cette histoire qui les alimente quand je songe aux testeurs qui testent les testés: une petite jeune fille rêvait de se faire laborantine ; ses professeurs, gênés de lui dire trop brutalement qu'elle en était presque aussi incapable que de préparer une licence qu'elle trouvait au-dessus de ses moyens, l'adressèrent, par lâcheté, aux orienteurs brevetés. Elle en revint, après auscultation, graphiques, moyennes et procédés « modernes », avec un petit bulletin qui concluait ainsi : « Manque nettement trop de capacités pour la carrière qu'elle envisage. *Nous lui conseillons l'enseignement.* »

***

Ce ne sont pas des choses qu'on invente. Mais c'est faute d'être renseigné. L'enseignement, par les moyens « audiovisuels », va devenir extrêmement facile. Il suffira de tourner le bouton de la « télé ». Un professeur, du haut de l'écran, fera la classe à toute la France. Est-ce réellement une nouveauté ? Très certainement, s'il s'agit de la télévision. Car, s'il ne s'agit que de procédés « audiovisuels » en général, c'est-à-dire, si je ne me trompe, de moyens qui s'adressent à l'oreille et à l'œil, je me demande par quels moyens les professeurs ont enseigné jusqu'à nos jours, sauf avec le sourd et l'aveugle, si ce n'est en s'adressant à l'oreille et à l'œil. Le défaut de la télévision sera d'empêcher l'élève de poser des questions, d'arrêter le professeur quand il ne comprend pas, de revenir sur la phrase qu'il n'aura pas saisie. On pourrait donc perfectionner la chose en imprimant la conférence du professeur, et en la distribuant imprimée aux élèves, ce qui leur permettrait d'y revenir à loisir, de l'étudier, de l'assimiler, de la savoir et de la comprendre. Allons plus loin, rêvons d'avenir ; qui empêcherait de rassembler au sein d'un même ouvrage toutes les leçons sur un même sujet : disons l'histoire ou la géographie ? L'élève aurait alors sur lui une sorte de résumé de toutes les choses qu'il doit apprendre. Quel progrès sur l'écran ! Je propose, à tout hasard, d'appeler « manuels » ces petits ouvrages de rêve que rien n'empêcherait de faire établir par les meilleurs des spécialistes en chaque matière. On pourrait apprendre *n'importe où, n'importe quand*, tout ce qu'on voudrait.

Mais ne soyons pas trop exigeants. L'audiovisuel a des

limites qu'il ne faut franchir que par étapes. Nous avons la télévision, servons-nous-en pour le moment. Rien n'empêchera peut-être, par la suite, d'arriver petit à petit, par progrès successifs, à ces « manuels » dont nous osons rêver ici dans une espèce de vision prophétique.

Le professeur Ernest Mayer, de l'Université d'Harvard, nous assure en effet, dans un très bel ouvrage extrêmement bien documenté, *l'Evolution des espèces animales*, que la tête de l'homme est appelée à devenir de plus en plus grosse.

Il faut donc espérer qu'avec un peu de patience, en laissant faire le temps et les progrès de la science, l'homme parviendra à savoir se servir de ce que nous appellerons, par anticipation, des « manuels », des « livres de classe ».

Quelle époque ! La géographie pourra entrer partout, en tout lieu, à toute heure. La philosophie, en gants blancs, frappera aussi bien aux portes des chaumières qu'au portail des palais gardés par des trabans. La logique elle-même entrera, par la fente de la boîte aux lettres, jusque dans les pensoirs des grands échafaudeurs de réformes pédagogiques.

En attendant, les marronniers fleurissent (la nature a de bonnes habitudes).

Et c'est ainsi qu'Allah est grand.

ZIGZAGS DE L'HOMME

Trajet bref de la vie humaine. – Mais zigzagant. – Méandres de l'Histoire. – Rapidité occasionnelle de la même. – Anthropophages, loup sacristain, vivacité de la reine Constance. – Ame immortelle de l'homme. – Il la roule dans la fange. – Il la transforme en tapis-brosse. – Méfiance de l'homme. – Corde du couronnement. – Courses de buffles et de vieillards. – Les quatorze bonheurs d'Abd-al-Rahman. – « Il faut aux civilisations un minimum d'ingénuité et de barbarie ». – Grandeur consécutive d'Allah.

L'homme vient du singe, dit-on, et il va au cimetière. Telle serait sa zoologie. Que fait-il en chemin ? De tout. Des zigzags, l'école buissonnière. Il se gratte le nez, il se lave les pieds, il fait empailler ses ministres, il accroche des morts aux sonnettes, une fois il a déterré le Pape ; pour le juger ; le Pape avoua tout ce qu'on voulait (c'était Formose, en l'an 896) ; sur quoi on le jeta au Tibre après lui avoir coupé les doigts ; le nouveau Pape en mourut de honte, étranglé par des repentirs. On voit par là que l'homme venu du signe y retourne assez volontiers. C'est pourquoi il marche en zigzag. Il vient du singe, va au cimetière, et en chemin il fait des zigzags. Ces zigzags constituent l'Histoire. Mais d'autres fois, il va tout droit, il court, il fonce, il se bouscule, et il pousse son voisin devant lui, en lui tenant l'épée dans les reins.

Et c'est encore bien plus l'Histoire. Bref on le sent capable de tout. Il faut le voir dans *le Feu de Dieu* (le tome II de l'*Histoire du Monde*, de Jean Duché). C'est un monsieur qui ne se refuse rien. Il tue, il pille, il voit le diable au pied de son lit. Un vrai sabbat. Surtout à la veille de l'an mille. A Tournus, au marché, il vend de la chair humaine. Dans la forêt de Mâcon, sa cabane est remplie de têtes d'hommes qu'il vient de manger. A Orléans le loup sonne la cloche à la place du sacristain ! (Ce n'est pas pour médire du loup ; on sait tout le bien que je pense du loup ; mais enfin..., est-ce vraiment sa place ?) L'homme nous étonne ; il passe sa vie à faire des choses qu'on n'avait encore jamais vues. La reine Constance avait de la vivacité : à Orléans elle attendit le chanoine Etienne, qui avait été son aumônier, sur les marches de la cathédrale, pour lui crever les yeux avec le bout de sa canne avant qu'on le porte au bûcher. En Chine on noie les nouveau-nés : on appelle ça « donner un bain » ou « herser la progéniture » ; un vrai sabbat ! Quand on a lu tout ça, on se demande ce que fait l'homme de son âme immortelle. Il la roule dans la fange, il la traîne dans l'ordure, il s'y racle les pieds comme sur un tapis-brosse. S'il la lave, à peine sèche il en essuie le fourneau. Car c'est pire lorsqu'il se repent ! On a vu un Canaque, père de famille nombreuse, dévorer toutes ses femmes moins une pour se rendre digne du baptême par l'exercice de la monogamie. En un mot il est plein d'idées, et il ne peut rester sans rien faire. Avec ça, un gros appétit. C'est pourquoi l'homme se méfie de l'homme. Il bâtit de hautes tours, et il se cache dedans. Ainsi le pape Grégoire VII. Quand il se réconcilia avec l'empereur Henri IV et accepta de le couronner, car il voyait bien, disait-il, que maintenant c'était l'amour sincère, le vrai *fair play* et les procédés amicaux, il stipula qu'il resterait à l'abri de sa forteresse et ferait descendre la couronne au bon moment avec une corde. On voit par là combien il était avisé.

Quel homme que l'homme ! Une ingéniosité d'enfer, une activité dévorante. Et quand il a une idée dans la tête !... L'Eglise interdisant de répandre le sang, Garin, évêque de Senlis, matraquait l'ennemi avec une masse en plomb. C'est ce qui nous fit gagner la bataille de Bouvines. Le Croisé emportait un chaudron aux Croisades ; son écuyer l'y faisait cuire une fois mort et renvoyait les os en France pour être enterrés au pays. L'Aztèque, menacé par la paix, signait des traités de guerre avec les Cholulas pour être sûr d'avoir des victimes dont le sang, croyait-il, faisait tourner le soleil. Quel homme que l'homme ! Plein d'idées grandioses ! Il a pensé que le vent du nord-est féconde les juments portugaises et il s'est tué pour la première fois le 15 mai 1065 en essayant une machine volante. Une résistance de fer : le roi Jayavarman, qui ne cessait de souffrir amèrement, « car, disait-il, c'est la douleur publique qui fait le malheur des monarques », tint bon jusqu'à l'âge de cent ans malgré les maladies de ses sujets. Quel homme que l'homme ! Une politesse exquise, la religion du Petit Véhicule, les manuscrits d'Ali Boron le signalent tour à tour à notre admiration. Il crée Byzance, Bagdad, Cordoue, la civilisation chinoise. Il fait prendre des brevets de « chatouilleur juré » pour chatouiller la plante des pieds, élargir les avenues pour y faire circuler des courses « de buffles et de vieillards », il jette les jolies filles au fond d'un précipice, il reproche à sa femme de n'avoir pas eu d'amants. Lisez Duché : vous y verrez mourir Byzance, naître la Suisse et nier Guillaume Tell.

Tels sont les zigzags de l'Histoire.

Quelle est la leçon de cette aventure ? Au bout de tant de peines, l'homme trouve-t-il le bonheur ? Le calife Abd-al-Rahman, qui régna cinquante ans dans une félicité parfaite, compta pendant le même temps quatorze jours de bonheur. Il le dit dans son testament. Le bonheur apparaît donc rarement dans l'histoire naturelle de l'homme. C'est une culture ingrate, comme celle de l'asperge dans un terrain où domine le mâchefer. On fera sagement de chercher autre chose.

En revanche, il y a eu de belles civilisations. Elles ne se sont pas gardées toutes seules. Elles ont même rarement survécu. « Il faut aux civilisations pour survivre un minimum d'ingénuité et de barbarie », un veilleur et des sentinelles.

Dès que l'ingénuité baisse et que les crocs s'émoussent, on achète les sentinelles et le mur s'écroule sur le veilleur chloroformé.

Le public applaudit, le vainqueur donne des fêtes.

Et c'est ainsi qu'Allah est grand.

DÉSORDRE LYRIQUE DE NOTRE TEMPS

Je chanterai les timbres et les lacs, l'idée de la jambe de bois, les fruits du Maloukow, les femmes-serpents et les merveilles de Paris.

***

Cette chronique qui a pour but de refléter le beau a beaucoup trop négligé jusqu'ici de refléter le timbre-poste. C'est pourtant lui qui donne le portrait le plus sûr de la Quatrième République.

Le timbre-poste est au confluent non pas du vrai, du beau, du bien, mais de l'inutile, du poétique et des obligations postales. Il est inutile comme le beau, il est poétique comme le songe, le chiffre et la spéculation. On n'a pas encore pu trouver à quoi il sert exactement : les uns le collent sur des cartes postales, d'autres sur des albums ; d'autres encore l'exposent, d'autres le fourrent en vrac dans des enveloppes jaunies, d'autres le vendent au kilo. On est allé jusqu'à penser qu'il guérit la tuberculose ; des enfants ornés de drapeaux et de médailles de carton habilement retenues par des épingles à des ficelles de pâtissier en proposent qui atteindraient ce but. Peut-être en fait-on des tisanes. Bref la situation reste obscure, le timbre-poste inexpliqué.

Et pourquoi le collectionnez-vous ? Parce que c'est un sport difficile, parce que c'est une chose exaltante, parce que ce timbre, comme le lièvre de Pascal, vous cache la mort. Le « Tasmanie triangulaire orange », le « Guyane zébré à surcharge » vous dissimulent votre tombeau de marbre noir, y compris la couronne de céramique gaufrée et l'ange de perles à bicyclette, article le plus vendu de la dernière saison. Et d'abord le nom est grandiose. On ne trouve plus beau que dans les lapins et les choux-fleurs des catalogues. Mais bientôt le jeu devient trop simple. Il faut le corser. C'est le rôle du génie.

Le génie de l'homme s'est donc vautré dans l'invention de la « carte postale maximum », qui est une carte dont l'image est la même que celle de son timbre, à la condition que le timbre soit collé du côté de la vue : cette disposition cache encore mieux la tombe. Elle donne le droit de faire partie du *Club maximaphile*, où tout le monde s'applique à coller des timbres pareils à des cartes sur des cartes pareilles au timbre. Soif de record, besoin de prouesses, appétit de la chose incroyable. L'homme est un animal vraiment métaphysique, autrement dit un petit compliqué.

Plus qu'on ne pense, car il y a aussi le timbre qui ne ressemble à la vue que par le thème : carte de l'Australie, par exemple, sur une photographie de Sidney. C'est ce qu'on appelle l'analogie, dont les champignons se trouvent groupés dans l'*Association analogiste*, internationale comme l'art et comme l'*Union maximaphile*, dont le siège se trouve à Dijon. Elle prouve qu'on peut se cacher la mort presque aussi bien avec l'analogie qu'avec la ressemblance parfaite, qui n'est en somme qu'un cas limite. Pourquoi la carte seule peut-elle être maximum ? et l'enveloppe seule analogique ? Dieu et l'éditeur savent ces choses. Où serait le plaisir si on les connaissait ?

Toucher au timbre, c'est toucher au mystère. M. de Speratti en faisait d'extraordinaires, tout pareils aux plus beaux, aux plus rares, aux plus chers (les experts eux-mêmes s'y trompaient). Pour ne pas payer les droits de douane, il fallut qu'il prouvât que c'était lui qui les faisait. On le punit d'être si habile. Mais les marchands lui firent une rente bien méritée pour l'empêcher de mettre ses timbres dans le commerce, et finalement il doit être satisfait, mais est-on sûr qu'il tient parole ? Son ombre influence le marché.

On ne sait jusqu'où ira le timbre. En dernière heure, on le veut imaginaire ; ce sont collections de poète, de fantôme ou d'historien fou, aventures de la Série verte. Le monde est aux ordres du timbre : l'*Imprimerie nationale d'Autriche* vient de livrer à l'Amérique, sur une commande de la firme Stolow qui avait fait éditer les timbres de Corée, quarante-cinq séries de timbres-poste de la République de Maloukow (Moluques du Sud) que les collectionneurs s'arrachent. Et ce qu'il y a de beau dans cette histoire, c'est que l'Etat de Maloukow n'a jamais existé.

On va être obligé de créer cet Etat pour justifier ces timbres-poste. Autrefois l'Etat faisait les timbres : maintenant le timbre fait les Etats.

Les fleurs, les fruits, les kangourous du Maloukow, tels que les représentent ces timbres étonnants, sont parmi les plus beaux du monde.

***

Le magnifique est plus grand que le beau. Sauvons les droits du magnifique. Nous apprenons en dernière heure, par une information du journal *la Montagne*, que « la femme n'est plus une inconnue ». Son équation est résolue. C'est grâce à M. Buytendjick, qui est un professeur hollandais. La femme ! qu'on y pense bien ! Cette urne de mystère, ce vase de machiavélisme, ce gouffre, ce sphinx, ce serpent ! La femme, dont le dernier trait nous fait encore frémir !

Car c'est elle qui a scié la jambe de M. Carrère ! ou plutôt qui l'a encochée comme une taille de boulangerie. M. Carrère, ancien gardien de la paix, unijambiste et père de huit enfants, reposait, pour moitié, sur une jambe de bois. A l'ombre de cette jambe de bois, couvert en somme d'un alibi par un membre si rassurant, M. Carrère courait le beau sexe et y laissait, assure Mme Carrère, le produit des allocations, au lieu d'en acheter comme tout le monde une motocyclette à deux places telles qu'on les fait maintenant, belles comme le bloc-évier. Un jour, descendant l'escalier, M. Carrère fléchit sur sa jambe. Il l'ausculta et devint pâle ; il s'aperçut qu'on l'avait sciée jusqu'au milieu. Il remonta et s'engouffra dans la cuisine. Ensuite il se fit un grand bruit.

M. Carrère, outre le divorce, demande un attendu spécialement infamant pour flétrir la perversité de l'imagination de sa femme.

Ceux qui douteraient de cette histoire (on hésite devant l'incroyable) peuvent voir chez M. Godard, qui plaide la cause de M. Carrère, sur une cheminée de marbre noir et reflété dans une glace Louis XVI, le membre en bois de M. Carrère. Il témoigne, il accuse, il pense, il se souvient.

Il reste à prouver à Mme Carrère qu'elle voulait s'en servir vraiment pour marquer le pain.

Voilà la femme ; la femme dont Nietzsche, clairvoyant, ne parla jamais que comme d'un serpent et d'un abîme percé seulement (qu'on excuse cette image) par les Racine, les Bourget, les Gyps, les Zola, que sais-je ? les Octave Feuillet ! Nietzsche, entouré de sœurs et de logeuses sacrifiées, de cousines au grand cœur qui reprisaient ses chaussettes et sucraient son café au lait, avait prévu Mme Carrère, la femme-vipère, la femme-ténèbre, résumons-nous : le serpent qui scie les jambes de bois. M. Buytendjick comble l'abîme. Désormais la femme n'a plus de gouffre. Il a supprimé la femme-serpent.

⁂

Nouvelles de la Littérature. – L'Opération Qualité fait rage : « Qualité aux plus justes prix. » La Triperie du Panthéon, rue Malebranche, a exposé à sa vitrine, dans un grand désordre lyrique, un Panthéon en ris de veau et en rognons. Rue Cadet, un marchand de jouets a exposé ses cages à mouches. Elles ne coûtent plus que 20 francs au lieu de 25 francs.

Ainsi s'affaisse le prix de la vie, et nous pourrons acheter des livres.

OÙ ALLONS-NOUS ? À PROPOS DE L'ENQUÊTE DE JULES ROMAINS

Où allons-nous ? – Opinion des affiches. – Opinion de Hugo. – Opinion de ma grand-mère. – Opinion des sages d'Amérique. – Opinion de la gendarmerie. – Grandeur consécutive d'Allah.

Où allons-nous ? Si j'en crois les affiches, nous allons aux *Galeries du Progrès réuni* parce qu'on en revient comblé d'acquisitions qui sont autant de cadeaux d'un marchand philanthrope ; ou chez Dupont, parce qu'il « habille mieux ». Mais enfin les affiches ne se proposent pas de répondre à l'angoisse humaine. Cherchons ailleurs.

*
**

Où allons-nous ? Hugo pensait que nous allions vers la fraternité des peuples et vers la paix universelle ; Veuillot vers la domination du moujik et le cheval du Cosaque qui boit dans la Seine. Hugo passe pour un penseur, pour un prophète pacifique, Veuillot pour un sectaire borné. Mais peut-être allons-nous vers les deux en même temps ? La coexistence prouve que la guerre et l'état de paix peuvent fort bien coexister pacifiquement.

*
**

Où allons-nous? Ma grand-mère en était fort curieuse. Elle se le demandait souvent. En même temps, elle levait les deux bras vers le ciel. Ensuite, elle hochait la tête et revenait, soulagée, de l'abîme entrevu, car elle se rejetait dans la conversation avec une passion décuplée. Au besoin, pour se soutenir un peu après des visions si tragiques, elle prenait une pastille Valda ou acceptait un doigt de porto si elle se trouvait en visite. Vingt fois par jour, elle s'interrogeait ainsi ; vingt fois par jour elle montait à sa tour, inspectait l'horizon, découvrait des ténèbres où se perpétraient des catastrophes, et revenait à ses occupations d'une âme égale et même rassérénée. Elle vécut à la proue de notre civilisation, à l'affût de tous les récifs, comme une sentinelle avancée et généralement pessimiste. C'était plus beau quand elle avait le chapeau à plumes parce qu'en hochant la tête elle était obligée de hocher également les plumes, ce qui amplifiait et magnifiait l'oscillation. On eût dit que l'angoisse humaine se balançait dans le vent du soir comme un arbre exotique aux couleurs éclatantes. C'était bien plus majestueux.

Frivole cerveau, je n'en avais cure. Son angoisse me laissait indemne et ses abîmes ne me donnaient aucun vertige. D'ailleurs, sa santé me rassurait ; si elle avait été réellement bouleversée, sa capacité d'émotion n'aurait pu suffire à tant de chocs : elle se demandait où nous allions à propos de tout, du bourreau d'enfants, de l'emprunt russe, d'un œuf pas frais et de la livre de beurre qui venait d'augmenter de deux sous.

*
**

Où allons-nous? Les clients du *Café du Commerce* se le demandaient comme ma grand-mère dans ma jeunesse, avec une éloquence aidée par les alcools. Les humoristes en riaient bien. Et pourtant nous y sommes allés ; et même plus loin qu'ils ne le disaient sans le croire eux-mêmes ; nous n'y allons plus ; nous en revenons.

*
**

Où allons-nous ? Le poids de la question dépend de la densité de celui qui la pose. Si M. Dupont demande : « De quoi s'agit-il ? », il se fait prendre pour un ahuri ; si c'est le maréchal Foch c'est parole de grand homme. On lui en fait une auréole. Il y a des banalités de deuxième classe et des banalités galonnées.

Quand ma grand-mère se demandait où nous allions, ce n'était qu'une clause de style, un réflexe à la fois machinal et pompeux, une façon de dramatiser le sujet pour lutter contre l'engourdissement. Quand Jules Romains se le demande, est-ce différent ? (Il vient précisément d'en faire tout un ouvrage.) C'est extrêmement différent parce qu'il se pose la question en académicien d'abord, ce qui ne serait pas tellement dire, en ancien élève de Normale, ce qui annonce de la logique, et surtout en cosmopolite qui dispose d'éléments de réponse. La gloire qu'il doit en Amérique, comme aurait dit M. Prudhomme, à son immense célébrité (qui n'a vu *Knock* ? Les élèves d'Amérique commentent des textes de Romains) lui permet de fréquenter de façon familière des gens qui savent de première main de quel côté nous risquons d'aller parce qu'ils sont eux-mêmes responsables de la direction que nous avons prise : disons Oppenheimer, l'un de ceux qui ont fait la bombe atomique. Il s'en est servi parfaitement.

A vrai dire, on sent peu l'angoisse d'où procède la question de Romains. L'inquiétude de Pascal était plus contagieuse. L'angoisse de Romains reste, à moins que je ne sente mal, purement théorique, cérébrale. Mais je suis loin de lui en faire grief. Ce qui ne serait qu'émotion en de telles matières ne provoquerait que blablabla. Si la question échappe à la vulgarité, c'est qu'elle échappe à la déclamation. Un chirurgien opère sans larmes vaines. Un enquêteur consigne des résultats.

A quelles conclusions parvient-il ? A la nécessité

d'une sorte de Conseil des Sages qui oriente et guide les progrès. Nous sommes menacés par la guerre, l'« emballement » du progrès matériel, la diversité des cultures, les solutions retardataires du communisme-religion. Nous ne pourrons nous en tirer que par la culture générale. Ce n'est pas la conclusion de l'Europe. C'est la conclusion de l'Amérique, de ceux-là mêmes qui sont fait naître le mal!

« Quelle leçon pour nous, écrit Romains, qui avons la faiblesse de douter de notre tradition humaniste! Quelle leçon pour les saboteurs et démolisseurs, chez nous, de ce qui reste de culture classique, cette culture qui précisément avait pour objet de mettre les jeunes esprits en contact avec les sages d'il y a deux mille cinq cents ans, avec d'immortels spécialistes non de la machine à laver et de la fusée téléguidée, mais du souverain bien. Nos saboteurs et démolisseurs auront quelque embarras à hausser les épaules. Car tout de même Oppenheimer n'est pas une de ces quantités négligeables que sont les littérateurs, les poètes. Il passe pour avoir assez bien réussi dans une spécialité qui a su se faire prendre au sérieux. »

Lisons Romains. Et puis allons du bon côté. C'est celui de la grammaire latine. « Où allons-nous? » demande le gendarme, dans un film, à son brigadier. « Je ne sais pas », répond le brigadier. Il ajoute: « Allons-y franchement. »

Tout est là. C'est la grande méthode.

Et c'est ainsi qu'Allah est grand.

IV

LES MOTS, LES ARTS ET LE TEMPS

AUTANT EN APPORTENT LES MOTS

Plaisirs de l'esprit. – Avantages du même. – Occupations de l'homme spirituel. – Ambition d'un Hollandais triste. – Malheurs du mulet dans les Alpes. – Caquetages du passé. – La volière de l'esprit. – « Mémoires d'une coquille vide ». – « Mensonge suit ». – « Tout finit par finir. » – « C'était le bon temps, j'étais bien malheureuse ». – « Mme veuve Durand, née Balzac ». – Comment n'être pas maréchal de France. – Grandeur consécutive d'Allah.

On a bien tort de ne pas avoir d'esprit, c'est la plus jolie chose du monde. Un homme sans esprit n'est qu'un sot. Un homme d'esprit fait plaisir à tous. On le réclame dans les banquets de noces et les réunions de société, il chante les chansons à la mode, il fait des calembours, il met une fausse moustache, il verse du « fluide glacial » sur la chaise de sa belle voisine ; mille facéties qui répandent la gaieté. C'est pourquoi il y a tant d'ouvrages qui enseignent l'art d'être un homme joyeux. J'ai même trouvé à La Haye une grammaire franco-italienne comportant une partie spéciale pour les « reparties spirituelles » et les « saillies ingénieuses ». Dans les mains d'un monsieur lugubre qui essayait de les apprendre par cœur. Il ne savait pas, à vrai dire, le français, mais croyait savoir l'italien.

Peut-être est-il devenu un joyeux boute-en-train à Doordrecht ou à Rotterdam. Mais je crois qu'il ne s'est jamais douté qu'il apprenait des plaisanteries du XVIe siècle. Car le livre, réédité à l'époque de Napoléon, datait tout de même de Henri III ou Henri IV, et le texte n'en avait subi aucune espèce de modification. Il enseignait « ce qui se dit le matin » et « ce qui se dit le soir », dix pages d'insultes « pour se brouiller », deux ou trois « pour se réconcilier » et la manière d'écrire une lettre commerciale... Que dit-on le matin? « Champagne, apportez-moi céans mon pourpoint et mon livre d'heures. » « Je fis hier avec le chevalier un reversis où je perdis vingt pistoles. »

Car ce livre comptait encore en pistoles et livres tournois. Le ton en était de la distinction la plus hautaine mélangée des pires grossièretés. Les insultes pour se brouiller auraient fait rougir un sapeur. Les lettres commerciales ne parlaient que de mulets qui s'étaient cassé les tibias et qui avaient roulé dans l'abîme en essayant de franchir le col du Saint-Bernard pour porter du papier d'Ambert aux Milanais. C'était une affreuse hécatombe. Mon Hollandais, à la réflexion, s'il a appris toutes ces belles choses, doit bien faire rire en société. Mais peut-être se demande-t-on pourquoi il calcule en pistoles au siècle du bond dans la Lune, et pourquoi toutes les allusions de ses « reparties ingénieuses », à l'époque de Fernandel et de Mao Tsé-toung, se rapportent au duc de Guise ou à M. de Coligny.

Quoi qu'il en soit, il est bien doux de savoir où puiser l'esprit quand on en manque. Nos aïeux en ont eu pour nous. Marie-Charlotte Pedrazzini et Jeannette Gries nous rapportent dans un petit livre tout ce qu'ils ont dit de beau en trois mots depuis le règne du roi Henri. Il en résulte un pépiement de volière dont on garde la nostalgie. Un passé plein de la voix pointue des grandes dames et des diplomates. Des caquets du XVIIIe siècle. Du rire énorme de Daudet. Préfacé par Gaston Bonheur, partout présent où se trouve la poésie. Car elle est là, un peu mélancolique, comme sur une scène où la pièce vient de finir. Désormais, en effet, nous dit Gaston Bonheur, « ce sont les choses qui ont pris le pouvoir. Et les choses n'ont pas d'esprit. Le cocher avait de l'esprit et non l'automobile. La lavandière et non la machine à laver ». « Ces jacasseries délicieuses » (que réunit *Autant en apportent les mots*), « c'est la mémoire d'une coquille vide ».

Elle se rappelle des mots charmants, souvent féroces, toujours drôles et parfois profonds.

C'est le jeune Jean de Molignon qui télégraphie à une dame : « Impossible venir. Mensonge suit. » Voilà pour la désinvolture. C'est Mme du Deffand qui dit des revenants : « Je n'y crois pas, mais j'en ai peur. » Voilà pour le doute scientifique. C'est ce jeune abbé qui déclare froidement : « Moi, Monseigneur, pour l'humilité, je ne crains personne. » Et voilà pour la modestie.

Veut-on des choses profondes ? Voici Ninon de Lenclos qui dit, à l'agonie : « Bah ! je ne laisse que des mourants » ; voici Sophie Arnould qui se rappelle sa jeunesse et ses orages, et ses tourments : « *C'était le bon temps*, dit-elle, *j'étais bien malheureuse* » ; c'est peut-être le plus joli mot du recueil. Il rappelle à l'esprit les vers d'Apollinaire :

Tu pleureras l'heure où tu pleures
Qui ne durera qu'un moment.

« Tout finit par finir », dit Rémo Forlani, et la fin est toujours une fin, que ce soit celle des peines ou des joies.

Mais trêve de philosophie. Barbey d'Aurevilly disait du mal d'une pièce. « Mais le public l'adore ! » lui dit-on. « Il est bien le seul », répondit-il. C'est ce qu'on appelle être péremptoire.

Et qui ne rirait du mot de Léon Daudet, à la Chambre des députés, un jour qu'un orateur (qui ne pensait pas comme lui) pataugeait dans ses arguments : « Monsieur le Président, dit-il au président de la Chambre, permettez-moi d'emporter monsieur à la maison afin d'amuser nos enfants. »

Qui ne serait ravi d'Yves Mirande, qui ne payait jamais ses dettes, mais marchandait ignoblement le prix d'un costume à son tailleur « pour que cet homme y perde moins » ? Le raisonnement parut à son patron si beau et si philanthropique qu'il paya le costume pour Mirande.

Qui ne se réjouirait de voir Mme Fallières, la femme du président Fallières, se tourner vers le roi d'Angleterre au cours d'un dîner officiel et lui demander en montrant le prince de Galles : « Et que comptez-vous faire de votre grand garçon ? »

Qui ne serait horrifié de l'abominable histoire de M. de Marcellus et de son chapelain ? M. de Marcellus, en effet, était si entiché de noblesse qu'il ne prenait la communion qu'avec des hosties *à ses armes* (on y imprimait son blason). Quand un jour, ces hosties manquant, son chapelain le communia avec une hostie ordinaire en s'excusant par ces mots incroyables : « A la fortune du pot, monsieur le comte. »

Sur quoi on peut tirer le rideau.

Que de comédies, de drames, de caractères, d'histoire de France, d'histoire tout court derrière ces mots ! Que de traits d'époque ! C'est Metternich disant : « L'homme commence au baron. » C'est Balzac auquel on écrit : « Mme veuve Durand, née Balzac », pour ne pas risquer de trahir son adresse (il se cachait de ses créanciers). Que de drôlerie ! et, parfois, de panache ! Comme Louis XV disait au duc d'Uzès qu'il était étonné que nul homme de sa famille n'eût été maréchal de France : « Sire, répondit le duc d'Uzès, c'est que nous nous faisons tous tuer avant. » Il fallait avoir le droit de le dire.

Et c'est ainsi qu'Allah est grand.

L'HIVER À VOL D'OISEAU

Douze sangliers, le 4 novembre, ont envahi le bourg du Neubourg en Normandie. On en a tué tant qu'on voulait. A coups de bâton, à coups de torchon, à coups de serviette. Le plus maladroit est entré lui-même chez le charcutier. Quatre ont réussi à s'enfuir.

⁂

A Tokyo, M. Musraki est allé se plaindre à la police qu'on lui avait volé sa maison. Elle se trouvait au cœur d'un quartier commerçant. Un matin, il ne l'a pas retrouvée. C'était une maison de deux étages. La police la cherche en vain. Des ouvriers l'ont emportée en petits morceaux pendant la nuit.

Le Français moyen, de son côté, ne retrouve plus ses comptoirs de l'Inde. Il semble, en cherchant bien, qu'ils aient été perdus en septième page d'un quotidien, en petits caractères. Les gros ont servi pour la une : nous y « conquérons l'Amérique ».

⁂

Il y a eu un procès Oberg. Cet Oberg avait fait bouillir, ou cuire, ou gazer des centaines d'hommes. On ne pouvait pas le punir : il en avait reçu l'ordre ! Il paraît qu'on ne trouve pas dans l'arsenal des lois une loi qui punisse un gangster qui obéit à son chef de bande. Les juges s'en grattaient la tête. Or, dans le règlement militaire allemand, dans le règlement de Guillaume II, il y a une clause, non modifiée par le règlement hitlérien, qui autorise un militaire à refuser l'obéissance s'il reçoit un ordre contraire ou bien à sa conscience, ou bien au droit des gens (je ne me rappelle plus le terme exact. C'est l'un des deux). Je le sais pour l'avoir entendu de mes oreilles, de la bouche d'un juge militaire, un juge de la marine allemande, qui fut interrogé là-dessus à Hambourg, par les Anglais, lors du premier des grands procès pour crime de guerre navale. Pourquoi aller chercher plus loin ?...

Mais les Anglais sont plus forts que nous. Au procès des bourreaux de Belsen, à Lunebourg, ils s'étaient donné le luxe de faire venir d'Angleterre un professeur des plus considérables, un juriste connu du monde, pour se faire dire qu'ils n'avaient pas le droit de juger des gens qui tuaient en série, car ces gens-là obéissaient. Ce n'était pas leur faute si leur chef était fou. La thèse du savant professeur établissait le droit de tout faire à condition d'être gouverné par un sadique. Cent belles choses que les juges britanniques écoutèrent avec gravité ! Les juges de Sa Majesté furent subtils, sportifs et pratiques comme dans une fable d'Esope. Ils décidèrent que le professeur aurait le droit de parler aussi longtemps et aussi fort qu'il le voudrait ; nul ne l'empêcherait de parler toute sa vie. Loin d'eux l'abominable idée d'étouffer la voix sacro-sainte de la conscience universelle. Pour lui laisser toute latitude, ils décrétèrent même que l'illustre juriste parlerait après le procès. Sur quoi ils pendirent les coupables ; ensuite, assurant leur perruque au moyen d'un petit élastique, ils écoutèrent le reste avec recueillement.

Quoi qu'il en soit, l'*Orientation nuptiale* continue à faire circuler sa décourageante propagande en faveur du mariage sans sel et sans danger. C'est un organisme étonnant qui sélectionne les âmes complémentaires, les cœurs vraiment faits l'un pour l'autre, par des méthodes quasi mathématiques « qui ont fait leurs preuves dans l'industrie ». Elle les complète par des tests infaillibles :

il suffit de souligner dans une liste de choix ceux des mots qui vous font vibrer à propos de projets conjugaux (« enfer », « vert pomme », « éléphant », « Amérique ») pour savoir l'adresse de l'âme sœur.

Mme Suzanne Lilar, femme d'un ministre belge, livre le secret de la poésie dans le *Journal d'un analogiste* : la poésie est en spirale, le nombre d'or est dans le tire-bouchon.

Devant une actualité si riche et un tel bouillonnement de l'esprit, le musée Grévin a décidé de conserver son rayon « Pensée ». M. Larousse y restera donc dans sa vitrine : la deuxième à gauche en entrant.

On sait qu'il y a au musée Grévin deux divisions : celle des sujets éphémères (le Négus, Lapébie, Hitler, Violette Nozières — autant en emporte le vent) et celle des sujets éternels : parmi ceux-ci, M. Pierre Larousse en train de Penser, entre le radeau de la *Méduse* et Mme Edith Piaf au Vélodrome d'Hiver. Car il y a penser et Penser. M. Pierre Larousse pense avec force, j'oserai dire professionnellement. Le radeau de la *Méduse,* qui a le n° 1, prouve que l'homme est un roseau, le plus faible de la Nature. M. Pierre Larousse, le n° 1 *bis*, prouve que c'est un roseau pensant. M. Larousse pense avec le geste (comme à l'école, quand on récite les fables, et qu'on en attrape un point de plus) ; il a la main contre la tempe. Il pense par ordre alphabétique, ce qui est encore plus fatigant.

Que pense M. Larousse par ordre alphabétique ? M. Larousse pense le monde entier.

Son dictionnaire assure qu'il est mort à la tâche.

LE CIEL ET LA TERRE

Toits de la Santé. – Mystères du Ciel. – Echelle sur le toit. – Uniformes de la Pensée. – L'astronome a des pieds de grenouille. – Les scaphandriers de l'Infini. – Colette, la Mer, le Printemps, la Femme. – Et aussi la mante religieuse. – Et le sous-préfet d'Oloron. – Chardin. – Lautrec. – Quelle femme ! quel homme ! – Grandeur consécutive d'Allah.

La température est quelconque, Paris somnole et le ciel est gris. D'un gris opaque. On ne sait pas bien ce qu'il y a derrière. A tout hasard, sur les toits de la Santé, on a fait monter une échelle. Contre la tour de la plus haute cheminée. Une cheminée plus haute que la tour de Babel. Et l'échelle la dépasse encore de dix bons mètres. Elle tient par des étais, des cordages, des haubans. On se croirait sur le pont d'un navire. D'un astronef. Dans un décor de *science-fiction*.

Que fera l'homme en haut de cette échelle ? Il se mettra des pieds de grenouille pour étudier l'astronomie. Elle ressemble en effet à ces observatoires d'où il regarde son passé et son avenir dans *Paris-Match*, une main en visière sur les yeux, vêtu d'un bidon d'oxygène, orné d'une blouse de chirurgien, et compliqué d'un masque à gaz dont les yeux ronds et la trompe en spirale lui donnent l'air d'un microbe grossi un million de fois. Tel est le costume des savants d'avant-garde. Ils s'habillent en bacilles de Koch. Du haut de leurs plates-formes inspirées, ils manœuvrent des tubes de cuivre et des morceaux de locomotive, tout un outillage de dentiste qui fonctionne par des engrenages en roulant sur des rails d'acier et en allumant des feux rouges. Ils ne sauraient y tailler un crayon sans se vêtir en parachutistes. Tantôt on les prendrait pour des scaphandriers et tantôt pour des hommes-grenouilles. Car tel est l'homme qui pense sa destinée à l'usage des grands magazines. Il a l'air de tenir le gouvernail de la Terre. Le vent de l'abîme ébouriffe ses cheveux (c'est un reste d'orage qui est né dans la Grande Ourse). Et il interroge l'horizon : « L'homme, d'où vient-il ? où va-t-il ? » « *Aux Cent Mille Chemises* », répondait Frédérique. Et c'est bien la vérité même. Mais, comme elle manque d'astrophysique, on a mis une échelle sur les toits de la Santé au-dessus de la plus grande cheminée. L'homme y sera plus près des étoiles pour sonder l'espace sidéral.

*
**

Colette nous ramène sur la terre, au bord d'une mer « plâtreuse » qui arrive au galop et s'en va d'une glissade sournoise, en laissant des mouettes noyées et des soles d'un blanc « corrompu ». Le vent soulève cette vague, « la creuse, la fouette, la brasse comme une pâte empoisonnée ». Voici le printemps : « des dragées de grêle, des rais de pluie, des passereaux et des flocons de neige, un journal déployé qui vole et tombe mort » ; Colette sait nous montrer la mante religieuse qui se fait un « casse-croûte d'une cuisse de son mari » tout en regardant allégrement le paysage, et l'homme courtois du train de Pau qui a « de beaux yeux de chèvre ». Ainsi peint-elle avec le même bonheur les portraits et les paysages, la mer, le mois de mars, les insectes et le sous-préfet d'Oloron. Toute œil, pareille au microscope ou à la caméra des grands documentaires zoologiques, botaniques et biologiques, elle nous découvre la féerie du quotidien. Un peu froide, dit-elle, devant les films romanesques, elle a « du mal à retenir ses oh ! ses ah ! devant les films documentaires », à *s'empêcher d'obliger ses voisins à les regarder plus « juste » et plus « passionnément »*. Elle est toute là, dans cette observation à la fois juste et passionnée.

***

Tant de génie et n'être qu'un écrivain mineur !

Mais n'est-elle réellement qu'un écrivain mineur ? Chardin est un grand peintre avec une nature morte ! Colette aussi ! Ce qui plaide contre elle, c'est un certain excès de talent, car c'est peut-être là ce qui distingue les petits maîtres ; on les admire tout de suite, on n'a pas besoin de talent, il en faut plus avec les grands : ils font oublier qu'ils en ont. Sans doute, mais il faut dire aussi que le pas n'est pas le même sur un très long parcours. Et si le cheval de Colette marche toujours au pas espagnol, c'est qu'elle est condamnée par un espace trop court (ses Portraits et ses Paysages étaient sans doute conçus comme articles de journaux), à éblouir ou être plate. (Tout cela demanderait d'ailleurs à être médité ; je ne juge pas, je propose seulement des réflexions.)

Mais quel trait ! Quels portraits ! Son amie Valentine « au charme acide de blonde honnête et reluisante » « piquante, pointue et cambrée comme une fourchette de vermeil » !...

Qui fait mieux ? Lautrec ? Est-ce bien sûr ?

Quelle femme ! Quel homme ! Elle n'a de faiblesses qu'herculéennes !

Et c'est ainsi qu'Allah est grand.

CHRONIQUE BIEN FAIBLE DES GRANDS MICMACS

Technique du naufrage en forêt. – Matériau surprenant de l'Arche de Noé. – Places pour le Paradis et billets pour le Ciel. – Tickets roses et tickets verts. – Complications. – Pasteur épouvanté. – Des pingouins de M. Deusorteil. – Et de tout ce qui s'ensuit. – Tout au moins d'une partie. – Enterrement de Luther lui-même. – Au fond du jardin. – Sous une pluie fine. – Grandeur consécutive d'Allah.

On a tort de ne pas lire les livres. Ils sont pleins d'idées magnifiques et de personnages enthousiasmants. Ainsi, dans la *Rue de la Sardine,* ce monsieur qui aime tellement les bateaux et qui ne peut pas souffrir la mer. Et qui se bâtit, en conséquence, un grand navire en pleine forêt. Et qui y vit dans un grand souffle maritime. Et ce bateau est tellement naval qu'il finit même par faire naufrage. Comme au pôle Sud. En pleine forêt. Rongé par certains coquillages qui amènent le naufrage des bateaux. Ce qui prouve que la volonté de l'homme finit toujours par incliner le destin. Que l'homme est dévoré par ses songes. Que la punition de ses désirs est de toujours se réaliser. Mais que dis-je, la punition ? C'était la récompense ! Cet homme rêvait d'un illustre naufrage. Il y arriva jusque parmi les champignons.

Et puisque nous parlons bateaux, se rappelle-t-on ce patriarche rustique qui, dans *Fantasia chez les Ploucs*, rebâtit l'Arche de Noé ? Devant sa ferme. Au milieu des pommiers. Et qui n'y réserve de places qu'aux hommes réellement sans péché. Pour les sauver de l'inondation mondiale. Elle lui a été prédite un jour par un prophète anabaptiste. Un prophète de passage. Mais très autorisé. Aussi ne trouve-t-on plus le patriarche rustique qu'au sommet d'une échelle, en train de clouer sa nef. Seulement il manque de planches. Alors, chez les voisins, il vole des sièges de cabinets. Le trou sert de hublot. Tous les voisins protestent. En revanche l'Arche est très aérée. Elle a l'air d'un gruyère. Les voisins qui persistent ne seront pas sauvés du Déluge. Le patriarche les refuse à bord.

Il y a ainsi des gens, souvent inattendus, qui décident du salut des autres. A Grenoble, il y eut une vieille dame (c'était autour de 1821) qui vendait des places pour le Paradis. Surtout aux bonnes, aux cuisinières, aux valets de chambre. Elle faisait choisir sur un plan. Comme au théâtre. Quand c'était plein, c'était plus cher. Il faudrait rester debout, on ne pourrait pas s'asseoir. On hésitait entre deux mauvaises places ? « Prenez celle-ci, expliquait-elle, vous verrez mieux. » Elle fut dénoncée par une femme qui avait un strapontin d'où l'on entendait mal. Et la chose finit tristement. Les juges jugèrent que la vieille dame n'avait pas le droit de vendre le Ciel. Elle n'avait pas d'autorisation vraiment en règle.

Sœur Gabrielle, dans *la Reine des Pommes,* ne vend le Ciel que par petits morceaux. Mais sur la place publique. Dans une rue de Harlem. Tant d'indulgences contre un ticket rose, tant d'indulgences contre un ticket vert. (Les verts sont plus chers que les roses.) Elle est assise sur un petit pliant. Et elle s'en va dès qu'arrive la police. Comme les tickets ne rapportent pas assez, elle transporte sous ses jupons des revolvers et des mitraillettes. Dont elle trafique avec des gangsters. Elle a une carrure de gorille. On la prendrait pour une négresse. On aurait tort, car c'est un nègre. Elle va se piquer à la morphine, à l'héroïne et avec plusieurs autres drogues dans une espèce d'arrière-boutique assez sordide où elle entrepose à la fois la cocaïne, des mitrailleuses et des tickets pour le Paradis. Elle finit presque décapitée, dans le corbillard automobile que conduit son frère le croque-mort, qui est poursuivi par toutes les autos de la police, et qui a perdu ses freins à la suite d'aventures dont un cerveau normal n'a pas le droit de se souvenir. Disons à la suite d'une Grande Nuit. D'autant plus grande que la sœur Gabrielle est dans le corbillard fou avec douze autres morts, qu'il est mitraillé par des gangsters, que les portes s'ouvrent et que les cadavres se répandent au hasard sur le sol. Sans compter mille autres drôleries. Si bien que le malheureux croque-mort n'a plus d'autre ressource, à quatre heures du matin, que d'aller sonner chez le pasteur de sa paroisse « pour se jeter dans les bras du Seigneur ». « Et vous croyez, répond le pasteur en pyjama, en bégayant d'ahurissement et de stupeur, un filet de bave au coin des lèvres, que le Seigneur va se mêler d'un tel micmac ? » C'est ce qui fait voir qu'une chatte ne retrouverait pas ses petits dans les livres de la Série Noire, et le Seigneur lui-même encore moins.

Ils sont en marge du probable. Le dernier que j'ai lu, *Salut, les hommes,* complique l'aventure de pingouins. De pingouins qu'un M. Deusorteil élève dans un château de style moyenâgeux ; avec donjon, créneaux et clair de lune ; agrémenté de banquises artificielles et maintenu à onze degrés de température, climat idéal du pingouin. Sa maison, à lui, est plus basse. Meublée de mâts totémiques indiens et d'éventails en plumes d'autruche. Il ne s'appelle pas Deusorteil au hasard. C'était le surnom de son grand-oncle peau-rouge, qui avait un orteil double et mille autres vertus. Il fait soigner sa gent pingouine par un ancien montreur de singes qui est devenu triste depuis la mort de Lafayette (c'était le nom de son singe préféré) et qui serait parfaitement normal s'il ne se prenait pour Washington. A telle enseigne qu'il s'est fait faire le même dentier que Washington, en os de morse, avec des ressorts qui empêchent de refermer la bouche, et qu'il ne le quitte que pour parler et pour manger. Le malheur est que ces pingouins ne veulent pas se reproduire. Ils n'en témoignent quelque envie que sous l'influence de certains airs. Encore faut-il que ce soit du Bach. Et que le chanteur ait la voix juste. Et que Martin Luther ne les en empêche pas. Martin Luther est en effet un sévère pingouin janséniste qui ne permet à personne de s'approcher de Cléo (c'est la pin-up de la tribu). Si bien que Cléo tombe amoureuse de l'assassin présumé de la dame du Sheridan, parce qu'il lui chante les airs qu'il faut, et qu'elle ne le quitte plus d'un pouce et le fait reprendre quand il s'évade, poursuivi par le nain à monocle, le jockey barbu, le boxeur qui garde les bébés, le nègre borgne et le spécialiste de Shakespeare qui déteste les sergents de ville, et qu'on l'accuse d'avoir tué Martin Luther, ce qui paraît d'autant plus vraisemblable que la victime a été frappée avec le même poinçon à glace que la dame du Sheridan, qu'il a peut-être tuée lui-même sans en garder aucune mémoire, ayant été commotionné dans sa tourelle par un obus des Japonais pendant la guerre du Pacifique, de sorte que depuis cette époque il aperçoit autour de lui, quand il est ivre, des petits hommes verts avec un chapeau puce et non pas une dame nue assise dans un fauteuil, dans un fauteuil de la chambre 116 (de l'hôtel Sheridan, bien sûr), ce qui devrait être parfaitement impossible puisque, théoriquement du moins, elle devrait être étendue habillée sur le lit de la chambre 117. Mais ne simplifions pas à l'extrême. Le bon Dieu lui-même ne se mêlerait pas d'un tel micmac. Bref, on enterre Martin Luther sous une pluie fine avec la même oraison funèbre que Shakespeare emploie pour Jules César.

Ce qui ne donne qu'une faible idée de la chose.

Et c'est ainsi qu'Allah est grand.

LE GRAND PARI

Pure laine. – Plain-chant. – « L'heure solennelle et ombragée ». – Le vieux Colomb. – Amériques intérieures. – Patrie du soleil sur les eaux. – Mort de Chaumeix. – De Vautel. – De Fauverge. – Coup de pistolet dans une église. – Gaucho. – Kafka. – Le roi de la parabole. – Coutume des rois. – Grandeur consécutive d'Allah.

Le style costume différemment les écrivains. Beaucoup s'habillent au-dessus de leur taille : ils mettent la redingote de papa. Elle fait des plis. Ça ne trompe personne. Elle fait flasque au lieu de faire grand. Certains, plus rares, afin de passer inaperçus (le public n'aime pas l'exceptionnel), adoptent une pointure courante ; leurs mains dépassent au bout de leurs robustes poignets, comme des gigots de mouton au bout de leurs manches trop courtes ; leur poitrine fait sauter les boutons de leur gilet ; ces géants débordent leur étui. Ce qu'il y a de curieux et de grandiose avec Claudel, c'est qu'il s'habille plus grand que nature et que, cependant, sans effort, il emplit son immense costume. Pas de plis ; ou alors du drapé. Il s'est taillé une robe de patriarche, une espèce de manteau de prophète avec lequel il semble qu'il soit né. C'est chose parfaite. Et l'envers vaut l'endroit. C'est un tissu qui est filé dans le domaine et qui se trouve partout à sa place, dans le familier comme dans le solennel, que Claudel compte le bétail ou qu'il célèbre quelque office. Les drapiers appellent ça pure laine. Et la broderie en or, en vrai, pour les grand-messes.

Il y a chez lui une majesté. Il avait épousé la fille d'un bâtisseur de cathédrale. (Son beau-père a construit Fourvières.) Il n'eut d'autre style que le plain-chant, avec tout ce qu'il y a dans ses textes, dans son souffle ou ses résonances, de biblique, de catholique, de populaire, de grand, de simple, d'exultant ou de pathétique, de naïf et de solennel. (De bizarre, diront certains, qui ne songent pas à s'étonner du chien, du chat ou de l'Espagnol, mais pour qui le tatou est bizarre, ou la girafe, ou le Chinois.) Quand il fait donner les grandes orgues autour de ses grandes images, de ses grandes et simples images, quelle majesté ! et quelle architecture ! Quelle solidité triomphale !

Il avait parié pour Dieu, à Notre-Dame. Il y a plus de soixante-sept ans. Il écrivait, il y a peu de temps, dans ses cahiers : « Pour voir Dieu, il faut mourir. Chiche. » Soixante-sept ans fidèle à son pari, il est parti comme son Colomb pour se prouver son hypothèse. Il est mort dans son propre style. Grandement et virilement. Avec une discrétion splendide. « Vous pouvez me laisser seul », dit-il à sa famille, « la mort ne me fait pas peur. » C'est, presque mot pour mot, le verset de cette ballade des grands départs et des séparations profondes, des ponts coupés, de l'adieu au monde, qu'il chantait il y a bien longtemps ; la ballade du dernier moment, de « l'heure solennelle et ombragée ».

Adieu, amis, nous arrivions de trop loin pour mériter votre créance ;
Seulement un peu d'amusement et d'effroi. Mais voici le pays jamais quitté qui est familier et rassurant.
Il faut garder notre connaissance pour nous, comprenant, comme une chose donnée dont on a tout d'un coup jouissance.
L'inutilité de l'homme pour l'homme, et le mort en celui qui se croit vivant.
Tu demeures avec nous, certaine connaissance, possession dévorante et inutile.

L'art, la science, la vie libre... O frères, qu'y a-t-il de commun entre vous et nous?
Laissez-moi seulement m'en aller; que ne me laissiez-vous tranquille?
Nous ne reviendrons plus vers vous.

Le vieux parieur est parti tranquillement pour sa patrie la plus profonde. Le vieux Colomb s'est embarqué pour ses Amériques intérieures. (La nation lui a porté des fleurs. C'était justice.) Il est parti pour ses grands soleils et ses grandes eaux.

Vous restez, tous, et nous sommes à bord, et la planche entre nous est tirée.
Il n'y a plus qu'un peu de fumée dans le ciel, vous ne nous reverrez plus avec vous.
Il n'y a plus que le soleil éternel de Dieu sur les eaux qu'il a créées.
Nous ne reviendrons plus vers vous.

***

André Chaumeix, qui était âgé, est mort de saisissement en apprenant ce trépas. Ce n'était pas le bon moment. L'autre mort lui fait tort. Il a raté sa sortie. Comme c'était un homme fin et non comédien, il n'en souffre certainement pas. Il n'appartenait d'ailleurs plus guère qu'à ce monde étonnant de la *Revue des Deux Mondes* (celui d'avant-hier et celui d'avant) où les bruits du siècle n'ont encore apporté le nom de Sartre que comme le patronyme d'un jeune homme peu connu dont la littérature passe pour audacieuse.

L'hiver avait déjà emporté Vautel, qui fut célèbre et régna en despote sur les abonnés du *Matin* pour s'être fait le champion de ce qu'il appelait le bon sens (et qui était l'opinion moyenne de ses lecteurs), oubliant que le suprême bon sens est de savoir se renier lui-même. L'hiver a emporté Fauverge, étonnante et charmante figure du journalisme, marquis, châtelain, détective amateur, arrêté par la Gestapo pour sa collection d'arquebuses et de couleuvrines mérovingiennes, et qui promenait, au moment de la victoire, sur les bords du lac de Constance, parmi les soldats ahuris, les Américains sidérés et les états-majors saisis, le plus grand talent judiciaire de l'époque, l'érudition policière la plus fine et la courtoisie la plus anachroniquement délicate dans un incroyable costume d'amateur de photographie des environs de 1905.

L'homme est dévoré par son style. Ainsi Fauverge par l'énigme policière. Il datait par l'âme et le costume des grands romans de Rouletabille, du XVIIIe par l'urbanité. Claudel datait des pierres de taille. Je revois sa tête cubique comme un paquet de tabac sur ses épaules carrées comme le linteau d'une porte. Un air de paysan solide. Son écriture était pareille, solide ; c'est le mot solide qui revient à chaque instant quand on a à parler de Claudel. Tous les matins, il commentait un morceau de la Bible. C'était sur beau papier, nettement calligraphié, avec une initiale en rouge et ouvragée comme une lettrine de missel. Il habitait alors à Brangues, dans son château ; et Brangues, autour, avait l'air d'une vignette pour illustrer *le Rouge et le Noir* de Stendhal, car c'était à l'église de Brangues que s'était passé le « fait divers » que Stendhal avait romancé. C'était là que Julien Sorel avait tiré sur Mme de Raynal un coup de pistolet qui résonnait encore. Le vieux maire racontait la chose comme un souvenir de son père. La maison des Raynal était près de chez Claudel. A l'occasion, elle servait d'auberge. J'y ai couché dans le lit de Mme de Raynal. Le propriétaire avait été gaucho. Il roulait des cigares parfaits avec deux feuilles de tabac vert ; d'une seule main ; on lui faisait attraper au lasso son chien, sa poule et les journalistes incrédules, qu'il commençait par lancer au trot dans son jardin.

Le vieux Claudel, qui n'aimait pas l'impie Stendhal, disait que Stendhal n'avait rien compris à l'histoire de Julien Sorel ; que Julien Sorel était resté un séminariste, et que le grand drame de l'affaire n'était pas le coup de revolver ni l'aventure sentimentale, mais bien la tragédie d'une âme sacerdotale ; mais que le roman avait plu aux critiques parce qu'il réhabilitait, dans la littérature française, le personnage du pédant sacrifié par Molière et par la tradition.

Tout entrait par lui dans son style.

« Et Kafka ? », lui ai-je demandé.

« C'est le roi de la parabole. »

Car les rois, entre eux, se reconnaissent.

Et c'est ainsi qu'Allah est grand.

LE PROCHAIN ROMAN DE PIERRE BENOIT

Caprice de mars. – Nuit de février. – Mystères de la nuit de février. – Tentes, yourtes, iglous, barnums. – Combats de l'homme aux frontières du cosmos. – Besoins de l'esprit. – Productions de l'imprimeur. – « De Kœnigsmark à Montsalvat. » – Prochain roman de Pierre Benoit. – Génie du même. – Madagascar. – Le commandeur Cazeneuve. – Villa Solange. – Paradis mort. – Palmiers. – Tombeaux. – Fanfares. – « Nemrods du Sud ». – Banditisme du chien Flambeau. – Naissance de l'aviation. – Mains de mort. – Affermissement de l'Empire. – Grandeur consécutive d'Allah.

Le ciel est bleu, il neige. Il fait gris. La neige tombe à l'envers, en étoiles minuscules. Ses tourbillons légers montent à l'assaut du ciel. Elle tourne comme des feux de Bengale. Autant en emporte un vent aigre. Elle met du soleil dans un ciel de nuages. C'est mars. Il pleut du paradoxe. Mais février c'était encore plus beau.

En février, il fallait voir la race humaine. Surtout le long du Val-de-Grâce, boulevard de Port-Royal, à six heures du matin. Dans le froid, dans le noir et dans le brouillard gluant. Avec des petites lumières et de gros chandails de laine, des tabliers, des cuirs, des bottes en caoutchouc, des cirés, des chapeaux pointus ; coiffée d'un sac ou d'un journal, ou d'un fichu, ou d'un chapeau avec des cerises ; pareille à un campement du train des équipages, à une halte de gitans. En train de bâtir ses remparts contre la faim, la nuit, l'hiver ; en train de monter ses tentes, ses yourtes, ses iglous, tout un village à ras du sol, en tubes de fer et en caisses d'artichauts, en cageots de poireaux, en choux-fleurs, en bâches, en viandes, en poules et en lapins, et parfois en bœufs tout entiers, ouverts en deux et pendus par la patte. L'homme est en train de vouloir, de durer, de travailler à vouloir durer ; une muraille de Chine, un vrai village de Huns ; la horde à l'aube, aux avant-postes. Et le kiosque à journaux, de style turc. Le fortin. Plein comme un œuf. A six heures du matin. Pour personne. Débordant de journaux, d'hebdomadaires. Un château fort de périodiques. Avec des ailes en illustrés mensuels, des meurtrières, des contreforts et des créneaux. Et au milieu un petit trou noir au fond duquel il y a un homme en béret basque avec une petite lampe qui tremblote et la monnaie à côté de lui. A six heures du matin, partout des trous où l'homme mène la guerre à ras du sol contre la mort et l'hostilité du cosmos, avec des lampes et des choses qui brillent, des demi-veaux, des jambons entiers, des journaux frais et du saucisson sec. Il faut sauver le ventre et l'esprit. Il faut également sauver l'âme. Il y a un trou pour la prière. Sous l'église Notre-Dame-des-Champs. Avec des choses qui brillent. Une crypte profonde où un prêtre lève les bras à côté d'une longue bougie, et trois femmes agenouillées sur des prie-Dieu, et un monsieur très correct, debout, les bras croisés, avec un col de chemise bien propre. Voilà la race humaine dans le brouillard de février : debout dès l'aube pour sauver l'espèce, son âme, son corps et son esprit, en se battant contre le cosmos à coups de choux-fleurs dans ses tranchées et ses camps de fortune sur la frontière de l'univers et du XIIIe arrondissement.

A six heures du matin, dans la nuit sans promeneur, plus déserte que le Sahara, moins hospitalière que le pôle, il y a déjà dans le kiosque turc, pour les besoins de l'esprit les plus inattendus, une revue surréaliste à huit cents francs, dont l'image représente un homme à tête d'oiseau sur un paysage de banquises. Tels sont les besoins de l'homme à six heures du matin. Aussi on lui imprime des livres, on fait des livres sur ces livres, et sur les auteurs de ces livres, et les auteurs des livres sur les livres, et des livres sur les auteurs. C'est ainsi qu'on obtient des montagnes de livres. On en détache un contrefort et on l'envoie à un critique. Le critique, ayant lâché par hasard son briquet, le cherche dans cette colline, tombe sur un titre et rend compte de l'ouvrage : il lui faut bien un critérium.

Heureux quand il tombe, par exemple, sur cette vie de Pierre Benoit par Paul Guimard qui s'intitule *De Kœnigsmark à Montsalvat.* Reproduisant des interviews déjà données à la radio, elle procède par questions et réponses comme une espèce de catéchisme. Il en ressort que Pierre Benoit est un esprit charmant et un homme sympathique, et que son prochain roman, le quarante et unième, se passera peut-être à Madagascar. Il en décrit le décor éclatant : Tamatave verte, Majunga rouge, Tananarive éblouissante de blancheur, et la sombre Betsiboka née sur les plateaux de l'Emyrne, qui jette sur la mer des eaux couleur de sang. Le personnage principal en sera M. Cazeneuve, un Toulousain qui eut sur la reine un grand empire par le moyen de la prestidigitation.

J'ai bien connu le commandeur Cazeneuve. (C'est Cazeneuve et non Cazenave, et on l'appelait le Commandeur.) Je passais au moins quatre fois par jour dans mon enfance le long de son parc et de sa maison. Le parc était africain et la maison romaine ; le parc, plein de plantes du maquis, et de palmiers poussiéreux comme dans les oasis, la maison basse, avec une Vénus et une Pomone devant la porte. « Villa Solange » (Solange, la nièce du commandeur, était voyante extra-lucide ; je fréquentais son fils qui s'appelait Manins). Ce domaine évoque toujours pour moi une espèce de paradis mort, de salon désert, d'île silencieuse. Etrange Toulouse avec ses palais de brique, ses palmiers, son vent du désert. Les Toulousains n'aiment que la cuisine et les tombeaux, les ténors et la fête foraine. Ils s'organisent en sociétés qui font monter le son du cor jusqu'aux étoiles. J'ai bien connu les *Nemrods du Sud*. Ils avaient des nez d'aigle et des profils romains, des têtes de proconsuls et des carniers immenses, avec, en plus, des vestes de chasse à boutons de chasse (des boutons de bronze à tête de chien) qui comportaient une poche supplémentaire, dans le dos (le dos tout entier n'était qu'une poche) pour les lièvres et les faisans, les sangliers, que sais-je, les tigres, et peut-être même les lapins. Du moins je l'imagine, car je n'y ai jamais rien vu. Dans les carniers non plus d'ailleurs. Les Nemrods devaient tout manger avant de rentrer en ville pour ne pas payer l'octroi. Sans rien donner à leur basset Flambeau. Ce pauvre chien revenait si affamé de leurs chasses qu'il allait voler les saucisses jusque sur le feu de la cuisine. Un jour il renversa le couvercle et en avala trois d'un coup. Brûlantes. Jamais je n'ai entendu basset si poussiéreux pousser des cris si pitoyables. Mais le bruit de la fanfare couvrait tout. Et je crois, Dieu me pardonne, que par respect pour elle les Nemrods se coiffaient d'une bombe de chasse. En velours. Galonnée d'argent. C'étaient des plaisirs magnifiques qui exaltent le lapin et les vertus viriles. Et ça se passait par de grands soirs plus grands que les autres, fourmillant d'étoiles et de moustiques, car à Toulouse il y a bien plus d'étoiles qu'ailleurs.

Par ces grands soirs, non loin de chez le Commandeur, de l'autre côté du boulevard du Sud, on donnait aussi des spectacles. Une corde et quatre piquets délimitaient la salle. C'était le « théâtre de Pépine ». On y voyait des militaires, et des familles portant un bébé sur les bras. Les moustiques n'en laissaient que peu de chose.

L'aviation exaltait les cœurs. Elle naissait. Des hommes audacieux mettaient leur casquette à l'envers pour se coiffer « à la Védrines ».

Indifférent à ces progrès du siècle, à ces fanfares, à cette agitation des arts, le Commandeur vivait replié sur ses souvenirs dans sa petite maison romaine, comme un diable dans une boîte, entre ses palmiers poussiéreux et le trottoir brûlant de la rue Saint-Michel. Il était petit avec une barbiche poivre et sel et la rosette sur un pavé d'argent. Car il était réellement commandeur. Pour avoir bien servi la France. Il avait étonné là-bas Ranavalo. J'ai su ses secrets par mon père. Comment il attachait un trombone au plafond et comment ce trombone jouait *la Marseillaise* quand nous lui demandions notre hymne national, et déversait des litres de farine sur le représentant de l'Angleterre quand il lui réclamait le *God save the King*. Mais le clou, c'était la main du mort. Le nécromant vous faisait asseoir à une table, en face de lui, et vous mettait mystérieusement dans la main droite, sous le tapis, la main du mort que vous aviez appelé : Napoléon, ou votre arrière-grand-père. Une main glacée, humide, une vraie main d'outre-tombe. C'était son pied. Aussi se ressemblaient-elles toutes. Le curieux partait terrorisé. L'un d'eux en perdit connaissance : « Elle sent le cadavre ! » expliqua-t-il.

C'est par là qu'on charme les reines et qu'on affermit les Empires.

Et c'est ainsi qu'Allah est grand.

LA NEIGE TOMBE SUR MONTPARNASSE

La neige tombe comme s'il en pleuvait. Le monde offre un spectacle confus. On l'aperçoit à travers la presse comme à travers une vitre embuée.

Des « Boeing » s'écrasent dans la mer sous la forme de boules de feu. On n'en retrouve plus, à la surface des eaux, que des centaines de paires de chaussures qui flottent sur l'océan désert. Des adorateurs de Satan, hypnotisés par un végétarien barbu, se laissent aller, en Amérique, à ne plus boire que de l'eau, à tuer de vieilles dames et de jeunes personnes, et à ne manger que des salsifis. Ils vivent nus et gavés de haschich. Leur chemin est jonché de cadavres et d'épluchures de pommes de terre. Les fusées retombent de la Lune exactement à l'endroit choisi, comme une pièce de monnaie dans le chapeau d'un aveugle.

Des ecclésiastiques pleins d'idées couronnent des films pornographiques.

Marcantoni s'est retiré à la campagne, où il a retrouvé, paraît-il, ses quatre bergers, sa pie et son oiseau qui parle. Il a choisi la meilleure part. Aussi voit-on son portrait dans la presse sur deux colonnes, comme celui de Papillon. Il se propose de pêcher l'ablette et de jouer à la pétanque. Mais qui a été assassiné ? On ne sait plus bien.

La grippe s'est abattue sur le monde. Le froid s'est abattu sur Paris. Le basset frissonne dans son paletot. L'homme se resserre, la femme se ratatine. Un vent glacial souffle sur les déserts qui ont remplacé la vieille gare Montparnasse. Çà et là brillent les feux d'un restaurant chinois. « La forme d'une ville », disait déjà Baudelaire, « change plus vite, hélas, que le cœur d'un mortel ».

Où est passé le Montparnasse des peintres légendaires ? Il en reste une petite fille de Modigliani, au grand col blanc, aux maigres nattes, et quelques dames au cou trop long, au visage trop ovale, qui nous regardent, avec leurs grandes manières, du fond de cette nuit où tous les chefs-d'œuvre ont le même âge.

Modigliani, dont la femme se jeta par la fenêtre : de dos pour être sûre de ne pas hésiter. Dont le « père Léon » payait dix francs des toiles qui se vendirent trois cent mille, cinq cent mille francs (de cette époque-là !) cinq ans après. Pour quatre cent mille, Barnes emporta toute une porte sur laquelle le peintre avait fait un portrait de son ami Soutine, chez les Zboro où ils dînaient ensemble, « en attendant que les haricots soient cuits ».

Zboro, pour lui verser une rente, vendait ses habits, ses Derain, et empruntait à sa concierge[1].

Mais où sont Brancusi et sa barbe de fleuve (Brancusi qui disait : « Michel-Ange fait bifteck », outré de tant de chair sur le squelette) ? Et Survage, qui exposa cinquante ans sans rien vendre ni baisser une seule fois ses prix ? (Après quoi il partit en flèche, il avait plus de soixante-dix ans.)

Où sont les géants de notre jeunesse ? Où sont ces monstres de pittoresque qui se croisaient au carrefour Vavin ? Où est Kiki de Montparnasse ? Où est ma cousine Sibille ? Où est Bissière avec son foulard et sa casquette américaine ? Et Raphaël, l'oncle de Chaval, qui fabriquait des automates, des lions et des rhinocéros, et des Brigitte Bardot de carton grandeur nature, qui remuaient en les remontant comme un réveil, ou en les branchant sur le courant ? (Et Chaval lui-même ? Et sa femme ?) On croise leurs ombres çà et là. Le cœur se serre. Autant en emporte la neige.

1. *Modigliani (les femmes, les amis, l'œuvre),* par Jean-Paul Crespelle (aux Presses de la Cité).

LA LANGUE ET LES TRAVAUX

Bâtons, chiffres et lettres. – *Intérêt général des ouvrages de Queneau. – Langue parlée et langue officielle. – On rkonê pudutou lfransé avek lortograf fonétik. – Diversité des langues françaises parlées. – Grosses difficultés du problème. – Le soleil entre dans le Taureau. – Sages conseils pour l'agriculture. – Utilité de la compétence. – Ressemblance parfaite de l'orange avec le fruit qui porte le même nom. – Grandeur consécutive d'Allah.*

Les hasards du travail et le plaisir de lire Queneau m'ont amené à rouvrir *Bâtons, chiffres et lettres* qu'il publia en 1950. On y trouve des choses magnifiques, telles que des pictogrammes peaux-rouges et le récit d'un « Voyage à Cerbère » en pictogrammes de sa propre invention, les plus savantes considérations sur les mathématiques et mille autres sujets de méditations utiles. Notamment à propos de la langue. Il souffre de voir qu'il y a en France une langue écrite, académique, officielle, figée, qu'on ne parle pas, et une langue populaire vivante, la seule parlée, qui passe aux yeux des grammairiens pour incorrecte, et qui est pourtant celle dans laquelle on devrait écrire. Il irait même jusqu'à préconiser l'emploi de l'orthographe phonétique, avec laquelle on écrirait *comme on prononce*, mais « *savouza alor* », dit-il, « *indsé drôldaspé dontonrvyin pa. On lre-*

konê pudutou, lfransê, amésa pudutou ». Et les premiers temps, à vrai dire, « *sémêm maran* ». On voit par là que Queneau lui-même ne se dissimule pas certaines difficultés de la méthode qu'il préconise. Mais, ajoute-t-il avec raison, « *sé un pur kestion dabitud. On népa zabitué, sétou* ». Je le pense aussi, et ce n'est pas là qu'à mon avis est le plus gros danger de son idée.

Elle me semble pécher surtout en ce que Queneau parle *d'une* langue parlée et de *la façon* dont on prononce, comme s'il n'y avait qu'une langue parlée par les Français en dehors de la langue littéraire, et qu'une façon dont ils prononcent. Il existe en réalité cent façons de saboter le français académique et de prononcer autrement que les professeurs officiels de diction. Il y a le français des bébés, des enfants, des collégiens, des taupins, des soldats, des forains, de la pègre, des Parisiens, des Parigots, des Toulousains, des Marseillais, des Alsaciens, des Francs-Comtois, etc. Existe-t-il un français *moyen* autre que celui du Larousse ? Peut-être, mais le Larousse l'enregistre à son tour. Il devient officiel au bout d'un certain temps. Tout ce qu'on peut dire, c'est que le Larousse ne le rattrape qu'assez lentement. Encore n'a-t-il pas toujours tort ; car il y a certaines nouveautés qui disparaissent avant de s'être implantées vraiment.

Queneau pense-t-il être plus compréhensif, plus à la page que la langue officielle, en écrivant « *indsé drôldaspé* » au lieu de : « un de ces drôles d'aspects ? » Pense-t-il être plus vrai, d'une vérité moyenne ? D'abord, quand il écrit *in* pour un, il n'écrit que pour les Parisiens : il n'y a que les Parisiens qui confondent *un* et *in*, *brun* et *brin* ; partout ailleurs on fait la différence ; tout autre qu'un enfant de Paris fait effort pour comprendre qu'« *indsé* » est écrit pour « *undsé* » dans le texte de Queneau. Ensuite quand il écrit *aspé* il se conforme à la prononciation correcte, celle du Larousse et de l'Académie ; mais partout au sud de la Loire on dit *aspèk* ou même *aspèkt*. Pour qu'une prononciation fasse loi, il faudrait qu'elle fût générale.

Queneau aimerait aussi supprimer l'*e* muet, pour la

raison que la langue parlée l'élimine la plupart du temps : on dit « l' pauv' diable » plus souvent que « le pauvre diable ». Mais d'abord, ce n'est pas toujours vrai. Il y a des cas où on ne dit jamais « *pauv'* », mais pauvre en faisant sentir le *e* muet : par exemple si le mot est à la fin d'une phrase. La nouvelle orthographe, qui est faite pour simplifier, l'orthographe phonétique, va-t-elle être obligée de nous donner deux façons, voire trois (cf. plus haut *aspè*), d'écrire chaque mot français ? On dit « *boug'* d'imbécile », ou même « *bouc'* d'imbécile », mais on dit toujours : « Pauvre bougr*e* ! » ; avec le *e*. Le *e* muet ne présente pas toujours la même tendance à disparaître. Il est des cas où la langue populaire en crée un, au contraire, où il n'en faudrait pas ; il n'est pas rare d'entendre dire : « Y faudra changer vot' pe*neu* ». (Il en va de même du subjonctif qu'on assure en voie de régression, ce qui n'est pas exactement vrai : il est des cas où on l'emploie là où on n'en a même pas le droit, par exemple après « après que » : « après qu'il *soit* parti » est une énorme faute, qu'on entend et qu'on lit partout.) Et enfin essayez d'empêcher dans le Midi de prononcer les *e* muets, de faire dire à un Toulousain « un' bell' petit' » au lieu d'« uneu belleu petiteu », vous devrez le transplanter au moins deux ou trois ans à Aubervilliers. S'il faut écrire comme on prononce, une bonne moitié de la France n'écrira pas comme l'autre. Et je ne parle pas des Alsaciens ou des ch'ti mi ! Sans compter les gens des Antilles ! Une chatte n'y retrouverait pas ses petits ! Quitte à imposer aux Français de ne pas écrire comme ils prononcent, autant ne pas en brimer les trois quarts.

Queneau voudrait encore, pour supprimer l'hiatus, qu'on donne droit de cité dans la langue à certaines liaisons incorrectes du point de vue de la grammaire du jour ; qu'on puisse dire « il y a-t-un orage », ou alors « il y a-z-un orage » ; mais lequel des deux ? pourquoi l'un plutôt que l'autre ? Faudra-t-il admettre les deux ? compliquer afin de simplifier ? Deux orthographes et deux prononciations pour une ? Et puis supprimera-t-on l'hiatus qui se trouve *à l'intérieur* des mots ? Faudra-t-il dire *aturissant, azurissant*, au lieu d'ahurissant ? Et puis est-il prouvé que la langue parlée craint tellement les hiatus ? On a mieux aimé dire le onzième que l'onzième, et, de plus en plus, de nos jours, on supprime l'apostrophe : on dit, on *écrit* couramment « un livre de André Billy ». Quelle est la tendance la plus forte ? C'est affaire de milieu, de culture, de région, de génération, d'influences.

Au bout du compte, ce que beaucoup de littérateurs appellent « français parlé moderne », parce qu'ils habitent presque tous à Paris, est un français de mécano de Belleville revu par un intellectuel, et complété, adapté, mis au point pour les besoins de leur littérature. Le résultat peut être génial, comme avec Céline, ou gênant, comme avec Rictus. Mais est-ce un français général ? Lucien Gachon, se voulant aussi au plus près du français parlé, s'est rapproché du langage paysan au point de supprimer en français, comme en patois, les pronoms personnels, et d'employer des locutions locales qui rendraient son texte illisible à un garagiste de Pantin ou à un paysan picard. Il n'en a pas moins fait un beau livre, travaillé dans le même esprit que celui que préconise Queneau. Mais l'aventure prouve qu'il est difficile de se mettre d'accord sur ce que pourrait être un français *parlé général*.

Nous y reviendrons.

*
**

En attendant le Soleil vient d'entrer dans le signe du Taureau. Il rend, assurent les astrologues, les gens économes et sérieux, travailleurs, prodigues, paresseux : c'est surtout affaire de caractère. Chacun s'en tire à sa taurine façon.

Quant au jardin, il y aura intérêt à le gérer *avec compétence*. La vigne demandera des soins. L'oranger devra être exposé à la température convenable. Il peut se révéler en effet de ressource considérable : n'est-ce pas lui qui nous donne ce fruit

Que l'on a si bien fait de baptiser l'orange

Puisqu'il en a le goût, la forme et la couleur?

Tristan Bernard l'a constaté avec une merveilleuse justesse.

Et c'est ainsi qu'Allah est grand.

VITESSE DES MORTS ET DES VIVANTS

Vitesse des morts. – Châteaux de Céline. – Fleuves d'immondices. – Dimension épique. – Mort d'Hemingway. – Poissons gros comme des chevaux. – Morale du grand poisson. – Œufs de tortue qui rendent fort en septembre. – Difficulté de survivre à la mort. – Difficulté de survivre à la vie. – Poche de l'homme, poche de la sarigue, poches sous les yeux. – Ressection des mêmes. – Poils superflus et oreilles décollées. – Bistouri du docteur Vidal. – Peau du ventre. – Portefeuille en homme. – Il s'entretient avec un chiffon de laine. – Grandeur consécutive d'Allah.

Peu de gens survivent à leur mort : le Christ, Lazare, ou, plus près de nous, Napoléon. Mais c'est très rare. L'homme survit peu. En général il attend de vivre, c'est une chose qui dure toute sa vie, et ensuite on l'enterre au trot. Il flâne sa vie mais il court à la tombe. Après quoi il meurt au galop ; la vitesse des morts est proverbiale. Quelques-uns pourtant vont au pas. Homère ne s'est jamais pressé. Céline, Hemingway iront lentement. Céline, à l'horizon de la littérature, laisse de hauts châteaux d'ordures qui se détachent sur un ciel d'orage et qui attireront longtemps le regard. Ses paysages plus grands que nature se mirent dans un fleuve d'immondices. C'est un géant qui promène ses rêves dans un égout. Il n'est, je crois, pas un de ses livres où, à un moment ou à l'autre, ledit égout ne déborde et n'engloutisse le monde. A moins qu'une vieille dame méritante, armée d'un jonc flexible et d'un pot d'eau bouillante, ne débouche le trou d'écoulement par un barattage minutieux, avec une technique remarquable dont il fait un éloge très vif. Le style, c'est l'exagération. Nul n'exagéra plus que Céline. Il a bâti des Parthénons en crotte de chien. La matière est étrange, les monuments grandioses. ils seraient plus nobles en marbre blanc ; mais ceux qui taillent le marbre blanc n'ont pas la carrure qu'il faudrait pour faire des monuments aussi grands que ceux de Céline.

Hemingway fut aussi une façon de géant ; moins grand que Céline, moins créateur, moins extraordinaire. Un grand gros homme tout barbu, tout hirsute, qui chassait les hippopotames et pêchait des poissons gros comme des chevaux de labour. Qui fit la guerre, qui fit des guerres. Qui fut hanté par le problème de la mort. Et qui en mourut. Comme son père. En déchargeant une arme à feu. S'il faut tirer une leçon de son œuvre, j'aimerais assez celle que propose l'histoire du *Vieil Homme et la Mer*. Le vieil homme qui mange tout le mois de mai des œufs de tortue (des grosses tortues « à dos en coffre qui ont la taille de sa barque et pèsent une demi-tonne »), « afin d'être fort en septembre et octobre quand viendra vraiment le gros poisson ». Et qui boit de l'huile de foie de requin. Et qui part seul dans sa petite barque pour aller chercher le grand poisson. Et qui finit par l'attraper après deux jours et trois nuits de lutte ; un poisson bien plus grand que sa barque, et qu'il amarre, et qu'il ramène: ... mais en quel état arrive-t-il! Quant au poisson, les requins l'ont si bien dévoré qu'il n'en reste plus que la tête avec un peu d'épine dorsale.

Ce qu'on pêche n'a pas d'importance. L'important est de l'avoir pêché.

*
**

C'est ainsi qu'il arrive que l'homme survive quelque temps à sa mort. Mais peut-être lui est-il encore plus difficile de survivre un peu à sa vie. Elle le tue avant l'âge. Le métro, les poussières, les miasmes, les veillées, le travail, le plaisir, les guerres, les apéritifs, la fantaisie, le mauvais caractère de sa femme, le froid, le chaud, les tentatives d'assassinat, les accidents de la route, les engrenages dangereux, les incendies de forêt, les barrages qui s'écroulent, le laissent à cinquante ans ahuri, éclopé, avec une jambe en moins, le nez rouge et des poches sous les yeux. A peine a-t-il appris à être jeune, il s'aperçoit que ses cheveux sont blancs ; à peine a-t-il pris l'habitude de la vie, c'est déjà le moment de la quitter. Comment survivre ? En supprimant les poches sous les yeux. C'est le docteur Vidal qui nous le dit. D'abord elles ne servent à rien ; la poche du pantalon sert à mettre un mouchoir, la poche de la sarigue à loger les enfants, le stylo, en été une petite canette de bière. Mais la poche sous les yeux est une poche superflue. Le docteur Vidal la resèque. Il supprime les poils disgracieux. Il recolle les oreilles qui sont trop écartées, parce qu'elles donnent au visage l'air d'une soupière à anses et au conscrit l'expression trompeuse d'une immense naïveté champêtre. Il fait tout ça. Et si on a trop de ventre, crrac crrac, ayant pincé d'une main un gros pli qu'il tire tant qu'il peut, il vous le coupe de l'autre avec ses grands ciseaux. Il en résulte un croissant de peau fine. Il le donne à son photographe. La femme du photographe en fait un portefeuille. Le photographe le montre au dessert dans les repas de première communion.

Il l'entretient avec un chiffon de laine.

Et c'est ainsi qu'Allah est grand.

FAIBLESSES DU MOIS

Cafouillage du Goncourt. – Cafouillage du Femina. – Mésaventure de Jean-Paul Sartre. – Un livre inopportun. – Talent de Philippe Héduy. – La Porte retombée, *de Louise Bellocq. – Porte ouverte de Beatrix Beck. –* La Force de l'âge, *de Simone de Beauvoir. – L'homme suit le bœuf. – La langouste suit l'homme. – L'homme doit attaquer le bœuf de face. – Grandeur consécutive d'Allah.*

Le ciel est gris, le froid s'installe, le prix Goncourt n'a pas eu de chance. On l'a donné à un Garde de Fer. En un mot un ennemi de la France. Les Goncourt se sont sentis gênés. Ils l'ont dit. Le gagnant n'a plus osé gagner. Son éditeur a invité toute la critique à ne plus venir au cocktail où on devait le fêter.

Mais peut-être aussi le gagnant n'est-il plus un ennemi de la France ? Peut-être a-t-il changé d'idée ? Peut-être voulait-on être magnanime ? Et puis il y a des ennemis de la France auxquels on donne beaucoup d'argent. Et des amis de la France dont on repousse l'amitié. Il y a ceux qui ont expliqué qu'il fallait piétiner le drapeau et qui ont été couverts d'honneurs, et ceux qui les ont écoutés et qui ont été couverts de terre. Et il y a ceux qui aiment trop la France ; l'excès en tout est un défaut. Il faut aimer avec mesure. Entre les clous. Au moment du feu vert. Il y a le feu vert, il y a le feu rouge, il y a les consignes qui tournent, les vérités qui vont et viennent. Il y a les morts qui ne reviennent pas.

⁂

Philippe Héduy les fait parler dans *Au lieutenant des Taglaïts*. Lisez ce roman. C'est le meilleur livre de l'année. Calomniés, insultés, trahis, ignorés de la foule des week-ends, vous les verrez se lever, dans les tristes montagnes, la main sur leur ventre mutilé, n'abdiquant rien. Ils demandent pourquoi ils sont morts.

⁂

On le leur dira un jour ou l'autre. Ils finiront bien par l'apprendre. En attendant c'est une question tellement gênante qu'il n'est venu à l'esprit de personne de proposer pour les grands prix cet ouvrage qui dérange les gens. Parlons plutôt de Brigitte. Peut-être qu'entre deux Brigitte on arrivera à étouffer le *Lieutenant*.

Malheureusement le *Femina* a mal choisi son héroïne. Beatrix Beck, croyant le livre antisémite, est partie en claquant la porte. Le livre n'est pas antisémite, il est pire, diffus, prolixe et rechigné. On y voit un jeune homme qui secoue « sur son front ses drues mèches noires toujours à la diable hérissées ». C'est dire comment il est écrit. On lui reproche d'utiliser comme des nouveautés passionnantes des techniques qui parurent usées à la plupart des romanciers chinois vingt mille ans avant Jésus-Christ. Passons, nous en avons vu d'autres. Telle est dit-on, *la Porte retombée*. Souhaitons-lui de se relever bien vite et de rencontrer beaucoup de lecteurs. On me dira que je suis inconséquent. Hélas! l'inconséquence, au point où nous en sommes...

*
**

C'est ainsi que M. Jean-Paul Sartre n'a jamais pu se faire arrêter. Il a clamé que c'était injuste, qu'on lui faisait tort, qu'il était scandaleux, qu'il méritait la paille humide. On n'a pas voulu l'écouter. De rage, il a réuni une conférence de presse. Il a juré qu'il était infâme ; on lui a fait dire, si mes confrères ne m'ont pas trompé, qu'il admettait toutes les conséquences de son geste. Peine perdue, on ne veut pas l'entendre. C'est à dégoûter d'être coupable. Comment être subversif si la loi vous laisse faire ? Où sera le plaisir ?

Sartre, autrefois, l'a cherché dans la mescaline dont Michaux a chanté les hallucinations. Elle lui faisait voir une langouste qui le poursuivait en trottinant. C'est Simone de Beauvoir qui raconte cette histoire. Comme aussi qu'il a fait pipi sur la tombe de Chateaubriand. On trouvera ces affreux détails dans *la Force de l'âge* de Mme de Beauvoir qui fait suite aux *Mémoires d'une jeune fille rangée*. Dans le second elle racontait sa vie de jeune fille, dans le premier elle raconte la force de son âge. On le lira avec agacement et avec passion.

*
**

Ainsi la langouste suit l'homme, l'homme « suit le bœuf » (c'est le sport à la mode), et le bœuf suit une courbe ascendante. Livrez-vous aux travaux du mois ; n'écartez pas trop les oreilles ; dormez au moins huit heures en dehors du bureau ; labourez si le cœur vous en dit, mais ne moissonnez pas trop : c'est un travail d'été : il demande le soleil, la poussière, de longs jours, et porte à boire des quantités considérables qui fatiguent l'homme dans une saison où on ne sue pas.

Enfin, si vous trouvez un bœuf, abordez-le de front et mangez-lui la tête. « Si le prix de la viande n'a cessé d'augmenter, cela tient à ce que les Français ne voulaient manger que le train de derrière. » Ne suivez plus ce bœuf. Ça l'exaspère. Il sait trop bien où vous voulez en venir. Allez au-devant. Mangez les cornes. Elles augmentent moins vite que le reste.

Et c'est ainsi qu'Allah est grand.

CHRONIQUE DES LECTURES POUR JOURS NOIRS

Nuit et frimas. – Romans de Georges Simenon. – Crime du coupable et crime du juge. – Crime avant, pendant, et après. – Mais que devient le crime de la victime? – Philosophie du commissaire Maigret. – Morale de Simenon. – Vérité artistique. – Vision du poisson rouge. – L'homme n'est qu'une carpe japonaise. – Grandeur consécutive d'Allah.

La neige est tombée le 1er janvier. Le ciel était gris, les autos dérapaient, un grand silence montait des plaines. Un jour jaune éclairait les visages et les murs. Le lendemain, le ciel était encore plus noir et le jour était encore plus jaune. A midi, il faisait déjà nuit. Une catastrophe de science-fiction plongeait Paris dans les ténèbres. Que lire, sinon des romans policiers?

Il y a toujours des Simenon qu'on ne connaît pas. Gallimard vient de rééditer *le Bilan Malétras, Cour d'assises*, et *45 Degrés à l'ombre*. Ce ne sont pas précisément des « policiers », mais, comme tous les romans de Simenon, ce sont des romans d'éclairage. Le crime n'y est pas bêtement lui-même, tel qu'un langage sommaire peut en faire le portrait: il y a un crime que commet le meurtrier, et un crime que juge la justice, et ce ne sont pas du tout les mêmes. Il y a un crime du juge et un crime du coupable. C'est un malentendu constant. Rien ne le montre mieux que *Cour d'assises*. Et c'est même trop peu dire : il y a aussi un crime du coupable pendant et un crime du coupable après. Après, le crime devient irréel (pour le coupable) ; il n'y croit plus, il ne comprend plus, il croit que c'est la réalité qui a rêvé pendant le temps du crime, qui a imaginé l'incroyable. Il voit son crime au loin comme avec une lorgnette, par le petit bout de la lorgnette. Il vit dans une espèce d'hypnose, séparé de lui, irresponsable. Quand la justice le replace devant les faits, il ne reconnaît pas ce qu'elle lui montre. « C'était si vrai, dit Simenon je ne sais plus où, que c'en était faux. » La chose nommée n'est plus la chose elle-même. Bref, c'est un autre qui a agi. Et, dans les circonstances données, n'importe qui eût pu être cet autre.

Cela, le commissaire Maigret le sent profondément. Comme Simenon. C'est la leçon de sa carrière. Il en résulte, chez Simenon, une grande pitié pour le coupable, une compréhension indulgente. Cette pitié précède-t-elle les faits ? Ou vient-elle de leur examen ? On ne sait. Ce serait pourtant une chose intéressante, si l'on cherchait à déterminer dans quelle mesure Simenon est moral.

Simenon est moral par une très grande bonté, il comprend tout et s'abstient de juger. Il a des âmes une curiosité qui va jusqu'à la connivence. D'aucuns diront une curiosité louche et au lieu de connivence parleront de complicité. Car il existe aussi un « crime de la victime » qu'on a tendance à oublier entre le crime du juge et le crime du coupable. A qui croire ? Il y a un moment où l'on ne peut restituer leur dignité aux hommes qu'en leur faisant l'honneur de n'avoir pas pitié d'eux. Mais nous tombons dans la métaphysique, et il y faudrait des volumes.

Et puis, ces « hommes » de Simenon ne sont pas ceux de la réalité. Ce sont des héros de roman, des êtres en papier, des fabrications personnelles. Sans doute, mais si vraies, si ressemblantes, si vraisemblables tout au moins, qu'on n'en fait pas la différence. On a tort, car, le plus souvent, leur psychologie a une faille, et on ne s'en aperçoit qu'après : souvent jamais. Elle est trop vraie, jusqu'au moment où elle est relayée par une vérité artistique qui vous empoigne encore plus fort et ne vous permet pas de discuter. Qui y songerait ? Elle hallucine. C'est le plus grand art.

Il laisse du monde la vision d'une énigme que nous regardons à la façon d'un poisson rouge qui voit les hommes à travers son bocal.

L'homme n'est au fond qu'un poisson rouge, disons une carpe japonaise.

Et c'est ainsi qu'Allah est grand.

« SUAVE MARI MAGNO... »

Altitudes de l'indifférence. – L'accident est le théâtre du pauvre. – Le vrai du commissaire Maigret. – Parenthèse sur le vrai de l'écrivain. – Nécessité d'un fauteuil en velours rouge. – Ou en plastique vert Nil. – Rareté croissante des mêmes. – Voix tamisée des plaines. – Silence total des perruches amoureuses. – Grandeur consécutive d'Allah.

Je reviens des cimes. J'entends par là ces endroits élevés où il n'y a plus que l'affiche de la machine Singer. L'affiche de la machine Singer est un lichen qui s'accroche aux portes des bergeries là où rien d'autre ne pousse plus. La couturière de la machine Singer est la dame la plus « haute » du monde. Hélas ! elle tend à disparaître. La neige et le soleil l'ont brûlée, la pluie l'a effacée, la grêle l'a mitraillée, l'hiver l'a lessivée, la chèvre l'a rongée, le vent l'a mise en lambeaux. Elle s'évapora. C'était une bergère enthousiaste. Comme la reine Marie-Antoinette, elle aimait venir voir les moutons de près. Elle n'avait plus d'autre public, à ces altitudes désertiques, sinon quelque automobiliste qui allait du Mont-Blanc à Bordeaux en passant par le col de Diane. Elle disparaît. Elle a renoncé à venir si haut.

Elle a été remplacée par le bœuf. Car j'ai trouvé le bœuf sur ces cimes. Il a quitté les plaines où on ne le voyait plus et où on conseillait de le suivre. Les ménagères se demandaient ce qu'il avait bien pu devenir. Il est là-haut. On ne le voit pas d'en bas à cause de l'écran du nuage. Mais il est là. Il s'y trouve bien. Qu'elles se rassurent. Il a relayé la couturière. Il m'a confié qu'il ne reviendrait jamais en bas.

C'est parce qu'on se sent bien mieux en haut. On y a dès sept heures du matin toutes les nouvelles de la nature. Les animaux, qu'on ne trouve plus dans les plaines qu'à la « Télé » ou dans les fables de La Fontaine, s'y signalent dès l'aurore par leurs dégradations. Le renard a mangé trois poules, le loir a dévoré les fruits, le hérisson a été écrasé par une auto. Le coucou orne l'après-midi. Les oiseaux s'égosillent. Les genêts sont pleins de vipères. On sait tout ce que ne dit pas le journal. A la nuit on cueille les salades ; on éblouit la truite d'un jet de lampe électrique. La lune brille plus qu'ailleurs, les étoiles sont plus grosses, l'air est plus fluide que l'éther. Le lac repose dans son cratère, vase de silence. La vache rêve sans bruit, dans l'étable. On ne pense plus, on songe ; on ne songe plus, on est.

Que reste-t-il de la littérature à ces altitudes inspirées ? Disons un roman de Simenon. C'est tout ce qui arrive à franchir les barrages qu'opposent la nue et la forêt de sapins. Mais Simenon, en très peu de mots, dit beaucoup de choses. Il sait la vie. J'admire encore ce bref dialogue que j'y trouve, au hasard, entre une mère et son fils, à la terrasse d'un café de Paris où ils viennent de débarquer pour visiter la capitale. Le fils est impressionné par le nombre des autos, des chauffeurs, des piétons.

« Ils en écrasent beaucoup ? demande-t-il à sa mère.

— Peut-être cent par jour », répond la mère ; qui ajoute aussitôt ce mot grandiose : « Tu verras peut-être un accident. »

On ne connaît pas mieux le cœur de l'homme. Que lui resterait-il, dans cette vie monotone, sans l'espoir de voir un accident ? L'accident est le théâtre du pauvre. Toute la presse est bâtie là-dessus. Car l'accident n'arrive qu'aux autres. A la guerre, où on le sent pour soi, on en rêve moins : il y en a trop. On ne le savoure plus dans le confort, et l'accident n'est délectable que du fond d'un fauteuil en velours rouge; à la rigueur en plastique vert Nil. Les cinémas l'ont fort bien compris. Il faut aussi qu'on puisse n'y croire pas trop. Et encore!... Tout dépend des mœurs, des usages, de la latitude. Quand des nomades, au désert syrien, vous racontent l'accident de l'auto dont vous venez de rencontrer les résidus noirâtres, ils ne peuvent s'empêcher de rire comme des enfants, à l'évocation du monsieur qui se démenait si comiquement tandis qu'il flambait comme une torche, et de sa femme dont le cadavre était complètement plat: ils y voient un vrai gag de dessin animé. Nous sommes plus lâches. Nous n'aimons pas le cadavre vrai. Mais raconté, ou en photographie. (« Il paraît qu'il était tout noir... Il fallait chasser les mouches vertes... ») Dans le roman policier il gênerait notre plaisir; le mort reste à peu près abstrait, il n'est guère qu'une donnée nécessaire du problème. Le vrai plaisir qu'on prend à Maigret, c'est de le voir manger ses sandwiches. Avec un demi. Un demi bien frais. C'est là qu'on est dans le vrai de la chose. C'est là qu'on sent que Simenon se récompense. Le reste n'est que broderie, fioriture, dispersion. Le reste n'est fait que pour justifier l'appétit, la soif de Maigret. Pour qu'il ait bien faim de son sandwich; et bien soif de sa bière bien fraîche. La preuve en est que si, par hasard, la bière est tiède, l'assassinat devient beaucoup moins intéressant et on dirait que le chapitre est raté. Au lieu que si le petit bistrot est légèrement obscur, s'il sent la sauce aux champignons, si le brouillard obscurcit la vitre, l'assassin devient tout de suite plus vrai et la piste plus passionnante. « *Suave mari magno...* », disait déjà Lucrèce: il est doux de voir du port les autres se noyer. Le plaisir n'est pas dans le massacre; mais dans le confort du spectateur. Ce n'est pas le massacre qui intéresse, mais le redoublement de bien-être qu'il procure; il fait doublement apprécier la sensation d'être à l'abri. Le roman policier n'est pas, comme le croient certains esprits faux, une histoire de caissière découpée en rondelles, mais une rêverie autour d'un sandwich, d'un fauteuil. D'un demi bien frais.

Voyez d'ailleurs Sherlock Holmes. Sans son punch, sans sa pipe et sans son grand feu de coke, ses assassins perdraient tout intérêt.

Mais je m'égare. Tout ce que je voulais dire, c'est qu'il est doux à l'égoïsme humain de trouver une terrasse de café pour assister aux accidents, de considérer le crime en série comme une rêverie autour d'une bière bien fraîche, de s'asseoir pour assister aux guerres, devant un écran de cinéma, sur un fauteuil où le derrière soit au large et les coudes bien appuyés, et de n'apprendre l'actualité que dans des pays situés à l'altitude du bœuf, légèrement au-dessus du nuage, l'altitude de la dame de la machine Singer. Mais combien de temps nous reste-t-il pour pouvoir encore en trouver?

La voix des plaines n'y parvient plus que décantée, ou assourdie, par le nuage. Elle m'apprend les rumeurs du siècle: on a créé à Bad-Nauheim une machine à battre les cartes (elle fonctionne à la manivelle); en Turquie des wagons-mosquées *avec boussole*, à Pretoria un biberon pour les enfants hippopotames que leur mère écrasait en allaitant sous l'eau; et à Slimbridge un canard de grand luxe (le premier canard patagonien qui ait des ailes couleur de bronze) dont la naissance a coûté sept mille francs. On se bat en Kabylie, on s'étripe au Laos. On a découvert à Sheffield que le perroquet ne peut plus parler quand il devient sentimental. Le grand amour lui coupe la parole.

Et c'est ainsi qu'Allah est grand.

BILAN DE NOVEMBRE

Prix Goncourt: Vintila Horia. – Marcel Arland a le Grand Prix national des lettres. – Charme du Repos du voyageur. *– Ruine des éditeurs par les grosses ventes. – Ils se rattrapent par les mauvaises. – Mariage d'argent. – Grand mot d'Eichmann. – Danger de l'anthropophagie pour les régimes républicains. – Dangers de la Bohême et de la Californie. – L'Oiseau. – La Chose. – Particules brillantes. – Devoirs du mois. – Grandeur consécutive d'Allah.*

Nous vivons une époque étrange, pareille à ces nuits prophétiques pleines de prodiges, de fumées et de pluies d'étoiles dont parlent les livres anciens.

Le prix Goncourt est échu à Vintila Horia pour son roman *Dieu est né en exil* que la critique dit excellent mais peut-être un peu trop scolaire. De son côté, Marcel Arland, le codirecteur de *la Nouvelle Revue française*, a reçu le Grand Prix national des lettres, et c'est très bien. Outre le talent, il a le mérite d'avoir servi la littérature avec une foi, un dévouement, une fidélité qui sont rares. Le plus beau de ses livres, à mon goût, est ce *Repos du voyageur* dont l'art invisible et sorcier rappelle Nerval et Chardonne. Une bulle d'or. Un effet d'optique. Une chose si légère et si miraculeuse qu'on continue à la suivre des yeux, une fois la lecture finie, comme ces bulles de savon qu'on cherche encore dans l'air une fois leur course achevée. L'irisation en est restée dans l'œil.

⁂

Toutes sortes de prix suivront.

Ça, c'est le trantran. Et il ruinera les éditeurs. Jean Paulhan nous l'explique fort bien dans *la Nouvelle Revue française*. La légende présente l'éditeur comme une sorte de vautour qui ronge le foie du romancier, ne boit que de la sueur de poète et s'engraisse du sang des auteurs. La réalité est tout autre : *il est ruiné par le succès de ses écrivains*. Et en effet, il tire tout de suite à trois cent mille, qu'il donne à vendre à un Service de Messageries. Les Messageries, au cours de l'année, lui renvoient cent mille exemplaires. Qu'il doit rembourser cash. Le voilà sur la paille. De succès en triomphe, le voilà dans la misère. Parti de peu il arrive à rien. Et c'est pourquoi on voit au coin des rues tant d'éditeurs qui tendent la main. Une main exsangue. Beaucoup, me dira-t-on, ont des yachts, des villas, des avions de plaisir, des chevaux de course. Façade trompeuse : ils leur sont offerts par un riche syndicat d'auteurs de triolets et de villanelles. Ou alors c'est que, ruinés cent fois par un succès, ils se sont rattrapés sur le nombre, ou enrichis avec les livres qui ne se vendent pas.

⁂

Mais tout cela, encore une fois, c'est le quotidien. Il y a eu mieux : il y a eu, par exemple, cette ancienne championne du cent mètres qui vient d'être père d'un bébé. Passons, nous en avons vu d'autres. Il y a eu cette jeune fille qui a épousé une dame, par-devant le pauvre saint prêtre qui enseigne chaque semaine le catéchisme à mes petits-fils ; mais la chose s'explique aisément : la dame touchait une pension de veuve. Mariage d'argent ; on en voit fréquemment. Seulement il y a eu ce mot d'Eichmann, qui a fait brûler cinq millions de Juifs, peut-être six, admettons quatre, et qui a déclaré posément : « Je ne suis pas antisémite. » Qu'aurait-il fait s'il l'eût été ? Il évitait, dit-il, « toute violence inutile », et un jour même, voyant exécuter un homme, « l'idée lui est venue » de « réfléchir sérieusement au sens que peut avoir la vie »... Il a conclu : « Au fond, je suis un homme sensible. » C'est un mammifère vertical qui a des cheveux, des pieds, des mains, des yeux, un veston, comme en ont les hommes, et on le classe avec eux dans la zoologie.

Les Balubas aussi, malgré leur nourriture. Ils mangent de l'Irlandais. De l'Irlandais courageux. C'est pour augmenter leur courage. Et le cerveau leur intelligence. Et les jambes leur vélocité. Ce n'est pas sans danger pour la démocratie. La *N.R.F.*, sous la signature de Jean Guérin, rappelle que le *Journal officiel* (du 14 août) a reproduit la circulaire de l'O.N.U. rappelant elle-même aux Afro-Asiatiques que l'habitude de manger les prisonniers, en modifiant les majorités à venir, risque de nuire au fonctionnement normal des institutions démocratiques. Bref, qu'elle n'est pas républicaine. Et c'est par là, ne mâchons pas les mots, qu'elle risque de menacer la civilisation.

⁂

Ce même novembre, on a photographié au cœur d'une forêt de Bohême la fusée qui est braquée sur le proche Occident, et, en Californie, parmi les orangers, « la Chose » qui repose dans un trou (les Américains disent « *l'Oiseau* »), plus effrayante qu'un cauchemar de mauvais moine : le missile qui détruira Moscou. Ces photographies courent la presse. On penche à croire après de telles révélations que M. K. est un espion américain et M. Ike un espion russe.

Qui font pleuvoir des particules brillantes.

Scintillantes comme des vers luisants.

N'hésitons plus. Car nous sommes en décembre.

L'agriculteur sérieux buttera les brocolis et sèmera les premiers concombres. Achetez un cheval d'un prix modeste et réchauffez avec du fumier frais, pour vos nouvelles couches de laitue, le fumier des couches et des réchauds qui vous ont servi en novembre. Revendez le cheval au printemps s'il tient trop de place dans le vestibule. Visitez vos harnais, réparez vos charrues (en dehors des heures de bureau).

L'homme consciencieux, en décembre, teille le chanvre, tresse des paniers, veille sur ses viviers et aère ses étangs. Il empêche les inondations d'entraîner le poisson de ses pêcheries.

Et c'est ainsi qu'Allah est grand.

CREEZY

Automne d'autrefois. – Châteaux et mort du cerf. – Bœuf sur la route. – Calendrier des Postes. – Automne d'aujourd'hui. – Palissades. – Affiches. – Cover-girl. – Creezy. – *Triomphe du prospectus. – Mode du cœur à la charnière de deux époques. – Charnière qui force et tragédie consécutive. – Grandeur concomitante d'Allah.*

Voici l'automne avec ses feuillages roux. Le soleil brille. C'est bientôt l'été de la Saint-Martin. Les marronniers des boulevards se déplument.

Autrefois, l'automne était rural. C'étaient des châteaux et des parcs. Le cerf traversait l'étang, poursuivi par les chiens, comme sur le calendrier des Postes. On entendait sonner les cors. Ou alors, c'étaient des brouillards. Un bœuf passait sur une route lointaine. Et quelquefois un montreur d'ours. Le singe faisait la quête dans un quart de soldat. L'ours portait une muselière.

Aujourd'hui, l'automne est urbain. Il se compose de palissades monumentales qui dissimulent des démolitions, des chantiers, des marteaux-piqueurs. Les palissades sont couvertes d'affiches. Sur les affiches il y a une dame nue. Ou à peu près. Elle vante une machine à laver. Ou un shampooing. Ou un « déodorant ». Ou une croisière dans les îles grecques. Elle surgit au sommet d'une vague, les pieds chaussés de skis nautiques. Ou bien elle fond du haut du ciel. C'est pour porter aux hommes un produit en tube souple. Une mayonnaise. Ou un décolorant.

On la retrouve dans les magazines ; elle y fait la réclame d'une gaine ou d'un panty. Ou d'une « résidence secondaire ». C'est ce qu'on appelle une cover-girl. C'est un produit de l'époque présente. Elle marque une date de la civilisation, une étape. Une mue. L'avènement de la photo en couleurs et de l'image obsessionnelle ; le triomphe de l'image sur l'imprimé, de la sensation sur le sentiment, du corps sur l'âme, de l'érotisme sur l'amour, de la foule sur l'individu. C'est elle qu'a prise pour héroïne Félicien Marceau dans son *Creezy*. Et il se pourrait bien que son livre reste comme un documentaire du sentiment à une certaine époque. Celle du dépliant publicitaire. Creezy, c'est le nom de sa cover-girl. Pas le vrai, d'ailleurs ; mais son nom de guerre, celui qui est connu du public. Et elle n'existe elle-même que par son apparence. C'est une illusion de l'œil. Son âme s'est fragmentée dans ses millions de photographies. Tout autour d'elle, en elle, a l'air d'un prospectus.

Un monsieur vient s'y promener. Il s'éprend de ce désert. Tout cela se passe sans parole. L'amour, qui était autrefois une chose qui se racontait, qui se mettait en balades, en sonnets, en alexandrins, en discours, en thèses, en romans-fleuves, se réduit ici à des fureurs glacées. Le monsieur est un député, marié, père de famille, déchiré par son drame. Un personnage de demain, comme elle. Mais il semble bien que chez les deux la mutation ne soit pas encore parfaite. Il y a un bout d'âme qui dépasse. D'où le grincement, d'où la tragédie, qui écrasera Creezy, sous le pied du *Fatum*, comme un insecte noir sur un carreau de faïence. Tout cela net, sec, rapide, classique, à la façon de certains Cocteau. (Ce pourrait bien être un chef-d'œuvre.)

***

Cette histoire prouve qu'il faut qu'il y ait dans une

maison humaine je ne sais quel ronronnement qu'on ne peut pas remplacer par la netteté du formica. Elle donne la nostalgie de l'inconfort, du bonheur, du temps perdu, des choses fanées.

Et c'est ainsi qu'Allah est grand.

CIVILISATION DE L'ÉPLUCHURE

Céline est un monstre sacré. Il a bâti des cathédrales de vomissure qui se mirent dans des lacs de purin. Il n'en reste pas moins que ce sont des cathédrales, conçues dans l'hallucination par un personnage titanesque, oraculaire et prophétique, un fabricant de polichinelles géant, clownesque, et même parfois féerique ; des cathédrales, avec des tours et des gargouilles (beaucoup de gargouilles, rien que des gargouilles), des piliers et des chapiteaux. Sans compter des vitraux qui éclairent dans les ténèbres, d'une lueur d'apocalypse, un magma de personnages miteux, marmiteux et calamiteux, bouffons, grandioses, plus vrais que le vrai, d'une vérité invraisemblable, qui finissent pêle-mêle dans l'horreur, le feu des bombes, le feu du ciel ou le flot de l'ordure, des cabinets ayant débordé quelque part. Guignols tragiques d'un Occident condamné à la catastrophe, noyé dans son propre excrément. Il faut toujours, avec Céline, une tinette qui déborde à flots et se transforme en Niagara. C'est parce qu'il n'y a plus sa grand-mère, silhouette épique, monstre d'hygiène et modèle des propriétaires, qui débouchait les cabinets de ses locataires en s'aidant d'un jonc souple et d'un broc d'eau bouillante. Opération dont elle mourut un jour de gel.

Quoi qu'il en soit, ce géant scandaleux, après avoir scandalisé la bourgeoisie, scandalisa sans doute aussi la Résistance, puisqu'il dut s'enfuir en Allemagne au moment de la Libération, avec sa femme, son chat et l'acteur Le Vigan. Il nous en a laissé d'ailleurs plusieurs tableaux inoubliables, où on les voit errer tous quatre dans une Allemagne shakespearienne, livrée aux bombes, aux flammes et à l'écrabouillis, ombres chinoises sur un fond d'incendie, cherchant du poisson pour le chat tandis que les maisons croulent et que la chaussée prend feu. Pensionnaires éphémères de châteaux féodaux sous le ciel noir de Poméranie. Fugitifs et vociférants.

C'était pourtant un patriote : le fameux brigadier Destouches. Le *Supplément du Petit Journal* avait montré en 1914, sur sa grande image en couleurs, le brigadier de cuirassiers Destouches sabrant au galop de charge une avant-garde allemande, crinière au vent (il n'a jamais travaillé que dans l'épique).

Autodidacte, bachelier, puis marchand de dentelles ambulant, conférencier à l'esbroufe à Bordeaux (où il traitait de n'importe quoi : des fins de l'homme, du bimétallisme) et peut-être aussi en Bretagne ; gendre d'un grand médecin breton ; médecin lui-même ; bourgeois cossu pendant huit ans, il était parti un beau jour, « se réfugiant dans l'aventure et même dans la mésaventure », pour parler comme Robert Poulet, à bord d'un cargo usagé où il était censé exercer la médecine. Sur un coup de tête.

Que ne fit-il pas ? Délégué à la S.D.N. pour étudier l'assainissement des eaux, il resta longtemps en Afrique (au Cameroun ou au Gabon), en Amérique, où on le retrouve médecin chez Ford (qui n'employait, dit-il, par un curieux principe, que des infirmes ou des incompétents), écrivain célèbre et honni, « génie infréquentable » et toubib des clochards, il avait atterri finalement au Danemark (après son équipée allemande), où il fut mis au cachot pour deux ans par les monstres froids du pays, « pris comme dans du béton dans leur vertu danoise », qui ne lui rendirent pas un centime des lingots d'or qu'il avait cru sauver, à l'époque de ses grands succès, en les enterrant dans leurs coffres.

Il en revint cassé, brisé, faussement repentant, et prêt, dans ses propos, à tous les conformismes ; disant « amen » et poussant des coups de gueule ; méfiant, persécuté, dans un petit pavillon, un « Patmos de banlieue », gardé par douze molosses dont le plus petit avait la taille d'un saint-bernard. En rogne contre le monde entier (mais qu'avait-il jamais fait d'autre ?), avec son rêve tonitruant. Gorgé d'indignation. Mentant, truquant, trichant. Disant la vérité. Entouré de serins, de canaris, de chats, de tortues, de chiens sauvés, soignant des clochards dans sa cave. Une ménagerie, une arche de Noé. Dans un désordre de coussins perdant leurs plumes. C'est là que l'a vu Robert Poulet, et c'était, assure-t-il, un spectacle étonnant que de voir se dresser ainsi, sur l'Occident vaincu et condamné (mais qui ne se savait pas vaincu et condamné), « ce génie saignant, traînant son aile cassée ». Napoléon à Sainte-Hélène, revu par le guignol lyonnais.

Et que disait-il ? Lisez Robert Poulet. C'est admirable et passionnant.

Tout d'abord, j'aimerais souligner que sa grande admiration allait à La Fontaine, qui a su marier le comble du raffinement avec celui de la simplicité. Qu'il savait que le « vrai » littéraire n'est pas le « vrai » photographique ; qu'on ne fait du vrai qu'en arrangeant et qu'en trichant à bon escient. Que le vrai exige un décalage, qui est dû à ce qu'on appelle le don. Qu'à moins d'écrire, comme Paul Bourget, des textes « plats comme un soufflet refroidi », il fallait supprimer d'un texte tout ce que tout le monde connaît déjà par le journal ou le cinéma, ce que tout le monde sait avant de le lire ; le composer, par conséquent, de « trous ». Comme de la dentelle au carreau. « Ce qui reste, c'est de la dentelle : la caractéristique et la ligne essentielle. Autour ? des trous. » Et la dentelle, « ça le connaissait ». Car sa mère était dentellière. C'est une chose qui n'existe plus. « Parce qu'elle exigeait un temps fou ; or personne n'a plus le temps de rien. On fait maintenant de la dentelle à la machine. De la littérature aussi. »

Cet auteur d'énormes bouquins qu'on croirait écrits d'un seul jet, d'un seul coup de gueule pour dire plus vrai, passait six ans sur un roman, reprenant, biffant, supprimant, comme faisait La Fontaine pour trouver le naturel, écrivant six mille pages pour en garder six cents.

La tradition ! Chez un tel anarchiste ! Il fut bourgeois. Il est pétri de contradictions. Qui se fondent dans un rire énorme. Il faudrait citer tout l'ouvrage. Peuple (et ennemi du communisme), artiste et surtout révolté. Médecin qui ne voit partout que des morts en sursis. Qui le font rire par leurs vains efforts. Il avait été le chien de traîneau, « le chien de tête », qui avertit les autres du trou, de l'obstacle éventé par son flair. Il avait prédit le cataclysme.

C'était Cassandre. Il ne pouvait être que mal vu. L'humanité ? « Des morts vivants » : « sanglots, révolte, ou, ce qui est encore plus bête et vide, fureur de vivre ». Ballet grotesque et dérisoire de cadavres récalcitrants qui s'accrochent au bord du cercueil. « Moi, la mort, dit Céline, m'habite et me fait rire. Voilà ce qu'il ne faut pas oublier : que ma danse macabre m'amuse. »

Une farce immense. Issue de détails bouffons plus encore que sinistres, « et à la surface de laquelle s'accrochent quelques milliards d'atomes qui, à peine liés ensemble, commencent déjà à se desserrer, après avoir crié vaniteusement leur petit nom d'hommes ; est-il rien de plus bouffon ? Croyez-moi, le monde est drôle ; la mort est drôle ; et c'est pour ça que mes livres sont drôles et que moi, au fond, je suis gai. On a tout fait pour me détourner de l'être, et quelque chose le reste encore en moi quand même, à fond. Jusqu'au moment où ma gaieté éclatera en même temps que ce qu'on appelle ma vie, qui n'est chez moi, comme chez tous les autres, que ma façon d'être mort, presque mort, déjà mort ; un mort sans colère. Un mort heureux ». Ainsi parle Céline.

Un incendiaire, l'inventeur d'une musique, un « éclopé au cœur déçu ». Avec des pudeurs, des tendresses. Et cette clownerie qui donne le change... « Méchant Céline ! Pauvre Céline ! Et cher Céline ! », ainsi conclut Robert Poulet, le campant comme un fabricant de polichinelles d'apocalypse qui installa Patmos à Meudon.

Il jetait l'homme à la poubelle, mais l'y ramassait soigneusement ; heureux de l'en voir sortir plus sale. Il le traitait en épluchure, mais en épluchure artistique : il en composait des tableaux.

Philippe Dereux, dans le monde des arts, en fait autant. Il continue à faire triompher « l'Epluchure ». Pas l'épluchure humaine, mais l'épluchure de figue, de pomme de terre, de carotte, d'abricot. Il la colle sur une toile et en fait des tableaux. Il y a quelque dix ans que cette inspiration lui structure sa vie intérieure. Il s'est consacré corps et âme à l'apostolat de l'Epluchure considérée comme véhicule de la Beauté. Il y a d'abord travaillé seul, puis il a fait éplucher sa famille, ses voisins et les gens de passage. Il en a tiré une méthode, une technique, une philosophie. Il en a fait tout un Traité.

Chacun épluche à sa façon, ce qui lui a permis de mettre sur pied toute une caractérologie, fondée sur l'épluchure des raves. « Telle est l'épluchure, tel est l'homme ». « Dis-moi comment tu épluches, je te dirai qui tu es. » Il a même poussé le raffinement jusqu'à faire sans nulle épluchure des tableaux d'épluchures à épluchure absente, où l'épluchure est remplacée par sa couleur. Comme dans Chardin. Elle y règne par l'arabesque.

« Je suis de mon siècle par tous les pores », aime-t-il à dire dans ses programmes. Car notre époque pratique le culte de la matière. C'est par là, paraît-il, que les Epluchuristes s'insèrent dans le XXe siècle. Ce qui donne d'ailleurs des résultats charmants : fleurs-fictions, jardins ou tapis, voire « objets de culte » en épluchures de poire, qui ont le charme des émaux ou des vieilles tapisseries. Le Centre culturel de Villeurbanne va en exposer ces temps-ci, pour former le goût des visiteurs lassés de Rembrandt. Il y aura la peinture d'avant les épluchures, et la peinture d'après l'épluchure de carotte. Se douterait-on qu'elle est « contestataire », comme le proclament ses prospectus, parce qu'elle utilise à ses fins, tout comme les rempailleurs de chaises, un matériau d'origine agricole à une époque d'industrie forcenée ? Peut-être suffit-il, après tout, de mettre de l'ail dans le gigot pour faire partie d'une avant-garde politique ?

Mais je crois plutôt que la « promotion » des épluchures, qui régit aujourd'hui notre civilisation, est un phénomène trop banal pour marquer un changement d'époque. Notre civilisation glisse sur des peaux de bananes. C'est le présent. Est-ce vraiment l'avenir ?

CHRONIQUE DES HOMMES DU PASSÉ, DE L'AVENIR, DE SEMPÉ ET DE JEAN GUITTON

L'homme n'est pas pareil à lui-même et ne cesse de s'en distinguer. Il n'y a qu'à voir dans le dernier *Paris-Match* la fresque hallucinante des Papous qui dansent la Danse des Hommes de Boue. On dirait des poupées de terre cuite nées d'un délire du Père Ubu. Et c'est ainsi qu'ils apparurent à leurs ennemis qui les avaient refoulés un jour dans une rivière, au fond de la vallée de l'Asaro, d'où ils surgirent soudain tout « encroustés de boue », comme ces crocodiles de Montaigne qui se roulent, dit-il, avant le combat dans la vase du Nil et se font sécher au soleil pour s'envelopper d'une cuirasse de terre cuite. Apparition si fantastique, si diabolique, si effrayante et inhumaine que les ennemis terrifiés s'enfuirent, croyant à des esprits. Il y avait de quoi: on les prendrait pour des cruchons à tête de mort. Les uns tout blancs, d'autres tout noirs, d'autres blancs avec la tête noire, d'autres noirs avec la tête blanche. Avec des trous carrés à la place des yeux et de petites dents largement séparées, qui ont l'air « en vrai gravier du boulevard Montparnasse », comme dans les portraits de Dubuffet. Blancs en gros, mais d'un blanc grisâtre de vieille poupée en caoutchouc qui a traîné trois ans dans le ruisseau ; nus et gris comme ces protestants, vestiges des guerres de religion, qui sont accrochés à des clous dans un petit placard souterrain de l'église de Saint-Bonnet, auxquels adhèrent encore quatre poils sur le crâne ou un lambeau de chemise tachée de rouille. Bref, on dirait une vision de Fellini.

Avec un haillon pour cache-sexe, ou des chaînes d'or autour du cou, ou une jarretière faite d'un morceau de chiffon. Et de longs bâtons dans les mains. Ils reconstituent tous les ans cet horrifique tableau qui les fit triompher. Et d'autres fois ils s'habillent en oiseaux (coiffés de plumes, peints en jaune et rouge, le nez traversé d'un morceau de bois ou d'une pointe Bic). Et d'autres fois en je ne sais quels insectes géants, noirs et verts, enjuponnés de lianes ; végétaux : la tête transformée en une feuille de philodendron, comme ces dames de Cocteau, qui errent au bord de la mer et qui ont pour tête un coquelicot ou une pensée. Ils portent, accroché au cou, un pectoral doré fait comme un croissant de lune. Ils se promènent aussi en bandes, couverts de boue humide pareille à une toison, qui leur donne l'air de moutons sales, brandissant des bâtons ou des haches très modernes qui ont l'apparence d'avoir été achetées au Bazar de l'Hôtel-de-Ville.

Ce sont les plus vieux hommes du monde. Ils croient descendre de l'oiseau et vivent encore à l'âge de pierre. Certains se cousent un bouton sur le nez. Leurs batailles se déroulent comme des ballets réglés. Elles commencent à midi, elles finissent à l'heure juste où ceux qui sont venus de l'endroit le plus lointain doivent repartir pour être à temps de retour chez eux. Ils ont constaté que l'avion apportait des richesses aux Blancs (ils pensent que c'est un oiseau mâle) et ils en construisent des carcasses dans des clairières, pour que les richesses leur parviennent comme l'eau arrive par le robinet.

Tels sont les hommes les plus anciens.

Les plus futurs ne sont pas moins fantomatiques. Nous les voyons dans les images des magazines disparaissant sous de longues chemises et des cagoules ou des scaphandres, armés de groins, de siphons, de tubulures, qui les font ressembler à des fourneaux à gaz ou à des entrailles de chauffe-bain, à des gorets de concours agricole ou à des larves de moustique. Qui ne se rappelle cette étonnante photographie où l'on voyait le général de Gaulle rôder dans les couloirs d'une usine atomique en cagoule et en grande robe blanche comme un revenant du Moyen Age dans les sous-sols d'un manoir écossais ?

Ainsi se présente l'homme du Cosmos, ainsi va-t-il vers l'infiniment grand.

*
**

Sempé persiste à le voir infiniment petit, poussière hilare sur le désert d'une double page toute blanche dans un album de grand format. Cette fois c'est Marcellin Caillou. Il a les proportions modestes d'un champignon au cœur du Sahara. C'est une tête d'épingle, un microbe. Un microbe rouge, car il rougit à tout propos. C'est son caractère essentiel. Son familier, René Rateau, n'est pas plus grand. Il éternue pour un oui pour un non, et n'a pas d'autre caractère. C'est un « atchoum » constant réduit à un « atchoum ». Ces singularités, qui les isolent du monde, les lient d'une amitié profonde. Ils ne se quittent plus. René joue du violon et Marcellin l'admire. Il est ravi, quand il s'enrhume, d'éternuer comme son ami. Le petit Caillou ne peut plus se passer du petit Rateau, le petit Rateau ne peut plus se passer du petit Caillou. Ils se perdent. C'est le désespoir. Ils se retrouvent. C'est le bonheur parfait. Lisez cette étonnante aventure. Elle réconcilie avec l'homme. Il n'est jamais plus sympathique que dans son extrême modestie.

*
**

Jean Guitton, lui, l'étudie par couples dans sa grandeur et son génie : Newmann-Renan, Pascal-Leibniz, Bergson-Teilhard, Claudel et Heidegger. Pour comprendre, dit-il, rien ne vaut de comparer. Encore y faut-il un esprit, quand il s'agit de tels géants, nourri de tant de littérature, de philosophie, d'histoire et de théologie, voire de hautes mathématiques, d'une rumination si constante des plus hauts problèmes de l'homme, d'une vie intérieure si intense que peu de gens peuvent se le permettre avec la compétence et la pénétration qu'y apporte l'auteur de *M. Pouget*. Où est le bénéfice de ces comparaisons? Autrement dit de ces « profils parallèles »? C'est une vue stéréoscopique. De même qu'on l'obtient par une double visée. Jean Guitton utilise ici la convergence ou la divergence des esprits pour obtenir une vue plus juste des problèmes et des mystères.

Le parallèle de Pascal et de Leibniz pose la question de l'infini, du continu, de la liberté, de l'œcuménisme. Le parallèle de Newmann et de Renan, celle du devenir, de l'évolution, de la religion, de la critique biblique, de la tradition. Le parallèle de Bergson et de Teilhard envisage l'Evolution, le rapport de l'homme et du Cosmos, le christianisme. Le parallèle de Claudel et de Heidegger fait réfléchir sur le langage, la poésie, le silence, l'être. C'est une contribution à l'histoire de la Pensée.

En même temps, le livre a le charme des portraits dans le sillage de Sainte-Beuve. Les Clermontois y trouveront le puy de Dôme vu à travers les lunettes de Bergson, de Teilhard de Chardin, de Pascal, de Bourget. Celles de Teilhard et de Bergson donnent une image qui comporte la même morale: que tout est fou, même la pierre: « Tout est élan, même l'immobilité. »

Quant à moi, j'aime la méditation que Guitton tire du chemin de campagne, à la suite de Heidegger, et où il voit « de plus en plus le symbole de la destinée. De la destinée telle qu'elle est et non telle que souvent l'esprit la reconstitue par artifice », encore qu'au bout, au contraire de la vie, le chemin offre la voie du retour, et l'offre même à telle enseigne que c'est par le retour, le va-et-vient que le pas de l'homme a tracé le sentier, ce que n'a jamais fait l'animal, « lequel, dit Guitton, ne repasse pas par les mêmes traces » — mais de ce détail, de ce dernier détail, Jean Guitton est-il tellement sûr? Il y a le lièvre de Francis Jammes, celui des chasseurs, qui savent *d'avance* où aller l'attendre, parce qu'il suit toujours le même chemin. Du moins, c'est ce que dit Francis Jammes. Mais laissons ce lièvre sans importance. Je ne tiens pas à le soulever , car j'aime trop le texte de Guitton. Et le lièvre n'a jamais fait de route.

Le chemin de Guitton mène l'homme jusqu'au cimetière. On y voyait jadis « osciller son cercueil » sur quatre porteurs à la fois lourds et maladroits. « Et le long de nos chemins creux on trouve encore, de distance en distance, les croix de pierre avec une dalle où les porteurs déposaient le mort, faisaient halte et prenaient le repos de la vie. C'est ainsi que les croix de chez nous sont éloignées d'une profonde unité de mesure dans l'espace et le temps : celle de la fatigue de quatre corps vivants pour porter un mort sur leurs épaules. »

Ils arrivent toujours au bout. C'est là que se retrouvent le Papou, l'homme de l'avenir, l'homme de Sempé et les philosophes de Guitton. Ils y prennent leur forme éternelle. Le Coran assure (mais dit-il vrai ?) que les époux « y sont assis sur de riches canapés de velours, verts, ornés de tapisseries magnifiques ».

Et c'est ainsi qu'Allah est grand.

LES GRANDES RECETTES

Monotonie de l'hiver. – Tristesse de la saison. – Nouveauté. – Ecole de Barbiana. – On n'attend pas assez que le dernier ait compris. – Excellence du principe. – Exceptions éclatantes. – Grandeur consécutive d'Allah.

Le ciel est gris, la neige hésite, tantôt elle tombe et tantôt elle s'arrête. Le son des cloches a l'air fêlé. La Santé est de plus en plus noire. On dirait que le monde s'use et que la vie se fatigue. On aurait bien besoin de nouvelles recettes. Il en vient d'ailleurs de tout côté.

Tandis qu'en France l'Université se cherche, s'agite et se tord comme un ver, je lis dans les journaux que les enfants de Barbiana sont en train de nous donner une grande leçon. Ils ont pris le taureau par les cornes, l'affaire en main, et maîtrisé la situation. Barbiana est en Italie. Les enfants de Barbiana ont écrit, paraît-il, une « *Lettre à une maîtresse d'école* » qui a le mérite de « claquer comme une gifle » sur la joue de cette dame routinière.

L'école n'était, paraît-il, jusqu'à eux, qu'un hôpital qui soigne les gens en bonne santé et qui renvoie les mal portants. Autrement dit, qui n'instruisait que les élèves intelligents et qui ne s'occupait pas des autres. J'avoue qu'ayant passé par un grand nombre d'écoles, ce n'est jamais ce que j'y ai constaté. Il est vrai que, de mon temps, les classes ne comptaient pas cinquante élèves. Et j'ai connu bien des instituteurs qui enseignaient des cancres après la classe, leur consacraient leurs soins, leurs forces et leurs loisirs avec un zèle digne de causes moins désespérées. Peut-être n'en est-il plus de même. Et c'est pourquoi les enfants de Barbiana auront bien fait de fonder cette école où les élèves distraits et les lents à comprendre sont traités par le maître avec prédilection. « On aurait dit que l'école était rien que pour eux. » (Pourquoi le passé ? N'existe-t-elle plus ?) « *Tant qu'ils n'avaient pas compris, les autres n'avançaient pas.* »

Cette nouveauté m'effraie un peu. J'avais, quand j'étais en sixième, un excellent camarade : Durand. (Il s'appelait Durand, comme tout le monde.) Il avait des bonnes joues, des oreilles écartées qui trahissaient une âme naïve, une préférence marquée pour le fromage de tête et une parfaite cordialité. Tous ses plaisirs étaient dans la gastronomie. On aimait bien Durand. Il jouait très bien aux billes et il a fait une assez belle carrière comme gardien de terrains à bâtir. Malheureusement, en classe, « il ne comprenait pas ». Il ne comprenait tenacement pas. Ça lui est resté pendant plusieurs années au cours desquelles il a gémi sa vie sur les bancs d'une école cruelle, rêvant de vastes espaces et d'immenses terrains de jeu, de cours d'eau ombragés pour pêcher à la ligne, et de ruisseaux pleins d'écrevisses où il barboterait comme un dieu dans l'eau glaciale de la montagne en posant des balances chargées de tête de mouton. Ses professeurs et ses parents avaient tout fait pour qu'il « comprenne ». Ses camarades aussi, tantôt l'un, tantôt l'autre, car il y avait plaisir à obliger Durand. Mais il ne comprit pas plus à la fin qu'au début et, au bout de quatre ou cinq années, en quatrième, il se découragea. Ou plutôt il était découragé d'avance. Il se lança dans une autre voie, avec un immense soulagement. Il y prit un plaisir extrême et se rappelle avec horreur le temps où on voulait lui enseigner la grammaire et l'extraction des racines carrées.

Pendant ce temps, Dupont est devenu médecin, et

Dubois ingénieur dans les Ponts et Chaussées. Si Dubois et Dupont n'avaient pas « avancé » avant que Durand ait enfin « compris », il y a des gens qui mourraient sans soins et des ponts qui s'effondreraient, et on voit mal où serait le bénéfice. Ayant « compris » avant Durand, ils se seraient ennuyés en classe pendant qu'on enseignait Durand. Ils auraient attrapé des mouches, rongé leur gomme et suspendu des pantins de papier aux basques de leur professeur. Tous les élèves, sauf l'heureux Durand, auraient été pendant de longues années à l'école de la grande paresse. Et, l'oisiveté étant la mère de tous les vices, ils seraient tombés petit à petit dans le mensonge, l'assassinat et même la négligence. C'est pourquoi je me méfie de l'école de Barbiana.

Elle est pourtant bien séduisante. Deux heures par jour y sont consacrées, paraît-il, à la lecture des journaux politiques. Ce qui vaut mieux, nous assurent ces enfants, que d'« emmagasiner des règles de grammaire avec les exceptions » qui en forment l'ornement et donnent prétexte à de vaines gymnastiques de l'esprit.

Former des gens qui en sachent suffisamment pour lire le journal qu'on leur donne et pas assez pour le juger, quelle espérance ! Quel idéal ! Quel bénéfice !

Et c'est ainsi qu'Allah est grand.

CONSIDÉRATIONS BIEN PÉNIBLES MAIS D'UNE BRÛLANTE ACTUALITÉ

« La mort, disait une dame que je connais, ça me dérange, parce que je n'aime pas le changement. »

Voilà : on n'aime pas être dérangé.

C'est pourquoi saint Louis de Gonzague, âgé alors d'une dizaine d'années et en train de jouer à la paume, répondait, comme on lui demandait ce qu'il ferait si on lui annonçait qu'il devrait mourir dans un quart d'heure : « Je continuerais de jouer à la paume. » C'était un saint. Il avait raison.

Même attitude chez une grande dame du XVIIIe. Elle tricotait sur son lit de mort. Sa servante s'en étonnait. « A quoi bon, Madame ? disait-elle, vous en avez pour si peu de temps. — Raison de plus pour ne pas le perdre », répondit cette femme admirable. On ne saurait avoir plus de bon sens.

Ces histoires prouvent qu'il y a des gens qui n'aiment pas se laisser déranger. Or, la mort change les habitudes. Les fonctionnaires, qui déménagent souvent, partent peut-être plus facilement que les autres. Malgré tout, on n'aime pas ce changement. Aussi cherche-t-on à le réduire, à sauver ce qu'on peut de l'aventure, à garder certains avantages. La belle-mère de ma cousine Anne ne voulait pas qu'on l'enterre à Clermont. « Il n'y a pas de vue », expliquait-elle. On l'a enterrée à Durtol. Elle y est contente. Du moins, je l'espère. On y jouit d'un grand horizon.

⁂

L'idée de la mort assombrit les vieux hommes. Ils continuent cependant de jouer à la paume: Paulhan, Chardonne, Billy, Jouhandeau, Franz Hellens. Et mieux que jamais. Car l'homme vit d'habitudes. Et il les perfectionne chaque jour.

Il n'a encore trouvé que trois remèdes à son angoisse métaphysique, dit Jean Rostand, l'un de ceux qui l'éprouvent le plus fort: « Ou l'apaiser avec un dieu, ou la noyer dans le plaisir, ou la guérir par des pilules. » La guérir? L'endormir plutôt. Pourtant, Jean Rostand sait ce qu'il dit. Il n'est jamais grandiloquent, il ne force jamais le sens des mots. Il dégonfle d'un coup d'épingle bien des écoles philosophiques et littéraires: « L'homme n'est pas grand, écrit-il, l'existence n'est pas absurde, et la nature n'est pas belle... » C'est un biologiste qui parle... Et patatras. Que de plâtre par terre! Et même de marbre, et de faïence historiée!

C'est la mort qui donne à la vie ses ombres et ses proportions, ses grandes dimensions dramatiques. « Vivre sans avoir peur de mourir, ce serait jouer avec des haricots. » C'est elle (et le Destin derrière elle) qui est le grand personnage de Malraux dans les *Antimémoires*, dont parle toute la presse et qui ne font qu'orchestrer les éternelles questions: qu'est-ce que l'homme? Sachant qu'il mourra, comment peut-il consentir encore à faire ce qu'il fait sur cette terre? Etc. Toutes questions auxquelles répondrait un catéchisme de trois sous. Mais l'homme se garde de l'ouvrir. Admirons son inconséquence: il passe sa vie à se poser des problèmes dont il enseigne à ses enfants la solution. Depuis des milliers d'années qu'il doute, la première chose qu'il enseigne à son fils, c'est la réponse aux questions qu'il se pose. Il n'a ni la sagesse de ne plus interroger, ni celle d'adopter les réponses qu'il préconise comme les meilleures.

Du moins chez les civilisés. Chez les sauvages, les réponses sont crues de tous. Et les sauvages ont réponse à tout. Ils savent l'au-delà et sa géographie comme les enfants de Paris savent le plan du métro. C'est ce qui fournit aux civilisations et un axe et une consistance. « Il est utile, écrivait Claudel dans son journal, d'avoir des idées d'ensemble, même fausses. Car une idée d'ensemble ressemble toujours plus qu'une vision de détails à une vérité d'ensemble. »

Même fausse, une idée d'ensemble assure une civilisation. Or la vision de certains détails nous fait douter de notre idée d'ensemble. C'est ce qui fissure notre citadelle. Nous habitons dans une maison qui croule. Nous ne croyons plus nos vérités.

Nous enseignons à n'y pas croire ! Le principal de mon collège, dans mon enfance, terminait son cours de morale, à la fin de l'année de troisième, par une leçon qu'il faisait en plus, par un grand scrupule de conscience, pour expliquer qu'il ne fallait pas trop croire ce qu'il avait prêché pendant un an. Que si nous étions honnêtes, vertueux et sensibles, comme il nous l'avait recommandé, nous serions les dindons de la farce, que les prébendes, la gloire et la fortune allaient à ceux qui connaissent le code pour s'en servir. Le pauvre homme mourut d'alcoolisme pendant un cours sur la sobriété. Il n'en avait pas moins raison. Et c'est pourquoi nous sommes en pleine déliquescence. Au point que pour faire un grand éloge d'un de ses amis, un de mes amis me disait un jour qu'il n'avait eu que les « lâchetés nécessaires ». Et il faut convenir que c'est très beau.

***

Qu'ajouterai-je à propos de la mort? Qu'elle a un aspect consolant. Car la mort empêche de mal faire. Le prince Youssoupov, qu'on vient d'enterrer récemment, a toujours été convaincu qu'il avait agi saintement en assassinant Raspoutine. D'abord parce que c'était le démon, ensuite parce qu'en le privant de la vie, il l'avait empêché de commettre tous les crimes qu'il eût perpétrés. La peine de mort eût empêché de même l'assassinat de deux personnes dont j'ai lu avant-hier le récit dans les journaux. Le meurtrier avait déjà tué, douze ans plus tôt, deux autres personnes. La peine de mort empêche toute récidive. Or, la plupart des criminels se recrutent chez les récidivistes. Je m'étonne que les partisans de la pendaison ou de la guillotine ne fassent pas valoir cet argument, qui paraît plus sérieux que les autres. Toute la question serait de savoir si la guillotine ferait moins de morts qu'il n'y a de seconds ou de troisièmes assassinats.

⁂

Je parlerai enfin de la nature qui adoucit ou aggrave les regrets qu'ont les poètes de mourir jeunes, les uns heureux qu'elle leur survive, les autres qui s'en sentent nargués. C'est parce qu'ils la voient immortelle. Elle n'est pas plus immortelle qu'eux ; du moins, pas plus que l'humanité. Un arbre vit souvent bien moins longtemps qu'un homme. Une laitue dure le temps d'être mise en salade. Le cheval meurt à vingt-cinq ans, le chien à douze, l'escargot à quatre, l'éphémère n'a pas le temps de manger. Seul l'éléphant dépasse cent ans, le corbeau et le perroquet cent onze, la tortue quatre cents, la baleine mille. Buffon, du moins, ne le lui interdit pas ; mais le Muséum n'a pas fini de faire l'expérience.

Les observateurs s'impatientent.

Et c'est ainsi qu'Allah est grand.

LES MÂCHOIRES DE LÉVIATHAN

L'été a été là d'un seul coup, avec ses roses et sa verdure épaisse. La grive s'est tue. L'homme met son caleçon de bain. Le grillon meurt. Le coucou se gorge de chenilles. Autrefois, on savait ces choses par la colonne de gauche de l'*Almanach Vermot.* Il ne prend même plus la peine d'en parler. La nature ne sera bientôt qu'une espèce de souvenir d'enfance pour l'homme, assis sur une chaise en métal au milieu d'un cube de ciment. Le village aussi. Qui se souvient encore du bruit que faisait l'enclume du maréchal-ferrant, et des étincelles bleues qui l'entouraient dans l'ombre? La forge était un coin des champs. Maintenant, tout le paysage n'est plus que sidérurgie. Autrefois il y avait l'église, le forgeron et la gendarmerie. Maintenant, il n'y a plus que l'usine. On sauvera la gendarmerie. Et on marchera vers le bonheur. Du même pas, en colonne par quatre. On sera heureux au commandement.

Aussi l'Art fait-il des cauchemars. Il faut voir *Ubu Roi*, rue de Seine, à la Galerie des arts plastiques. C'est la colique couronnée par la mort. Le talent ne rêve plus que du monstrueux. Et ajoute le sang au grotesque. C'est la morgue de Buchenwald conçue comme un guignol pour personnes cultivées. L'anti-héros a fait fortune en tout domaine.

Autrefois, les poètes acclimataient l'horrible. La

Complainte de M. Benoît le ramenait aux proportions du papotage entre esprits sages et distingués devant la porte de la boucherie, quand M. Benoît se suicidait dans sa coquette villa de banlieue. On connaissait l'épiphonème approprié, le commentaire qui se doit en de telles circonstances. Et Franc Nohain n'hésitait pas à le versifier :

Cette pauvre mademoiselle Benoît est également bien à plaindre,
Elle qui allait épouser un riche industriel de l'Indre...

De tels discours apprivoisaient le spectacle le plus macabre. On s'envolait dans la platitude. Elle s'enroulait autour du pendu comme le ruban autour du mirliton. Et La Fontaine cachait la mort de l'âne.

Mais, aujourd'hui, le sadisme est devenu vertu. On cherche à effrayer par mode, par surenchère, par fanatisme ou méthode politique (après avoir lancé les colombes de la paix). Il faut lire l'interview de Siné à la radio, par Jacques Chancel. C'est un numéro de cannibale. Il veut manger du sergent de ville coupé en tranches. Avec un couteau à hors-d'œuvre. On dirait un sketch de maniaque. Car on comprend à la rigueur une singularité de gourmet. Mais Siné n'est pas raisonnable : le sergent de ville est immortel. Jamais aucune révolution n'a pu détruire le sergent de ville. Elle n'a fait que le multiplier (il n'y a qu'à voir en Sibérie). Est-il victime du personnage de forcené qu'il s'est forgé ? Siné fait la « facia feroce », comme l'Italien au commandement de « Chargez ».

On sait comment ces choses finissent. Quand on les fait à dix-huit ans, on devient ensuite notaire dans le Gard, ou même dans le Tarn, au besoin dans le Lot-et-Garonne. Quand on les fait plus tard, en se prenant au sérieux, c'est le bain de sang et la guerre civile, suivie bientôt d'une dictature pire que le régime aboli. Après la pluie vient le mauvais temps. L'homme a besoin de changer de sergents de ville. Les siens l'excèdent. Il veut ceux du voisin.

Nous vivons une époque pire que le Moyen Age, une époque née de Fantômas, appelée à rester dans l'Histoire comme un des siècles les plus noirs. Le sadisme y a pris bonne conscience.

Je songe au *Léviathan* de Julien Green (lequel vient d'avoir, pour son œuvre complète, le grand prix de l'Académie). Notre siècle est né sous son signe : Léviathan, le crocodile ou la baleine de Job ; d'aucuns disent le mégalosaure. De toute façon : le mal, la bête, une espèce de mille-pattes géant aux mâchoires d'alligator, qu'on découvre au fond de la petite ville ou de l'âme humaine la plus commune, en en soulevant le couvercle anonyme sous lequel se cachent des nids de rats. Tout au moins quand on s'appelle Green. Green joue de la flûte, et la bête sort de son repaire ; ses mâchoires claquent avec un bruit de bois sec sur la victime qu'elles ont choisie.

Je revois Green éclairé par une lampe à pétrole, tout de noir vêtu, dans un décor bourgeois. Peut-être mes souvenirs me trompent-ils ? Il m'apparaît comme l'intendant d'une espèce de château hanté. Très beau, tout noir, avec quelque chose d'anonyme, d'immobile, de secret, qui lui donne l'apparence d'un serviteur de l'Invisible dans quelque délire d'Hoffmann. Je dirais le maître d'hôtel du Diable, si je ne sentais combien le souvenir déforme et l'imagination déraille.

Son *Léviathan* est un chef-d'œuvre. Il ne saurait l'avoir écrit sans de secrètes complicités avec le domaine des ténèbres. Je déplore seulement la jaquette de l'ouvrage, sous laquelle je le reconnais mal : ce papier verni, ces acteurs de cinéma, ne remplacent pas la couverture jaune qui l'enveloppait en 1929. Elle tranche sur un passé qu'elle enterre sans égards ; sur une époque paisible et lente qui ne changeait pas, semblait dater de la nuit des temps et devoir durer jusqu'à la fin du monde ; l'époque même qu'éternise le roman de Julien Green. Comme si on servait un bordeaux de grande cuvée dans une bouteille en plastique vert. Alors que le drame de l'homme de Green baigne tout entier dans l'époque, qui est celle des souvenirs de Gaxotte, où les femmes reprisaient les bas avec un œuf en bois violet. On s'éclairait à la lampe à pétrole. C'était le temps des longues jupes, des chaufferettes, des feux de bois, des maisons froides, des fantassins en pantalon rouge. Il y a une qualité de la brume sur les peupliers, en octobre, qui n'est pas la même à l'époque où l'on reprise les bas avec un œuf en bois qu'à une époque où les réclames brillent au néon ; l'âme de l'homme et ses émotions ne sont plus tout à fait les mêmes, disons parce qu'il n'y a plus de retraite aux flambeaux, et que des mots comme faubourg ont changé de résonance. On n'a plus les mêmes nostalgies. Ce n'est plus sur la même plaque que l'on photographie.

La jaquette vernissée de Plon enterre notre lointaine enfance, le jeu de cubes, le cheval du laitier.

Le cheval du laitier est mort je ne sais trop quand, sur une route blanche (les routes de cette époque n'étaient pas bitumées). Dans quelle remise d'un pays du grand Meaulnes retrouverait-on, les brancards en l'air, sa charrette qui passait à sept heures du matin ?

C'est cette même impression de passé, de fête morte, de lampions éteints, de pièce terminée, de rideau baissé, de théâtre vide et de préau sans enfants que me laissent *les Princes des années folles*, où Guilleminault et Bernert nous rappellent le feu d'artifice qui fut tiré par les poètes, les romanciers, la mode, les sports, le cinéma, les mages en bonnet d'astrakan, de la fin de la guerre de 14 au début de l'Allemagne nazie. Les feux de Bengale se sont éteints, l'orage a trempé les soleils, on retrouve les baguettes noircies des vieilles fusées dans la rhubarbe, et les carcasses rouillées des lanternes japonaises déchiquetées par l'ouragan dans les branches du marronnier. Quelle tristesse que d'errer dans ces anciens jardins pleins des tombeaux de ceux qui furent les rois d'un jour et qui, tout de même, restent des princes ! « Ils parlent, comme disait Fitzgerald, avec l'autorité de l'échec. » Ils ont été les rois de la mer, comme Alain Gerbault, ou plutôt de la solitude. « J'écoute mon silence », disait-il (ou alors « je m'écoute vivre »), « et ça fait un bruit merveilleux ». Il est mort en 41, dans l'île portugaise de Timor, sans que personne s'en aperçoive dans le vacarme de la guerre, redevenu obscur, et rongé de malaria.

Ils ont été les rois du roman, comme Radiguet: « fusillé par les soldats de Dieu », disait-il dans son agonie. Ils ont été les rois de la fantaisie, comme Cocteau, touche-à-tout génial, grand sélecteur des valeurs de l'époque, midinette, Arlequin pailleté, insecte noir au corselet luisant, dont la chambre, arsenal d'objets d'illusionniste, était, dit Bernard Fay, comme un nid de pie voleuse. Ils ont été, comme Lang, les rois du cinéma, les inventeurs du *Docteur Mabuse*, du film d'horreur ou des Mille et une nuits. Les rois de la fête et de la littérature, comme Fitzgerald ; de l'auto de course, comme Bugatti ; de l'époque où les milliardaires ont commencé à préférer une Rolls Royce à la belle Otéro. Ils ont été les rois d'on ne sait quoi de ténébreux et de magique, comme Gurdjieff, colossal, sinistre, énigmatique, chez qui mourut Katherine Mansfield, dans une banlieue où il faisait construire, à des disciples hypnotisés, des bains turcs et des salles de palais oriental, transporter des sacs de ciment et éplucher des pommes de terre. Il allait chercher à douze mètres au-dessus du sol, sur une poutre, un maçon endormi prêt à tomber de là-haut, et le rapportait sur son épaule comme un paquet. Il fit acheter des singes « pour nettoyer ses vaches ». Mi-Raspoutine, mi-garde-chiourme, avec une auréole de sagesse asiatique autour de son énorme crâne couvert d'un bonnet d'astrakan. Des moustaches de Cosaque. Un passé inconnu, qui se perdait en Asie. Mangeur de chou cru, de têtes de truites, ou de salsifis javanais. Théosophe, saint d'on ne sait quel ciel, ou diable d'on ne sait quel enfer.

Toutes ces ombres revivent grandies dans le livre de Bernert et de Guilleminault, comme autour d'un immense feu de joie, dansant autour du monde une ronde effrénée qui présage la « fureur de vivre » qui fut la mode d'il y a vingt ans. Rois du tumulte et du *happy few*. Dans les décors les plus divers de la planète : salons de Paris ou *speakeasies* de New York, îles fortunées du Pacifique, « Russie exsangue où les poètes se chauffaient en brûlant leurs livres », autodromes de bolides, ou Berlin désaxé de l'inflation et de l'expressionnisme, « qui ne savait plus s'il devait sacrifier à Siegfried ou dépasser les horreurs de Sodome ».

Mais l'histoire la plus exemplaire, le chef-d'œuvre de la complainte, le comble du Capitole et de la Roche tarpéienne, c'est le destin de Fitzgerald. Célèbre du jour au lendemain, auteur de romans et de nouvelles qui eurent en Amérique un succès foudroyant, il devint d'un seul coup le dieu de toute la jeunesse, éblouie de tant de désinvolture. L'argent arrivait à pleins bords. Ce fut la « vie inimitable ». On la brûlait par les deux bouts. L'alcool, la drogue, permettent d'aller plus vite encore. Scott et sa femme en jouaient comme des enfants s'amusent avec des allumettes. Le réveil fut affreux : la ruine, la déchéance, l'impossibilité de créer. Scott Fitzgerald décela *la Fêlure*, qui était à la fois la sienne et celle de sa génération. Zelda manqua d'être brûlée vive dans l'incendie de l'asile de fous où il avait fallu l'enfermer. (C'était aussi l'époque où la sœur de Duncan mourait à son volant, étranglée par l'écharpe qui s'était prise dans la roue de sa Bugatti.) Tous les rêves avaient fait faillite. Le cœur de Scott était usé par l'alcool de la joie et par celui de la tristesse. « Il faut vendre son cœur, disait-il, c'est ce que j'ai fait. » Il n'en avait plus. On l'enterra, suivi de peu de monde, dans un petit cimetière presbytérien. Il avait rêvé d'un âge d'or, il l'avait eu, il le payait de sa vie. Le funambule qui s'exalte à marcher sans filet ne peut s'attendre, un jour ou l'autre, qu'à la chute. Tout finit dans l'écrabouillis. « Tel est le sort des enfants obstinés », dit la chanson du *Pont du Nord*, à l'heure où sonne la cloche pour l'enterrement d'Adèle. C'est la morale de l'aventure, l'événement du lendemain matin.

Je me souviens qu'à cette époque-là, je projetais plusieurs romans modelés inconsciemment sur de telles destinées : les *Complaintes des enfants frivoles.* Ils prévoyaient les suites logiques de ces histoires ; les houligans, le marché noir des enfants, les trocs de receleurs de douze ans, la drogue à la portée de l'enfance, et la boîte de nuit snob baptisée par le patron *la Vespasienne*, en hautes lettres lilas. Ce sont des choses que je ne peux plus utiliser. J'aurais joué un rôle de prophète, aujourd'hui je serais un attardé.

« Enfants frivoles... » C'était l'époque où fleurissait le *Bœuf sur le toit.* J'avais alors trois camarades : l'un qui devrait être ministre, ou PDG de quelque immense entreprise, un autre qui est devenu fonctionnaire de l'Etat dans une grande capitale nordique, le troisième, en « def » à carreaux, qui était antimilitariste. A dix-neuf ans, il sortait de prison pour avoir ameuté, juché sur un tonneau, la jeunesse d'une ville de province, appelée par l'Armée pour la Ruhr. Il brûlait de prosélytisme (saint-simonien, marxiste et tout). Il arriva. La guerre aussi. Il ne la fit pas en pantoufles, malgré de hautes interdictions. Ensuite, il monta un maquis. Au bout de quatre ans, à la Libération, sa tête fut mise à prix, comme celle d'un milicien ou d'une vipère lubrique, pour patriotisme précoce (le Parti ne permet d'être francophile qu'en certains cas). Traqué dès lors dans tous les coins, il put quand même finir la guerre en pleine Allemagne, couvert de gloire et de Légions d'honneur. Il a brûlé les dieux de sa jeunesse exaltée.

Le futur ministre, à trente ans, s'est suicidé au véronal dans une chambre d'hôtel sans luxe. Et l'homme du Nord, que j'aimais tant aussi, s'est fait sauter la cervelle un jour, pendant l'occupation allemande, dans une capitale scandinave. A moins qu'il n'ait été assassiné par les nazis.

Enfants frivoles, enfants des épilogues.

Pendant ce temps, dans leurs chambres noires aux parois insonorisées, Proust et Kafka mettaient la dernière main à leur long travail de fourmi. La dernière main, c'est beaucoup dire, Kafka ni Proust n'ont eu le temps d'achever. Leur vie de bagnards de la plume, de scaphandriers de l'encre noire, s'est toute passée à l'intérieur d'eux-mêmes, cloîtrée dans leur songe personnel, à écouter monter, comme d'un coquillage, la voix de leur gouffre individuel, ou les rumeurs d'une époque engloutie. Ils sont morts à la tâche, assez obscurément.

Ce sont eux, pourtant, qui restent aujourd'hui comme les rois de cette époque disparue et de la grande fête qu'ils n'ont pas partagée.

RÉFÉRENCES

Chapitre premier

Diversité des temps

Chronique du temps qu'on dit perdu: La Montagne, 2 juillet 1957.
Le temps qu'il fait: La Montagne, 10 mai 1960.
Chronique du temps qu'il fera: La Montagne, 14 janvier 1958.
Le passé, le présent, l'avenir et l'Almanach Vermot: La Montagne, 2 janvier 1962.
L'heure d'Astérix: Spectacle du Monde, décembre 1967.
Misère des temps: N.R.F., 1er octobre 1955.
Le temps des otages: La Montagne, 21 mars 1971.
Le vrai de janvier: La Montagne, 9 janvier 1962.
Plaisirs et merveilles du printemps: La Montagne, 26 mars 1963.
Chronique du Grand Rotozaza: La Montagne, 23 juillet 1967.
Chronique du solstice d'hiver: La Montagne, 18 décembre 1962.
Chronique du ciment qui s'effrite et du persil qui se raréfie: La Montagne, 21 février 1971.
Chronique du temps et des écrevisses: La Montagne, 13 août 1963.
Fictions et réalités: Spectacle du Monde, août 1965.
Du temps, de la mort, de la vieillesse et du chapeau du président Krüger: La Montagne, 18 juin 1963.

Contes du vieux vieux temps: La Montagne, 29 novembre 1970.
Les géants de la promenade: Spectacle du Monde, septembre 1963.

CHAPITRE 2

Plaisirs, fêtes et mondanités de tous les temps

Chronique des plaisirs bien choisis: La Montagne, 12 octobre 1965.
Sous les toits de Paris: La Montagne, 5 mars 1963.
Chronique des nuits d'avril: La Montagne, 7 avril 1959.
De la Semaine Sainte à la Foire du Trône: N.R.F., 1er juin 1955.
Plaisirs et tristesses du mois de juin: La Montagne, 23 juin 1964.
La fête des Mères: La Montagne, 31 mai 1970.
Célébration des grands-mères: La Montagne, 27 juillet 1969.
Méfaits de la chaleur, bienfaits de Sempé: La Montagne, 16 juin 1964.
Philosophie du 14 juillet: La Montagne, 7 juillet 1964.
Chronique des eaux: La Montagne, 30 juillet 1967.
Suite thermale: La Montagne, 4 juillet 1961.
La nuit à Paris: La Montagne, 3 décembre 1963.
Le blé de Noël: La Montagne, 21 décembre 1965.
Chronique bien vraie de l'œuf de Noël: La Montagne, 24 décembre 1967.
Derniers jours de l'année: La Montagne, 27 décembre 1960.
Chronique du Capricorne: La Montagne, 31 décembre 1963.
Les marionnettes du Premier de l'An: La Montagne, 28 décembre 1965.
Chronique de la Chandeleur: La Montagne, 5 février 1963.
Le temps des rois: La Montagne, 5 janvier 1965.

CHAPITRE 3

Affreux détails et grandioses réalisations

L'homme d'aujourd'hui: *La Montagne*, 5 février 1967.
La situation: *N.R.F.*, 1er mars 1956.
Hommes d'aujourd'hui et d'avant-hier: *La Montagne*, 17 novembre 1968.
La saison: *N.R.F.*, 1er janvier 1958.
L'homme de 1963: *La Montagne*, 1er janvier 1963.
Les allumettes: *La Montagne*, 13 novembre 1956.
Les drames de l'alimentation: *N.R.F.*, 1er septembre 1956.
Chronique des événements présents: *La Montagne*, 12 novembre 1967.
Géographie de la saison: *N.R.F.*, 1er avril 1957.
Les champignons du détroit de Behring: *La Montagne*, 24 août 1965.
Les événements de novembre: *La Montagne*, 15 novembre 1960.
Progrès de la science et de l'industrie: *La Montagne*, 14 mai 1963.
Zigzags de l'homme: *La Montagne*, 14 mars 1961.
Désordre lyrique de notre temps: *N.R.F.*, 1er mai 1955.
Où allons-nous? À propos de l'enquête de Jules Romains: *La Montagne*, 11 octobre 1955.

CHAPITRE 4

Les mots, les arts et le temps

« Autant en apportent les mots »: *La Montagne*, 20 avril 1969.
L'hiver à vol d'oiseau: *N.R.F.*, 1er mars 1955.
Le Ciel et la Terre: *La Montagne*, 28 octobre 1958.
Chronique bien faible des grands micmacs: *La Montagne*, 6 novembre 1966.
Le grand pari: *La Montagne*, 1er mars 1955.
Le prochain roman de Pierre Benoit: *La Montagne*, 11 mars 1958.

La neige tombe sur Montparnasse : Spectacle du Monde, janvier 1970.
La langue et les travaux : La Montagne, 23 avril 1963.
Vitesse des morts et des vivants : La Montagne, 1er août 1961.
Faiblesses du mois : La Montagne, 6 décembre 1960.
Chronique des lectures pour jours noirs : La Montagne, 7 janvier 1968.
« *Suave Mari Magno...* » : *La Montagne*, 2 juin 1964.
Bilan de novembre : La Montagne, 29 novembre 1963.
« *Creezy* » : *La Montagne*, 9 novembre 1969.
Civilisation de l'épluchure : Spectacle du Monde, mai 1971.
Chronique des hommes du passé, de l'avenir, de Sempé et de Jean Guitton : La Montagne, 1er mars 1970.
Les grandes recettes : La Montagne, 23 février 1969.
Considérations bien pénibles mais d'une brûlante actualité : La Montagne, 15 octobre 1967.
Les mâchoires de Léviathan : Spectacle du Monde, août 1970.

TABLE DES MATIÈRES

II

Plaisirs, fêtes et mondanités de tous les temps

III

Affreux détails et grandioses réalisations

IV

Les mots, les arts et le temps

Achevé d'imprimer en octobre 1990
sur les presses de Cox and Wyman Ltd
(Angleterre)

Dépôt légal : novembre 1990
Imprimé en Angleterre